Bibliografische Information der Deutschen Nationalbibliothek: Die Deutsche Nationalbibliothek verzeichnet diese Publikation in der Deutschen Nationalbibliografie; detaillierte bibliografische Daten sind im Internet über http://dnb.d-nb.de abrufbar.

© VERRAI-VERLAG · 70469 Stuttgart

1. Auflage Mai 2017
Alle Rechte vorbehalten.
https://verrai-verlag.de

Umschlaggestaltung: ehrle studios Werbeagentur GmbH
Bildquellen Titelbild: Lyubov Lomonos / shutterstock.com und
Arcady / shutterstock.com
Bildquelle Bild 2: Fabian Plock / shutterstock.com

Titelbild: nach einer Idee von Hans Oette
Lektorat: Tobias Keil

Printed in Germany
ISBN 978-3-946834-07-6

Hans Oette

Im Licht der Geldströme
Aufbauende und zerstörende Geldströme

Die Wirtschaft verstehen und dem Wohl der
Menschen unterordnen

VERRAI-VERLAG
Stuttgart

Hans Oette

Schulbildung und Abitur in Stuttgart. Teilnahme an der deutschen Jugendmeisterschaft im Schach. Studium im Fach Maschinenbau und Luftfahrttechnik an der Universität Stuttgart. Tätigkeit am Institut für Drehflügelflugzeuge mit Verleihung des Hugo-Junkers-Preises der DFVLR. Wechsel ins Lehrfach, Erwerb der Befähigung für das höhere Lehramt an gewerblichen Schulen und Tätigkeit an den Berufsschulen Nürtingen und Stuttgart-Bad Cannstatt. Tätigkeit bei Audi Neckarsulm als Berechnungssachbearbeiter auf dem Gebiet Planung/Entwicklung. Schon frühzeitig autodidaktische Beschäftigung mit Ökonomik sowie Wirtschaftspolitik, Engagement für Umweltschutz und Gerechtigkeit in Organisationen (Naturschutzbund, BÜNDNIS 90/DIE GRÜNEN, Linke und andere). 5 Kinder und 7 Enkelkinder.

Vorwort von Prof. Dr. Rudolf Hickel

Zum Buch von Hans Oette,
„Im Licht der Geldströme"

Ein unverzichtbares Buch zur Aufklärung über
das Elend der Geldwirtschaft.

Die doppelte Zielsetzung macht diese Veröffentlichung über „aufbauende und zerstörende Geldströme" zur Pflichtlektüre. Es geht darum, „Wirtschaft zu verstehen" und sie „dem Wohl der Menschen unterzuordnen". In der Zeit postfaktischen Fabulierens, kontrafaktischer Behauptungen sowie des Angebots „alternativer Fakten" klärt dieses Buch wohltuend auf. Gelungen ist eine produktive Mischung aus Analyse mit empirischer Absicherung.

Hans Oette legt eine „Skizze einer gerechten und stabilen Wirtschaft" sowie eine Analyse gesamtwirtschaftlicher Zusammenhänge und hier insbesondere der makroökonomischen Widersprüche zwischen einzelwirtschaftlicher und gesamtwirtschaftlicher Rationalität vor. Wenn Unternehmen einzelwirtschaftlich Gewinne optimieren, dann können sie gleichsam hinter ihrem Rücken – kollektive Rückkoppelung – Wirtschaftskrisen und Naturzerstörung produzieren. Als Zentrum der Instabilität und hoher Krisenanfälligkeit werden die Finanzmärkte identifiziert. Hier zeigt er, wie spekulatives Investment durch die Finanzoligopole zum Zusammenbruch des gesamten ökonomischen Systems führen kann. Wenn schon Trump es nicht selbst liest, so sollte er sich über die Ergebnisse dieses Buch informieren lassen. Dann würde er den im Sommer 2010 aus der Taufe gehobenen Dodd-Franc-Act, der auf Regulierungen zur Vermeidung von Finanzkrisen zielt, nicht mehr rückgängig machen wollen, sondern die Regulierung ausbauen und optimieren.

Die didaktisch hilfreichen grafischen Darstellungen erleichtern das Verständnis der zum Teil auch komplizierten Zusammenhänge. Allerdings braucht es an einigen Stellen auch eines langen Atems, um etwa den Multiplikatorprozess oder die makroökonomischen

Modelle in der Tradition von J. M. Keynes nachvollziehen zu können. Der Einsatz lohnt sich jedoch.

Oettes Fazit ist gut begründet: Märkte müssen von monopolistischer Macht befreit werden und sich als entlastendes Funktionssystem in die Gesellschaft einbetten. Wer die Märkte effizient nutzen will, der braucht einen sozialen und ökologischen, demokratisch fundierten Staat.

Prof. Dr. Rudolf Hickel
1975 Mitgründer der „Arbeitsgruppe Alternative Wirtschaftspolitik".
Mitglied im Wissenschaftlichen Beirat von Attac.
Mehrere Bücher über Wirtschaftskrisen und das selbstzerstörerische Bankensystem.

Inhaltsverzeichnis

Tabellenverzeichnis

Bildverzeichnis

1. Unsere heutige Situation

1.1 Die Wirtschaft besser verstehen

Die Wirtschaft bestimmt in hohem Maße unser Leben. Wir begegnen ihr beim Einkaufen, bei der Suche nach einer Wohnung und nach einem Arbeitsplatz. Wir begegnen ihr immer, wenn es um das liebe Geld geht. Für unsere Arbeit erhalten wir Geld, für unseren Lebensunterhalt geben wir es wieder aus. Oder es gelingt uns, einen Teil davon zu sparen. Dabei kommen wir mit vielen Mitmenschen in Kontakt, mit freundlichen und weniger freundlichen. Und wir spüren die Auswirkungen der Politik.

Man kann die Wirtschaft vergleichen mit einem großen **Schiff**, auf dem wir alle unterwegs sind. Immer wieder gab es Wirtschaftskrisen, in denen das Schiff in Seenot war. Auch gegenwärtig kriselt die Wirtschaft. Und wir sind dabei, die Umwelt, unsere Lebensgrundlage, zu demontieren. Vielen macht der Kurs des Schiffes Sorgen. Das ist gut, denn Sorglosigkeit führte bei der Fahrt der Titanic zur Kollision mit einem Eisberg.

Das Buch soll dazu beitragen, dass sich das Verständnis für die Vorgänge in der Wirtschaft ausbreitet. Und es liefert neue Erkenntnisse, die eine bessere Politik ermöglichen. Nur so entgehen wir den drohenden Gefahren. Die meisten Ausführungen sind wohl für jedermann verständlich, teils leicht, teils mit einiger Mühe. Es ist aber gut, Herausforderungen anzunehmen. Ihre Bewältigung führt uns zu neuen Ufern.

Vor manchen Kapiteln steht, dass man sie überspringen kann, ohne beim Verständnis der folgenden Kapitel Probleme zu haben. Um nur das Hauptanliegen des Buches kennenzulernen, genügt Kapitel 4. Es werden auch schonende Vereinfachungen gemacht, das heißt, es wurde so viel Nebensächliches wie möglich weglassen, damit das Wesentliche besser hervortreten kann.

Im Zentrum stehen Geldströme. So ist z. B. die Summe der Einkommen aller Bürger eines Landes in einem Jahr ein Geldstrom. Die Geldströme bilden so etwas wie den Blutkreislauf der Wirtschaft. Von Interesse ist dabei, wie sich der Geldstrom Einkommen auf die Bürger aufteilt. Man kann fragen, wie viel davon entfällt auf eine reiche Minderheit und vergrößert deren Vermögen. Laut einer Statistik besaßen 1998 zehn Prozent der Deutschen 45 Prozent des Vermögens im Land. 2008 besaßen diese zehn Prozent bereits 53 Prozent des Vermögens, also über die Hälfte.

Im Zentrum steht auch der Mensch, also wir alle. Wir ziehen teils am gleichen Strang, sei es bei der Arbeit, in der Familie oder im Verein. Oft sind wir auch Konkurrenten, so bei Suche nach einer Wohnung, einem Arbeitsplatz oder einem Platz in der vollen S-Bahn. Das Gespenst Arbeitslosigkeit schlägt in den verschiedenen Ländern verschieden stark zu und macht zudem Vielen Angst, die noch einen Arbeitsplatz haben. Man spricht gerne vom **Wirtschaftsmotor,** der kräftig brummen sollte. Es heißt auch, die Wirtschaft müsse wachsen, damit die Arbeitslosigkeit niedrig werde. Doch zerstört nicht eine ständig wachsende Wirtschaft unsere Lebensgrundlagen? Wir wollen auch zeigen, wie eine Wirtschaft ohne Wachstum funktionieren kann.

Die Wirtschaft wächst im Allgemeinen noch, allerdings schwächer als in ihren Jugendjahren und auch schwächer, als es gewünscht wird. Die sozialen Unterschiede wachsen tüchtig, sowohl innerhalb der Länder als auch zwischen den armen und den reichen Ländern. Vielerorts muss sich Reichtum gegen Armut und Armutsflüchtlinge abschotten. Der wachsende Bedarf an Öl und andern Rohstoffen erzeugt Sachzwänge bis hin zur militärischen Absicherung und kriegerischen Durchsetzung von wirtschaftlichen Interessen.

Es wird auch viel über die Wirtschaft diskutiert. Die Meinungen, was zu tun sei, gehen auseinander. Die **Politik** ist für das Wohl der Bürger und somit für eine gesunde Wirtschaft verantwortlich. Sie ist aber gespalten in mehr soziale und mehr liberale Lager. Und sie wird stark beeinflusst von der Wirtschaft im engeren Sinn, also von der Lobby der Konzerne und Wirtschaftsverbände.

Dann ist da noch das **Volk**, der „Vorgesetzte" der Politik. Er kann die Politiker bei Wahlen belohnen und bestrafen. Und er kann durch Volksabstimmungen mitbestimmen. So bestimmt es zumindest das deutsche Grundgesetz. Das Volk kann auch durch Demonstrationen und Petitionen seinen Willen äußern. Da ist es enorm wichtig, dass der Souverän, das Volk, auch etwas von Wirtschaft versteht.

1.2 Grundbegriffe

Hat jemand am Ende des Monats noch Geld übrig, kann er dieses Geld sparen, um es später einmal auszugeben. Mit **„er"** soll natürlich immer auch **„sie"** gemeint sein, da uns ja die Gleichberechtigung von Mann und Frau am Herzen liegt. Hat jemand am Ende des Geldes noch Monat übrig, muss er sich Geld leihen, das Konto überziehen oder hungern. Kaufen, konsumieren, arbeiten, Geld verdienen und vieles Andere sind **wirtschaftliche Handlungen.**

Eine wirtschaftliche Handlung ist es auch, gespartes Geld zu investieren, z. B. damit ein Haus zu erwerben, um darin wohnen zu können oder auch um Mieteinnahmen zu haben. Man nennt das **investieren** des Geldes. Jemand, der viele Mieteinnahmen oder ähnliche Einnahmen hat, wie Dividenden aus Aktien, kann von ihnen leben, muss also nicht mehr arbeiten. Man kann dann sagen, sein Geld arbeitet für ihn. Oder es arbeiten andere Menschen für ihn. In der Kindheit und im Alter sind wir darauf angewiesen, dass andere Menschen für uns arbeiten. Ebenso wenn wir krank sind.

In frühen Zeiten bestanden die wirtschaftlichen Handlungen im Wesentlichen darin, Ackerbau und Viehzucht zu betreiben oder zu jagen, Essen, Kleidung und Werkzeuge herzustellen und diese **Güter** dann zu gebrauchen und zu verbrauchen. Produktion und Konsum spielten sich meist innerhalb einer Familie ab. Die Werkzeuge und andere Hilfsmittel entwickelten sich in den letzten Jahrhunderten rasant weiter bis zu Produktionsanlagen wie der Schiffswerft und der Automobilfabrik, in der Fahrzeuge am Fließband und mit Hilfe von Robotern hergestellt werden. Familienbetriebe wurden seltener, Tante-Emma-Läden gibt es kaum mehr.

In „wirtschaftliche Handlungen" steckt „Wirtschaft". Was ist die Wirtschaft? Man weiß, geht ein Spitzenpolitiker nach seiner Amtszeit in die Wirtschaft, erhält er dort einen hoch bezahlten Posten. Indes definiert die freie Enzyklopädie Wikipedia [18]: „**Wirtschaft** oder Ökonomie ist die Gesamtheit aller **Einrichtungen und Handlungen**, die der planvollen Befriedigung der Bedürfnisse dienen." Zu den wirtschaftlichen Einrichtungen gehören die Unternehmen und die öffentlichen Einrichtungen (der Staat). In Modellen der Wirtschaft werden solche Teile **Aggregate** genannt. Zu den wirtschaftlichen Handlungen gehören Herstellung, Absatz, Tausch, Konsum, Entsorgung und Recycling von Gütern, also auch das Lesen der Zeitung und eines Buches. Ebenso das Sparen, der Kauf und Verkauf von Aktien, die Geldschöpfung der Banken, die Verbriefung von Forderungen und die Lebensmittel-Spekulation in Großbanken. Für alle Handlungen, bei denen Partner miteinander in Verbindung treten, gibt es einen **Markt**, z. B. den Arbeitsmarkt, den Aktienmarkt, den Wohnungsmarkt und den Markt für Gebrauchtwagen, wo sich, zumindest in gewissen Grenzen, einheitliche Löhne, Aktienkurse, Mieten und Preise einpendeln.

Wie die Tabelle 1.2.1 zeigt, wird die Wirtschaft auch **Ökonomie** genannt. Und es gibt eine Wissenschaft von der Wirtschaft, die Volkswirtschaftslehre oder **Ökonomik**. Ein Teilbereich von ihr ist die Makroökonomik. Sie beschäftigt sich mit größeren Zusammenhängen wie der Wirtschaft eines ganzen Landes und ihren Beziehungen zu andern Ländern. Dieses Buch soll in die **Makroökonomik** einführen und dort einige Lücken schließen.

Tabelle 1, Kennzahl 1.2.1: Einige Bezeichnungen			
Ökonomie		**Ökonomik**	
= Wirtschaft		= Wissenschaft von der Wirtschaft = Volkswirtschaftslehre	
Wirtschaft im Kleinen	Wirtschaft im Großen (ganze Länder, deren Produktionsapparat, Verbraucher, der Staat)	**Mikroökonomik** Betrifft die einzelwirtschaftlichen Sachverhalte	**Makroökonomik** Betrifft die größeren Teile der Wirtschaft

Die Makroökonomik wird vor allem auf Universitäten gelehrt und weiter entwickelt. Universitätsprofessoren, z. B. in Deutschland die fünf „Wirtschaftsweisen", beraten häufig auch die Politik. Es gibt in der Wirtschaftswissenschaft verschiedene Richtungen, wie in der Philosophie etwa den Idealismus und den Materialismus. Es werden Theorien und Modelle erfunden, und sie müssen öfter auch wieder korrigiert werden, wenn Ereignisse eintreten, die mit den Theorien nicht zusammenpassen.

Zu den oben erwähnten Gütern gehören Waren oder **Sachgüter**, z. B. Kleidung, und **Dienstleistungen**, wie die Leistungen eines Arztes oder allgemein die menschliche Arbeit. Zu den Gütern gehören auch noch **Nutzungen** wie z. B. die Überlassung von Wohnraum. Der Nutzer bezahlt dafür die Miete. Die Überlassung von Geld ermöglicht die Nutzung dieses Geldes, wofür der Nutzer den Zins bezahlt. Die Güter kosten in aller Regel etwas, man tauscht sie gegen Geld. Allerdings gibt es auch **freie Güter**, die nichts kosten, wie das Regenwasser, die Luft, der Wind, die Sonnenenergie, manche Campingplätze, die meisten Bodenschätze und das von Wikipedia zur Verfügung gestellte Wissen. Die **knappen Güter** erkennt man daran, dass sie etwas kosten. Man unterscheidet hier Investitionsgüter wie z. B. Werkzeugmaschinen oder Taxis, mit deren Hilfe man etwas produzieren und Geld verdienen kann, und Konsumgüter, die man verbraucht (konsumiert). Geld kann man in der Tasche und auf dem Bankkonto haben. Daher gibt es Bargeld und Buchgeld. Damit steht die Wirtschaft auf folgenden Säulen:

Tabelle 2, Kennzahl 1.2.2: Säulen der Wirtschaft					
Güter				Geld	
knappe Güter			freie Güter	Bar-geld	Buch-geld
Konsumgüter		Investi-tions-güter			
Sach-güter	Dienst-leis-tungen	Nut-zungen			

Die **Arbeitsteilung** und der technische Fortschritt sollten den Menschen eigentlich ein angenehmes Leben und mehr Freizeit schenken. Die **Globalisierung** mit internationaler Arbeitsteilung sollte die Situation weiter verbessern. Gewiss erhält man im Supermarkt exotische Früchte, und wer genügend Geld hat, kann mit Luxusschiffen die ganze Welt bereisen. Aber der wirtschaftliche Wettbewerb zwischen den Ländern (auf dem Weltmarkt) und innerhalb der Länder wird immer härter. Dadurch absorbiert der Beruf die meiste Zeit und Kraft der Arbeitnehmer und Unternehmer, und das Phänomen Burnout nimmt zu. Viele fallen trotz eines Arbeitsplatzes in Armut. In gewisser Hinsicht beherrscht die Wirtschaft die Menschen, statt ihnen zu dienen.

Eine zu hohe Staatsverschuldung ist ein **wirtschaftliches Ungleichgewicht**. Auch die zu großen Gegensätze zwischen Arm und Reich, sowohl zwischen den Ländern als auch innerhalb der Länder, sind wirtschaftliche Ungleichgewichte. In Deutschland fallen immer mehr Menschen unter die Armutsgrenze. Die WHO (Weltgesundheitsorganisation) und die OECD (Organisation für wirtschaftliche Zusammenarbeit und Entwicklung) definieren Personen als arm, die

weniger als 50 Prozent des **Medianeinkommens** zur Verfügung haben. Das Medianeinkommen ist in der Regel kleiner als das Durchschnittseinkommen.
Es ist z. B. bei den Zahlen 1, 2 und 9 der Median (die mittlere Zahl) 2, der Durchschnitt aber $(1 + 2 + 9) : 3 = 4$.

Die so definierte Armutsgrenze ist zwar relativ, denn sie steigt an, wenn in dem Land die Einkommen steigen. Ein Ansteigen der relativen Armut zeigt aber doch das Auseinandergehen zwischen Arm und Reich. Daraus entstand der Vorwurf, die Politik betreibe Reichtumspflege. Allerdings kann im internationalen Wettbewerb ein Land besser konkurrieren, wenn es niedrige Sozialstandards (also niedrige Löhne und Renten) hat, denn seine Exporte werden dadurch billiger. Ein Entwicklungsland, also ein schwach oder gar nicht industrialisiertes Land, kann daher international nur mithalten, wenn dort für Hungerlöhne gearbeitet wird. Eine der wenigen Möglichkeiten, durch Export Geld zu verdienen, ist für arme Länder der Drogenanbau. Er führte zu mächtigen Drogenkartellen und blutigen Bürgerkriegen.

Der harte Wettbewerb auf dem Weltmarkt bewirkt, dass in allen Ländern die Löhne unter Druck geraten, dass also ein Großteil der Menschen ihren Lebensstandard nicht verbessern kann oder sogar zurückfällt. Der harte Wettbewerb begünstigt ebenfalls die Länder mit niedrigen Umweltstandards, denn auch Umweltschutz verteuert die Produktion. Die Politik beugt sich häufig diesen „Sachzwängen" und rückt von dem „Steuern durch Steuern" mehr und mehr ab. Statt das Schiff der Wirtschaft durch sichere Gewässer zu steuern, sind die Politiker mehr damit beschäftigt, Lecks in der Schiffswand zu reparieren.

Zwar gibt es viele Menschen, besonders in Deutschland, die mit ihrer Situation sehr zufrieden sind. Sie verdienen gut, legen sich auch gerne voll ins Zeug und machen viele Überstunden. Aber es ist die Frage, inwieweit das auf Kosten anderer Menschen und auf Kosten der Umwelt geht. Nicht nur das Geld, auch die Arbeit ist ungleich verteilt, denn ein großer Teil der Menschheit ist arbeitslos. Infolge der vielen Ungleichgewichte könnte eine große Krise ausbrechen, die alles verschlingt. Auch die Passagiere auf dem Sonnendeck des

Schiffes sind also gut beraten, sich mit den Problemen zu beschäftigen, anstatt dem „Weiter so" einfach zuzustimmen. Denn gerade sie können besonders viel Gewicht in die Waagschale legen.

1.3 Die Wirtschaft als oberste Instanz

Im deutschen Grundgesetz, das auch Verfassung für die Bundesrepublik Deutschland genannt wird, wurde auf die Demokratie besonderer Wert gelegt. Alle **Macht** soll **vom Volk** ausgehen. Das geschah nicht zuletzt wegen der Zeit davor, in der das Volk streng einem Führer untergeordnet war. Dieser Führer gab zwar vor, dem Wohl des Volkes dienen zu wollen. Aber er brachte Tod und Verwüstung. Das deutsche Grundgesetz verpflichtet den Staat und die Politik an erster Stelle, die Würde des Menschen zu achten und zu schützen. Doch es gibt in Deutschland und erst recht weltweit viel Armut und andere Dinge, die die Menschenwürde verletzen.

In der wünschenswerten Hierarchie steht also das Volk über der Politik (dem Staat). Beide sollten aber dem Gebot unterworfen sein, die Umwelt zu erhalten. Denn wird sie zerstört, können alle folgenden Generationen nicht mehr in Würde leben. Die Wirtschaft sollte an vierter Stelle stehen, weil sie ein dienendes Werkzeug sein sollte, wie in Bild 1.3.1 links.

Man kann gegen Bild 1.3.1 einwenden, es würden da unvergleichbare Dinge miteinander verglichen und wichtige fehlen, z. B. der Einfluss der Ethik und der Religionen. Man kann auch einwenden, die Herrschaft des Staates über die Wirtschaft sei Planwirtschaft und Kommunismus. Wir nennen das Bild daher lediglich eine Impression oder einen Entwurf, der noch verbessert werden kann.

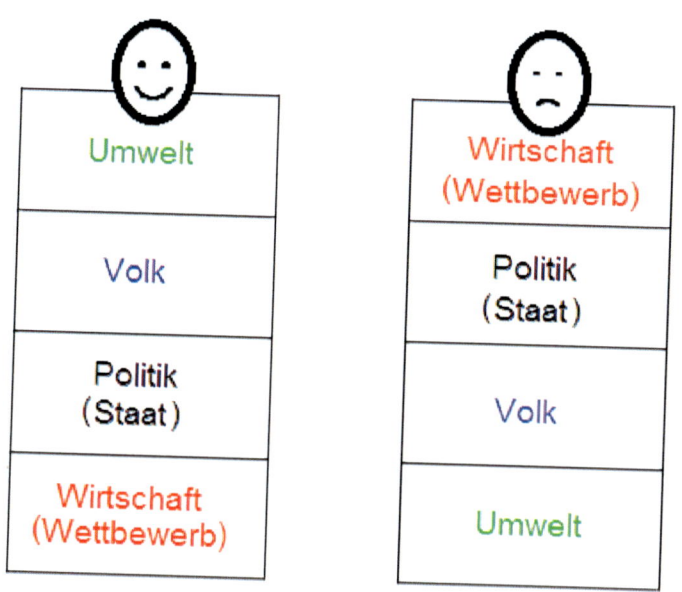

Bild 1, Kennzahl 1.3.1:
Impressionen: Wünschenswerte und reale Hierarchie

Vieles spricht dafür, dass die rechte Hierarchie in Bild 1.3.1 heute
Gültigkeit hat. Oft diktieren Lobbyisten den Politikern fast wörtlich
die Gesetze. Die vorherrschende Richtung in der Wirtschaftswissenschaft stellt die Wirtschaft über die Politik. In der „Makroökonomie" [1] von Blanchard und Illing heißt es. „Ist die Regierung all-
mächtig? Eine Warnung: Es kann z. B. unerwünschte Nebenwir-
kungen haben, ein bestimmtes Produktionsniveau anzustreben. So
könnte der Versuch, die Produktion zu stimulieren, die Inflation
stark ansteigen lassen und deshalb auf mittlere Frist nicht durchsetzbar sein. Wir werden lernen, dass die Rolle der Regierungen
immer schwieriger wird."

Man liest oft über Politikverdrossenheit und sinkende Wahlbeteili-
gung und hört die Äußerung, „die da oben machen ja doch, was sie
wollen". Die Politik wiederum ist in einer starken Abhängigkeit von
der Wirtschaft, denn diese „liefert" ja die so begehrten Arbeitsplätze. Gab es früher Zeiten der Vollbeschäftigung, ist man heute schon

froh, wenn die Arbeitslosigkeit nicht zu groß ist. Die Rationalisierung und Automatisierung, eigentlich ein Fortschritt, können Arbeitsplätze vernichten und weltweit Milliarden Arbeitslose produzieren. Die Roboter dürfen nicht den Menschen verdrängen. Daher muss der Mensch wachsam sein.

Das gilt auch beim Umweltschutz. Es ist fraglich, ob die angestrebte Begrenzung der Klimaerwärmung gelingt. Es gibt Warnungen, dass eine Wärmelawine losgetreten werden könnte, die dann niemand mehr stoppen kann. Es darf auch nicht sein, dass die **Bildung** in der Schule immer mehr darauf reduziert wird, die Jugendlichen zu brauchbaren Werkzeugen für die Wirtschaft zu machen.

Um trotz der Rationalisierung genügend Arbeitsplätze zu haben, wünscht man sich in der Regel Wirtschaftswachstum. Mit andern Worten, wenn nicht nur Menschen, sondern auch Maschinen und Roboter Güter produzieren, sollte eben auch mehr verkauft und mehr verbraucht werden. Doch die Einen wollen nicht mehr Geld für den Konsum ausgeben, weil sie schon im Überfluss leben (oder sogar sparsam leben wollen), und die Andern können nicht mehr Geld ausgeben, weil es ihr Budget nicht erlaubt. Man kann hier von sozial bedingter **Marktsättigung** sprechen, die mit den sozialen Unterschieden oder der soziale Dissoziation zunimmt.

Eine Dominanz der Wirtschaft über die Politik ergibt sich auch aus ihrer Abhängigkeit von den internationalen Finanzmärkten. Schon 1996 sagte der damalige Chef der Deutschen Bundesbank, Hans Tietmeyer, auf dem Weltwirtschaftsforum in Davos: „Die meisten Politiker sind sich noch nicht im Klaren darüber, wie sehr sie unter der Kontrolle der Finanzmärkte stehen und sogar von diesen beherrscht werden". Das Buch von Hans Peter Martin und Harald Schumann „Die Globalisierungsfalle" [15] beschuldigt die Regierungen, dass sie im Zuge der Globalisierung ihre Macht freiwillig an die globalen Märkte abgegeben hätten. Das Buch wurde zu einem weltweiten Bestseller und ist in 27 Sprachen übersetzt.

1.4 Die soziale Dissoziation oder Spaltung

Das Auseinandergehen der Schere zwischen Arm und Reich wollen wir soziale Dissoziation oder soziale Spaltung nennen. Wie schon erwähnt, wächst der Abstand zwischen Arm und Reich sowohl national als auch international, also zwischen den Ländern. Wenn man es genau betrachtet, gleicht das Spektrum zwischen Arm und Reich einem Gummiband, das immer mehr in die Länge gezogen wird. Es ist aber eine nützliche Vereinfachung, von den beiden Teilen „Arme" und „Reiche" zu sprechen, zumal der Mittelstand immer schwächer wird. Innerhalb der armen Länder ist diese Dissoziation meist noch größer, wie Bild 1.4.1 zeigt.

Bild 2, Kennzahl 1.4.1:
Elendsviertel und Hochhäuser in Luanda, Angola
Bildrechte: Fabian Plock / Shutterstock.com

Die soziale Dissoziation ist ein wirtschaftliches **Ungleichgewicht**, das wie alle wirtschaftlichen Ungleichgewichte Not erzeugt und zu einer Wirtschaftskrise und auch zu Blutvergießen führen kann. Während die Reichen immer reicher werden, nimmt die Zahl der

Hungernden weltweit kaum ab oder sogar noch zu. Die offiziellen Stellen und die Nichtregierungsorganisationen widersprechen sich oft in ihren Angaben. Dürren und Perioden mit besseren Ernten lassen verschiedene Bilder entstehen. Aber auch Dürren, Überschwemmungen und andere Naturereignisse würden nicht so viele Opfer fordern, wäre die soziale Dissoziation nicht so groß.

Viele Staaten leisten Entwicklungshilfe. Auch private Organisationen helfen. Speziell gegen den Hunger kämpfen unter anderem die *Welthungerhilfe*, Brot für die Welt, FIAN und das UN World Food Programme (WFP). Es verteilt auch Schulmahlzeiten an mehr als 17 Millionen Kinder. So müssen sich die Kinder ihr Essen nicht selbst erarbeiten oder erbetteln. Schlimm ist, dass trotzdem alle zehn Sekunden ein Kind verhungert, wie immer wieder gemeldet wird. Mit der Nahrungsmittelhilfe ist auch das Problem verbunden, dass dadurch die einheimischen Bauern noch weniger Einnahmen haben und daher oft selbst zu Bettlern werden. Sie nehmen bereits wenig ein, weil die Armen und Hungernden dort wenig oder kein Geld haben. Der Grund, warum sie kein Geld haben, ist – die soziale Dissoziation.

Sie schreitet auch in den reichen Ländern voran. Nach einem Bericht gibt es in den USA über 2,5 Millionen obdachlose Kinder und allein in New York über 1200 Suppenküchen. Tausende müssen wieder fortgeschickt werden, weil nicht genügend Lebensmittel vorhanden sind. Für Rüstung wird sehr viel Geld ausgegeben, und in der Finanzkrise 2008 wurden Banken mit 1 Billion Dollar vom Staat gerettet.

Viel weniger Geld könnte „unten" in der Gesellschaft oft Wunder vollbringen, wie die folgende **Anekdote** zeigt.

	Es waren einmal:	Defekt	Hilfe von
1	Ein arbeitsloser Elektriker.	Sein Fenster war defekt.	Nr. 2
2	Ein arbeitsloser Glaser.	Sein Dach war defekt.	Nr. 3
3	Ein arbeitsloser Dachdecker.	Sein Fernseher war defekt.	Nr. 1

Alle drei waren unglücklich. Jetzt steckte ein Engel bei Nacht dem Elektriker 100 Euro in seinen Geldbeutel. Damit konnte er die Reparatur seines Fensters finanzieren. Nun konnte der Glaser sein Dach reparieren lassen. Damit waren die 100 Euro beim Dachdecker. Er ließ seinen Fernseher reparieren, wodurch das Geld zum Elektriker zurückkam. Der Engel nahm danach das Geld heimlich wieder mit, um damit weiteren Menschen aus ihrer Not zu helfen.

Von den Vereinten Nationen wurde schon beklagt, dass die Wirtschaft in Afrika mangels Geld nicht auf die Beine kommt. Doch Geld strömt eben, wenn es sich selbst überlassen wird, immer dorthin, wo schon viel Geld ist, weil es sich dort tüchtig vermehren (verzinsen) kann. Es wurden daher vereinzelt schon regionale zusätzliche Währungen (zusätzliches Geld) eingeführt, wie in Kapitel 7.5 beschrieben wird. Es wurde damals sogar vom „Wunder von Wörgl" gesprochen. Die Banken mögen allerdings solche Experimente nicht so gern.

Die **Erdbevölkerung** bzw. Weltbevölkerung beträgt gegenwärtig etwa 7,4 Milliarden, siehe Tabelle 1.4.1. Sie steigt gegenwärtig um etwa 1 Prozent pro Jahr. Der Zuwachs konzentriert sich auf außereuropäische und auf arme Länder. Die Kontinente sind aber, mit Ausnahme von Asien, dünner besiedelt als Europa und alle wesentlich dünner besiedelt als Deutschland mit 230 Einwohnern pro km². Daher kann das Bevölkerungswachstum nicht als beunruhigend angesehen werden. Laut UN-Angaben kann die Erde rund 12 Milliarden Menschen ernähren. In der Volksrepublik **China** reduzierte sich das Bevölkerungswachstum infolge der Ein-Kind-Politik in den letzten Jahrzehnten von etwa 2,8 % auf etwa 0,5 % pro Jahr. In Deutschland starben seit 1972 mehr Menschen, als Kinder geboren wurden.

		Millionen Einwohner	Prozent der Erdbevölkerung	Fläche in Millionen km^2	Einwohner pro km^2
	Tabelle 3, Kennzahl 1.4.1: Erdbevölkerung nach Angaben der Deutschen Stiftung Weltbevölkerung vom September 2016 und Bevölkerungsdichte				
1	Asien	4437	60,0	44,4	100
2	Afrika	1203	16,0	30,3	40
3	Amerika	997	13,5	42,7	23
4	Europa	740	10,0	10,5	70
5	Ozeanien	40	0,5	8,5	5
6	Antark-tis	0	0	13,2	0
	Summe	7418			

In Deutschland werden Vermögenseinkommen niedriger besteuert als Arbeitseinkommen. Das ist sehr unsozial. Aber man fürchtet die Flucht des „scheuen Rehs" Kapital in andere Länder. Dazu verhelfen ihm die Finanzmärkte. Die Finanzmärkte bestrafen damit soziale Politik und belohnen unsoziale Politik.

Im März 2016 meldete dpa: „Geldregen für Aktionäre. 15 Börsenschwergewichte zahlen ihren Anteilseignern nach guten Ergebnissen des Jahres 2015 so viel Geld wie nie zuvor, laut einer Studie des Beratungsunternehmens EY."

Anlässlich der Übernahmen des Konzerns Monsanto durch den Konzern Bayer im Herbst 2016 erhielt der Monsanto-Chef Grant laut Kolumne in der „Frankfurter Rundschau" vom 6.10.2016 135 Millionen Dollar für sich persönlich. Gleichzeitig erfahren Kunden von privaten Lebensversicherungen, dass sich die ursprünglich in Aussicht gestellte Rente, wegen der niedrigen Zinsen, drastisch reduziert. Eine Headline der „Heilbronner Stimme" vom 27.10.2016 lautete: „Regierung warnt vor Altersarmut". Es werden dann die Niedriglöhner aufgefordert, stärker privat für ihr Alter vorsorgen. Doch sie kommen ohnehin schon schwer über die Runden.

Es entsteht der Eindruck, den Großen wird gegeben, den Kleinen wird genommen. Viele Rentner können von ihrer Rente schon jetzt nicht mehr menschenwürdig leben und benötigen noch einen Nebenverdienst. In Griechenland sind die von der Troika erzwungenen Rentenkürzungen fatal. In den meisten Ländern ist der Staat hoch verschuldet. Dadurch ist die Mehrheit der Bürger an eine kleine Minderheit verschuldet. Die wachsende private Verschuldung ist eine Verschuldung der Armen an die Reichen.

Zur **privaten Verschuldung** in Deutschland und weltweit: Laut dem „Schuldneratlas Deutschland" der Wirtschaftsauskunftei Creditreform waren in Deutschland im Jahr 2014 6,7 Millionen Menschen überschuldet. Sie hatten so hohe Schulden, dass sie in absehbarer Zeit ihren Zahlungsverpflichtungen nicht nachkommen konnten. Hinzu kommt ein weit größerer Anteil der Bevölkerung, der weniger stark verschuldet ist. Die Schulden säumiger Versicherter bei deutschen Krankenkassen liegen laut einer Zeitungsmeldung bei über 2 Milliarden Euro. Viele können ihre Stromrechnung nicht bezahlen und bekommen den Strom abgeschaltet.

Die gesamte Verschuldung von privaten Haushalten dürfte zwischen 25 und 50 Milliarden Euro liegen. Zwar sind Schulden zum Teil durch unnötige Ausgaben selbst verschuldet. Oder sie werden wieder abgetragen. Die Höhe und die ansteigende Tendenz der Verschuldung zeigen aber doch das Auseinandergehen der Schere zwischen Arm und Reich, z. B. durch Arbeitslosigkeit und durch schlecht bezahlte Arbeit. In den USA war die Verschuldung über Kreditkarten einer der Auslöser der Finanz- und Wirtschaftskrise 2008.

Ein erster Blick auf die **Ursachen der sozialen Dissoziation** weist auf den Wettbewerb auf dem Arbeitsmarkt und den Wettbewerb auf dem Gütermarkt hin. Für die Unternehmen verursachen Arbeitsplätze Kosten. Um auf dem Gütermarkt bestehen zu können, muss man möglichst billig produzieren, also mit möglichst niedrigen Löhnen und durch Rationalisierung, folglich mit einer Einsparung von Arbeitsplätzen. Das bedeutet, die **Produktivität** steigt: Mit einer Arbeitskraft kann jetzt mehr produziert werden als zuvor.

Der technische Fortschritt sollte den Menschen nützen. Daher sollte er zu Lohnerhöhungen mit Erhöhung des Konsums und zu Arbeitszeitverkürzungen führen. Beides trat zwar in Deutschland und manchen andern Ländern ein, aber nicht in genügendem Umfang, besonders bei den unteren Gehaltsgruppen, Leiharbeitern, Teilzeitbeschäftigten und Aufstockern. Der technische Fortschritt könnte auch zu Preissenkungen führen, wodurch sich die Verbraucher trotz gleich bleibender Löhne mehr kaufen könnten. Doch die Preise blieben konstant oder stiegen sogar etwas. Es stiegen daher vor allem die Gewinne der Unternehmen. Das zeigt auch der oben erwähnte Geldregen für Aktionäre. Es ist daher in letzter Zeit mehr Geld da für Investitionen, als benötigt wird. Mit diesen Zusammenhängen wollen wir uns später noch genauer beschäftigen.

1.5 Konzerne machen Mega-Gewinne, exportieren und expandieren

Unter der Überschrift „Konzerngewinne steigen" stand in den „Stuttgarter Nachrichten" am 27. Dezember 2016: „Die 100 umsatzstärksten Konzerne Deutschlands haben ihren Gewinn in den ersten neun Monaten 2016 laut einer Studie kräftig gesteigert. ... Drei der vier gewinnträchtigsten Konzerne seien Autohersteller. Daimler liege mit 9.4 Milliarden Euro vor Volkswagen (8,7 M.€), der Deutschen Telekom (8,3 M.€) und BMW (7,6 M.€)."

Manager von Konzernen wissen, jene brauchen eine hohe Rendite, also hohe Gewinne. Sie können dann wachsen und in neue Märkte expandieren. Außerdem kommen sie auch leichter an frisches Kapital (an Geld, das ihnen geliehen wird) und können damit Filialen gründen sowie andere Unternehmen aufkaufen. Die Deutsche Bahn AG hat das Personal ausgedünnt und das Schienennetz vernachlässigt, um möglichst hohe Gewinne zu erzielen. Mit den Gewinnen wurden Verkehrsbetriebe in andern Ländern aufgekauft. Unternehmen expandieren auch in arme Länder, weil dort ein Heer von Arbeitslosen wartet und bereit ist, für wenig Lohn zu arbeiten.

Diese Arbeitslosigkeit in Entwicklungsländern ist aber weitgehend durch Importe aus den Industriestaaten entstanden. Es gingen z. B. billige gepresste Kunststoffsandalen in diese Länder. Damit konnten die im Land gefertigten von Hand geflochtenen Sandalen nicht konkurrieren. Viele Menschen wurden arbeitslos. Weil billige, dazu noch subventionierte Nahrungsmittel aus europäischen Agrarfabriken in unterentwickelte Länder exportiert wurden, verloren dort Kleinbauern ihre Existenz. Mit **Subventionen** kann ein Staat Güter billiger und damit konkurrenzfähiger machen, indem er den Produzenten der Güter Steuern erlässt oder ihnen Zuschüsse bezahlt. Viele Erzeugnisse der armen Länder konnten dadurch nicht mehr verkauft werden. So kann man durch den Export von Lebensmitteln Hunger erzeugen. Es wird zwar (aus Steuergeldern) Entwicklungshilfe gezahlt, doch der Export bringt davon ein Vielfaches wieder zurück.

Die Regierungen betrachten die Großunternehmen und Konzerne als ihre **Champions** auf dem Weltmarkt. Durch ihren Export bescheren sie dem Land zusätzliche Arbeitsplätze. Eine typische Zeitungsmeldung sieht so aus: Das Land X will in den nächsten zehn Jahren 200 Milliarden Euro für modernste Waffentechnik ausgeben. Der Konzern Y erhielt davon einen Auftrag zum Bau von U-Booten im Wert von 30 Milliarden Euro.

Durch die Möglichkeit, die Produktion in ein anderes Land zu verlagern, erreichen die Konzerne Zugeständnisse bei Umweltstandards, bei Exportbeschränkungen, Subventionen und bei der Besteuerung. Durch Steuertricks werden die Steuern weiter gesenkt oder ganz vermieden. Nur erwähnen, ohne näher darauf einzugehen, wollen wir die so genannten **Cum-Cum** und **Cum-Ex-Geschäfte**, mit denen Großaktionäre mit Hilfe von Banken den Staat und damit ihre Mitbürger betrogen.

In deutschen Bundesländern gilt es als Standortvorteil, wenn bei den Steuerprüfungen nicht so genau hingeschaut wird. Es gibt zu wenig Steuerprüfer und zu wenig Staatsanwälte. Es kam vor, dass zu eifrige Steuerprüfer auf andere Stellen versetzt wurden. Das alles trug dazu bei, dass der Staat hoch verschuldet ist. Man spricht da auch von öffentlicher Armut neben privatem Reichtum.

1.6 Immer gigantischer und komplexer

Die Menschheit brachte große technische Leistungen hervor. Das ist faszinierend, aber zum Teil auch beängstigend. Lang-Lkw, auch Gigaliner genannt, sollen bald auf deutschen Straßen rollen. Das ist eine LKW-Kombination mit bis zu 25,25 m Fahrzeuglänge und bis zu 60 t Gesamtgewicht. Sehr zur Entlastung der Umwelt trägt der 2016 in Betrieb genommenen, 57 km lange Gotthard-Basistunnel bei, der die zentralen Schweizer Alpen durchquert. Bauwerke von gigantischer Höhe wurden errichtet, siehe Tabelle 1.6.1.

Nr.	Tabelle 4, Kennzahl 1.6.1: Die höchsten Bauwerke der Welt nach Wikipedia				
1	Buri Khalifa	Dubai	Ver. Arabische Emirate	830 m	Öl
2	Shanghai Tower	Shanghai	Volksrepublik China	632 m	
3	Royal Clock Tower Hotel	Mekka	Saudi-Arabien	601 m	Öl
4	One World Trade Center	New York	USA	541 m	

Nr. 1 und 3 stehen in Monarchien, die durch Ölexport steinreich wurden. Nr. 4. wurde bis 2014 wieder aufgebaut. Von den 24 höchsten Bauwerken der Welt stehen 11 in der Volksrepublik China.

Es ist auch beeindruckend, die Ausmaße des Hamburger Hafens zu sehen. Oder das Bankenviertel in London oder Frankfurt. Durch Fusionen sind manche Banken schon so groß geworden, dass sie „too big to fail" sind, der Staat sie also (mit Milliarden) retten muss, wenn sie in Schieflage geraten sind. Man sagt, sie seien systemrelevant. In der Tat können sie, wie ein sinkender Ozeanriese, vieles mit sich in die Tiefe reißen. Als Ausnahme von der Regel wurde die amerikanische Investmentbank Lehman Brothers mit weltweit 28.000 Angestellten nicht gerettet. Sie musste 2008 infolge der Finanzkrise Insolvenz beantragen.

Schwergewichte sind auch die Finanzinstitute, die **Schattenbanken** genannt werden. Zu ihnen gehören die Fonds, z. B. die Investmentfonds. Die **Fonds** verwalten Geld von Personen, die viel Geld haben, und versuchen, aus diesem Geld noch mehr Geld zu machen. Zu den Schattenbanken gehören auch die Bad Banks. Das Wirtschaftslexikon von Gabler [10] gibt dazu folgende Auskunft: „Als Bad Bank (Deutsch: Bank für schlechte Verpflichtungen, schlechte Bank) werden Finanzinstitute bezeichnet, die in Zeiten von Bankenkrisen als reine Abwicklungsbanken gegründet werden, speziell zum Zwecke der Abwicklung bzw. Entsorgung nicht einlösbarer Kreditforderungen und schwieriger Wertpapiere (auch „toxischer" Papiere), die bei Ausfall in ihrer Gesamtheit die Bonität der betroffenen Banken gefährdet hätten." Für die Ausfälle der Bad Banks kommt der Staat auf. Es wurde schon prophezeit, die nächste Krise werde von den Schattenbanken ausgehen.

Immens ist auch die Verflechtung der Wirtschaft. Es ist kaum zu überblicken, wer an wem beteiligt ist (Miteigentum besitzt), und wer wen schon teilweise aufgekauft hat und eine feindliche Übernahme plant. Unzählige Zulieferer sind von ihren Abnehmern abhängig und umgekehrt. Die Pleite des Einen kann die Pleite des Anderen nach sich ziehen. In einer Wirtschaftskrise reißen Unternehmen immer weitere Unternehmen mit sich in den Abgrund, wenn der Staat nicht eingreift und das Schlimmste verhindert.

Die Globalisierung schweißt die Wirtschaft aller Länder zusammen und macht sie abhängig vom Weltmarkt, also vom Import und Export. Werden Länder durch **Wirtschaftssanktionen** davon ausgeschlossen, trifft das ihre Wirtschaft hart. Bricht die Nachfrage in importierenden Ländern ein, ist die Industrie in den Exportländern bedroht. Die Nachfrageschwäche bei der Finanz- und Wirtschaftskrise 2008 hatte zur Folge, dass der Staat der deutschen Automobilindustrie helfen musste, durch Abwrackprämien und staatlich subventionierte Kurzarbeit. Von den internationalen Finanzmärkten können Länder „bestraft" werden, indem Investitionen von dort ausbleiben.

In Deutschland soll das **Kartellamt** darüber wachen, dass Großunternehmen keine marktbeherrschende Stellung erhalten. Das ist eine Art des Verbraucherschutzes. Denn marktbeherrschende Unternehmen können die Preise hoch setzen, ohne dass die Verbraucher auf andere Unternehmen ausweichen können. 2016 wollte die Lebensmittelkette Edeka die angeschlagene Lebensmittelkette Kaisers Tengelmann übernehmen. Das Bundes-Kartellamt untersagte die Übernahme, weil Edeka ohnehin schon einen großen Marktanteil hatte. Der deutsche Wirtschaftsminister Gabriel macht von seinem Recht Gebrauch, eine Sondergenehmigung für die Übernahme zu erteilen. Der Grund war, dass es eine (allerdings befristete) Garantie für die Arbeitsplätze bei Kaisers gab. Bei dieser Entscheidung dominierten wieder einmal wirtschaftliche Belange (die Erhaltung von Arbeitsplätzen) über politische Belange (wirtschaftliche Macht zu begrenzen). Der Konkurrent REWE klagte vor Gericht mit Erfolg gegen die Sondergenehmigung. Arbeitsplätze lassen sich so nicht erhalten. Gibt es zu viele Lebensmittelketten, werden dort auf Dauer Arbeitsplätze verloren gehen. Was kann dem entgegenwirken: Wirtschaftswachstum (dass wir noch mehr konsumieren) oder Arbeitszeitverkürzung?

Unternehmen sind häufig von fernen Rohstoff- und Energiequellen abhängig. Staaten sehen sich daher oft veranlasst, Handelswege oder den Zugang zu fernen Rohstoffen militärisch offenzuhalten. Das birgt die Gefahr von Kriegen. Ist die Wirtschaft ein Turm, der immer höher gebaut wird, mit wachsender Gefahr des Einstürzens? Leidet die Wirtschaft an einer **Alterung**, sodass sie vor lauter Kraft nicht mehr richtig laufen kann und Blumen sowie Gärten zertritt? Der Grund für das Aussterben des Sauriers war, dass er zu groß und daher nicht mehr anpassungsfähig war. Vieles spricht dafür, dass sich der Mensch künftig weniger für den technischen Fortschritt und mehr für den Fortschritt des Sozialen und die Erhaltung der Lebensgrundlagen und des Friedens begeistern sollte.

1.7 Experten, Politiker und die Wirtschaft

In ihrem Buch Makroökonomie [1] schreiben die Wirtschaftsprofessoren Blanchard und Illing: „Makroökonomen sind sich fast durchweg darüber einig, dass aktive Wirtschaftspolitik gefordert ist, um in der Finanzkrise den massiven Einbruch der Nachfrage zu bekämpfen. Die Politik muss das Finanzsystem stabilisieren und die Nachfrage durch expansive Geld- und Fiskalpolitik stimulieren." Expansive **Geldpolitik** bedeutet, die in der Wirtschaft befindliche Geldmenge zu vergrößern, wofür die Zentralbank zuständig ist. Expansive **Fiskalpolitik** bedeutet, der Staat gibt viel Geld aus und nimmt eine Vergrößerung der Staatsverschuldung in Kauf.

Jenseits seiner Aufgabe als Feuerwehr im Krisenfall wird aber dem Staat in diesem Buch extreme Zurückhaltung empfohlen. Unter „Schocks und Übertragungsmechanismen" heißt es in [1]: „Nehmen wir an, die unvorsichtigen Aussagen eines deutschen Politikers führen zu erheblichen außenpolitischen Verstimmungen. In der Folge kündigen die bisher befreundeten Regierungen an, den Import deutscher Produkte fortan einzuschränken. Bei den deutschen Konsumenten, die um ihre Arbeitsplätze fürchten, kommt es zu einem Einbruch des Konsumentenvertrauens ..." Am Ende ist hier die deutsche Wirtschaft in großen Schwierigkeiten. Die Politik kann also nach dieser Auffassung bereits für unvorsichtige Aussagen von der Wirtschaft hart bestraft werden.

Schließlich wird in [1] folgende Aussage diskutiert und im Prinzip bejaht: „Die Makroökonomen und damit auch die politischen Entscheidungsträger, die sich auf den Rat der Makroökonomen verlassen, **wissen wenig**; deshalb sollten sie auch **wenig tun**." Untermauert wird diese Forderung mit einem Bild, das aus einer Studie Ende der 80er Jahre hervorging und wir in Bild 1.7.1 etwas vereinfacht wiedergeben. Bei der Studie wurden die Betreuer von 12 makroökonomischen Modellen aufgefordert, bestimmte Fragen zu beantworten. Diese gaben die Fragen in ihre Computer ein. In Bild 1.7.1 sind fünf dieser Ergebnisse eingezeichnet. (Die weiteren 7 Ergebnisse zeigen ein ähnliches Bild.) Man sieht, dass die Kurven einen beeindruckenden Wirrwarr bilden. Man könnte auch sagen, man muss sich nur den richtigen Experten aussuchen, um eine gewünschte Antwort zu erhalten.

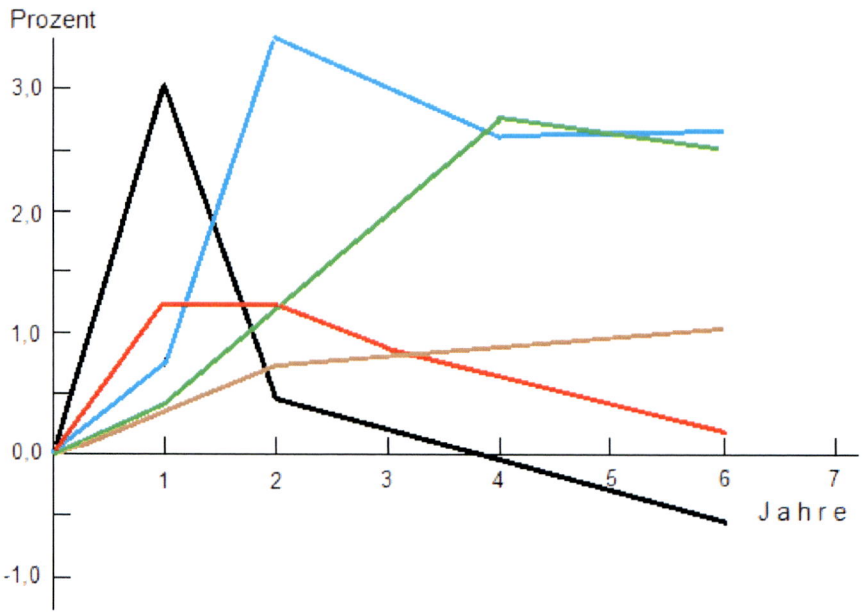

Bild 3, Kennzahl 1.7.1: Von verschiedenen Modellen prognostizierte Abweichung des Wachstums

Die dem Bild zugrunde liegende Frage lautete, wie sich eine volkswirtschaftliche Größe infolge einer bestimmten Maßnahme anders entwickeln würde als ohne diese Maßnahme. Die Maßnahme bestand darin, dass die Zentralbank das Geldmengenwachstum im ersten Jahr um 4 % vergrößert und die Geldmenge danach wieder normal wachsen lässt. Nach rechts aufgetragen ist die Zeit. Nach oben aufgetragen ist die prozentuale Abweichung des Wirtschaftswachstums infolge der oben genannten Maßnahme.

Einige mögliche Erklärungen für die verschieden Ergebnisse: Die Modelle, die als Programme in Hochleistungscomputer eingegeben wurden, unterscheiden sich in der Menge der zugelassenen Variab-

40

len und damit in der Menge der benutzten Gleichungen. Sie arbeiten mit dem AS-AD-Modell. Es müssen aber in die Programme Erfahrungswerte eingegeben werden, die auf Beobachtungen der Realität beruhen. Damit dreht man, bildlich gesprochen, an Stellschrauben, ähnlich den Knöpfen, mit denen man am Fernsehapparat die Lautstärke und die Helligkeit verändern kann. Ein solcher „Knopf" betrifft die Reaktion der Verbraucher auf Erhöhungen ihres Einkommens. Im Normalfall erhöhen sich ihre Konsumausgaben schwächer als ihre Einkommen. Doch wie viel schwächer, weiß man nicht. Herrscht eine gewisse Marktsättigung, reagieren die Konsumausgaben besonders schwach auf Erhöhungen des Einkommens. Erfindungen und damit neue Produkte (Innovationen) auf dem Markt beleben dagegen die Konsumausgaben.

In [1] wird aus der Angelegenheit der Schluss gezogen, dass man wenig wissen kann und daher wenig oder gar nichts unternehmen sollte. Doch langsam, hier ging es ja darum, ob man über die Zukunft etwas wissen kann. Indes weiß man über die Vergangenheit sehr viel. Es liegt z. B. klar vor Augen, wie groß die soziale Dissoziation ist. Sie lähmt ab einer gewissen Stärke die Wirtschaft. In diesem Fall ist es klar, dass eine soziale Politik der Wirtschaft hilft. In [1] ist die Wirtschaft der Boss. Auf ungebührliches Verhalten kann sie sehr unfreundlich reagieren. Die Experten können kaum Ratschläge geben und raten daher, außer bei Krisen, auf eine Beeinflussung der Wirtschaft zu verzichten. Steuern sollen möglichst wenig erhoben werden, da sie der Wirtschaft schaden. Diese Politik wird auch **neoliberal** genannt.

Gegenwärtig erhöht die Europäische Zentralbank die Geldmenge massiv, um den Krisensymptomen entgegenzuwirken und das Wirtschaftswachstum in der Europäischen Union anzukurbeln. Es bedarf aber wohl anderer Maßnahmen, um eine grundlegende Besserung zu erreichen.

1.8 Der Markt, der Gütermarkt und der Arbeitsmarkt

Der Markt ist eine Abstraktion oder ein Oberbegriff, unter dem sehr Vieles zusammengefasst ist. Wir wollen zunächst einen Unterbegriff davon betrachten, unter dem auch noch einiges zusammengefasst ist.

Der Gütermarkt
Auf dem Gütermarkt werden Mengen und Preise bestimmt, z. B. für Fahrzeuge und Fernsehapparate. Einen Ausschnitt davon erleben wir im Supermarkt. Die Regale dort sind heute voll und bieten eine reiche Auswahl. Es liegt also ein starkes **Angebot** vor. Eine starke **Nachfrage** liegt vor, wenn die Verbraucher viel Geld haben und auch bereit sind, es auszugeben. Es ist eine Freude für die Wirtschaft, wenn die Verbraucher kräftig zugreifen und die Kassen klingeln lassen. Die Wirtschaft bzw. die Produzenten möchten ja ihre Güter auch verkaufen. Die Unternehmen leben von der Nachfrage. Ohne sie gingen sie pleite.

Auf dem Gütermarkt treffen sich also an unzähligen Stellen des Landes das Angebot und die Nachfrage einer Volkswirtschaft. Zu den Gütern gehören neben Waren auch Dienstleistungen. Auch die Werbeindustrie produziert Dienstleistungen, ebenso der Handel.

Neben dem Einkaufen gilt auch das **Sparen** als Tugend der Verbraucher. Sei es, dass man Wohneigentum anstrebt oder in eine private Lebensversicherung einzahlt. Ein Unternehmer kann sparen und mit der Ersparnis sein Unternehmen vergrößern. Dadurch wird das Angebot vergrößert. Dann müssen wieder genügend Konsumenten da sein, die alle produzierten Güter abnehmen, und die Wirtschaft wächst.

Um viel konsumieren und viel sparen zu können, sollten wir viel Geld verdienen, also einen hohen Monatslohn bekommen. (Sich zu verschulden geht nur bis zu einer gewissen Grenze.) Für die Unternehmen sind die Löhne aber Kosten, die sie möglichst vermeiden wollen. Je weniger Personalkosten ein Unternehmen hat, desto billiger kann es seine Produkte anbieten. Aus Sicht der Unternehmen sollten wir Verbraucher also wenig Geld verdienen, aber viel Geld ausgeben. Wir können aber auf Dauer nur so viel Geld ausgeben, wie wir einnehmen.

Man sieht hier: Das Geld bewegt sich in einem **Kreislauf** zwischen den Verbrauchern und den Unternehmen (dem Produktionsapparat). Es wäre sicher nicht gut, wenn die Verbraucher ihren ganzen Verdienst sparen oder ihren ganzen Verdienst ausgeben würden. Beide Geldströme sollten in einem gesunden Verhältnis zueinanderstehen. Dieses Verhältnis kann zu verschiedenen Zeiten verschieden sein. Ist der Produktionsapparat schon sehr gewachsen und die Regale der Händler sind übervoll, ist das Sparen nicht mehr so nützlich, ja vielleicht sogar schädlich.

Es gibt eine umfangreiche **Theorie über den Markt**. Es gelten dort ja verschiedene Gesetze. Hier einige Beispiele. Steigt das **Angebot** an Obst, z. B. nach einer guten Ernte, fällt der Preis für das Obst. Das ist in Bild 1.8.1 links der Fall: Das große Angebot (rot) drückt den Peis nach unten. Die Anbieter haben die Hoffnung, durch die Preissenkung doch noch die gesamte Ware loszuwerden. Steigt aber die **Nachfrage** nach einem Gut, z. B. nach Treibstoff (in der Ferienzeit), geht der Preis für den Sprit nach oben. Die Anbieter dürfen annehmen, trotz der Preissteigerung gut zu verkaufen. Hier sehen wir, wie Angebot und Nachfrage den **Preis** beeinflussen können.

Weitere Beispiele: Der Preis für das „schwarze Gold" Öl und die Spritpreise an den Tankstellen sind 2016 sehr niedrig. Manche Ölförderländer kamen dadurch in Schwierigkeiten. Würden sich die Ölförderländer darauf einigen, das Angebot abzusenken, würde der Preis wieder steigen. Bei Ölknappheit steigen alle Preise auf breiter Front, weil Rohöl für viele Zwecke benötigt wird. Das führte in den 1970er Jahren und noch einmal ab 2002 zu den Ölpreisschocks, also zu weltweiten Störungen der Wirtschaft. Zu Preissteigerungen oder gar Inflation kann es auch kommen, wenn eine Regierung viel Geld druckt, beispielsweise wegen fehlender Steuereinnahmen. Denn viel umlaufendes Geld führt zu einer hohen Nachfrage nach Gütern.

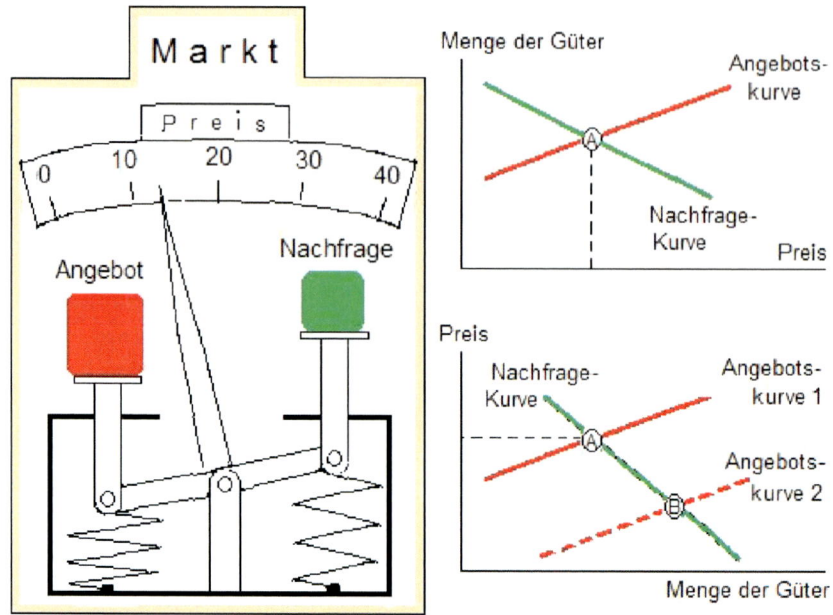

Bild 4, Kennzahl 1.8.1: Der Gütermarkt

In Bild 1.8.1 links sehen wir, wie die Gewichte Angebot und Nachfrage (zusammen mit den Federn unten) den Preis bestimmen. Dabei wirken Angebot und Nachfrage gegeneinander, und die Federn leisten Widerstand gegen das Absinken des schwereren Kontrahenten. Man sieht: Ist das Angebot größer als die Nachfrage, geht der Preis nach unten.

Nun werden aber das Angebot und die Nachfrage in der Regel auch vom Preis beeinflusst. Ist der Preis niedrig, werden weniger Güter angeboten und (mittelfristig) weniger Güter produziert. Wie könnte man das in Bild 1.8.1 links realisieren? Ganz einfach: Man muss sich vorstellen, dass das Angebot, also die rote Fläche, kleiner wird, wenn sie weiter nach unten kommt. Das entspricht der Realität: Das Angebot wird kleiner, wenn der Preis kleiner wird. Man spart dann sogar die Federn. Dementsprechend wird das Angebot größer, je weiter es auf der Waage nach oben kommt. Bei der Nachfrage läuft es entsprechend. Bei einem bestimmten Preis sind sie beide **gleich**

44

groß. Das entspricht der Realität auf dem Markt: Es wird genauso viel verkauft, wie gekauft wird.

Wissenschaftlicher wird dieser Tatbestand durch das Bild 1.8.1 rechts oben dargestellt. Dort ist das Angebot, also die Menge der Güter, die rote Kurve. Die angebotene Menge ist umso kleiner, je kleiner der Preis ist. Ein Teil der Hersteller z. B. von Kugelschreibern würde dann deren Produktion einstellen. Die „grünen" Nachfrager dagegen sind bereit, viel zu kaufen, wenn der Preis niedrig ist, und wenig zu kaufen, wenn der Preis hoch ist. Im Punkt A sind Angebot und Nachfrage gleich groß. Es werden sich wohl eine Menge und ein Preis einstellen, die dem Punkt A entsprechen. Das Bild 1.8.1 rechts unten zeigt die gängige Darstellung der Makroökonomen, bei der die Menge nach rechts und der Preis nach oben aufgetragen sind.

Man sagt auch, die grüne Linie, die Nachfrage, repräsentiert die Pläne und finanziellen Fähigkeiten der Verbraucher. Die rote Linie, das Angebot, repräsentiert die Pläne und die Fähigkeiten der Produzenten. Sie besagt: Je höher der Preis, desto mehr Güter, z. B. Motorräder, würden die Produzenten produzieren. Es ist eine Hypothese (eine plausible Annahme), dass sich der Preis und die Menge des Punktes A auf dem Markt einstellen oder einpendeln werden. Man kann auch aus dem Preis von vielen Gütern einen Durchschnittspreis oder ein **Preisniveau** bilden.

Die Preisentwicklung von Jahr zu Jahr kann mit Hilfe eines „**Warenkorbes**" ermittelt werden. Sein Inhalt besteht aus verschiedenen ausgewählten Gütern. Für die Verbraucherpreise in Deutschland gehören dazu zwölf Abteilungen, darunter Nahrungsmittel, Bekleidung, Wohnung, Gesundheit und Verkehr. Damit erhält man einen Preisindex. Man sieht, dass die Preise gegenwärtig nur noch sehr langsam steigen, etwa um 0,25 Prozent pro Jahr.

Tabelle 5, Kennzahl 1.8.1: Verbraucherpreisindex für Deutschland, 2010 = 100 aus 12 Abteilungen						
	2010	**2011**	**2012**	**2013**	**2014**	**2015**
Dezember	100,9	102,9	105,0	106,5	106,7	107,0
Jahresdurch-schnitt	100,0					

Bild 1.8.1 zeigt auch noch, was sich ändert, wenn etwa durch Rationalisierung die Motorräder billiger hergestellt werden können. Ihre rote Angebotskurve sinkt dann nach unten (zu kleineren Preisen) und wird zur **rot gestrichelten Angebotskurve**. Es gibt dann einen neuen Schnittpunkt mit der Nachfragekurve, den Punkt B. Dort ist der Preis eines Motorrades kleiner, und es werden mehr Motorräder produziert und verkauft. Werden mehr Güter verkauft, aber zu einem kleineren Preis, bleibt der Geldstrom etwa gleich. Ganz einfach stellt sich die Änderung ohne Geld dar: Wegen der Rationalisierung werden mehr Motorräder pro Tag hergestellt, und es kommen mehr Personen zu einem Motorrad.

Das sind einfache Marktmechanismen, die am besten auf einem Marktplatz funktionieren können, wo die Käufer von Stand zu Stand gehen und die Preise sowie die Qualität vergleichen können. Meist kommen aber noch andere Einflüsse dazu, die die Dinge komplizieren. Es gibt Zwischenhändler wie die Supermärkte. Sie haben eine erhebliche Marktmacht und können auch mal überhöhte Verkaufspreise erzielen, denn viele Verbraucher vergleichen nicht die Preise verschiedener Supermärkte. Vor allem können die Supermärkte gegenüber ihren Lieferanten, den landwirtschaftlichen Betrieben, die Preise nach unten drücken. Der Staat hat die Aufgabe, zu große Marktmacht zu verhindern.

Im Lehrbuch von A. Stobbe Mikroökonomik [4] füllt das Thema Markt zwei Kapitel mit insgesamt 200 Seiten. Wir legen hingegen den Schwerpunkt darauf, welche Ergebnisse die Märkte produziert haben.

Aus dem Bild 1.8.1 ergibt sich die Gleichung:

(1.8.1)   Angebot = Nachfrage.

Angebot und Nachfrage repräsentieren jeweils eine Menge und einen Preis. Multipliziert man sie miteinander, ergibt sich eine Geldmenge in der Zeiteinheit oder ein **Geldstrom**. Die Statistik ermittelt den Geldstrom oder die Geldmenge eines ganzen Jahres (und anderer Zeiteinheiten). So erfährt man z. B., was der Bauwirtschaft an Geld in einem Jahr zugeflossen ist, oder auch den Umsatz der gesamten Wirtschaft eines Landes, das Bruttoinlandprodukt BIP.

Der „neutrale" Gütermarkt

Die moderne Volkswirtschaft zeichnet sich durch ein sehr starkes Angebot aus. Das heißt, es kann jede Nachfrage befriedigen, die auf sie zukommt. Sie „sagt" auch in aller Regel nicht: „Wollt ihr mehr kaufen, steigt der Preis." Im Supermarkt können wir jede Menge zum festgesetzten Preis kaufen. Oft erhält man sogar einen niedrigeren Preis, wenn man eine größere Menge abnimmt. Es steigt dann also der Preis des Angebots in Bild 1.8.1 gar nicht, wenn die Menge größer wird. Das bedeutet, dass die roten Angebotskurven nicht mehr steigen, sondern waagrecht verlaufen. Man kann dann von einem neutralen Gütermarkt sprechen. Bei andern Gütermärkten kann das wieder anders sein. Der deutsche Strommarkt ist besonders kompliziert.

Der Arbeitsmarkt

Ein besonderer Markt ist der Arbeitsmarkt. Durch die Steigerung der Produktivität werden die Arbeitsplätze knapp. Das Wirtschaftswachstum wirkt dem entgegen, schafft also neue Arbeitsplätze, bleibt aber heutzutage meist im Hintertreffen. Um einen der relativ wenigen Arbeitsplätze zu erhalten, müssen die Arbeitnehmer ihre Arbeitskraft billig anbieten. Die Situation am Arbeitsmarkt wird also für die Arbeitnehmer, und das sind die meisten Menschen, ungünstiger. Das zeigt sich am Anwachsen des Niedriglohnsektors und der **prekären Arbeitsplätze** (Leiharbeit, befristete Arbeitsverhältnisse) in den Industrieländern. Und es zeigt sich an den Hungerlöhnen in den armen Ländern. In Deutschland erhalten die so genannten **Aufstocker** Geld vom Staat, weil sie von ihrem geringen Verdienst kaum leben können. 2014 berichtete ein Fernsehsender, dass der Autobauer Daimler über Werkverträge Leiharbeiter an seinen Fließbändern beschäftigte, die ihr Gehalt mit Hartz IV aufstocken mussten. Wegen der niedrigen Löhne erwerben viele Versicherte nur geringe Rentenansprüche.

Besonders in der Landwirtschaft wurden massiv Arbeitskräfte eingespart, durch den Einsatz von Maschinen und die Entstehung von Agrarfabriken. Für die bäuerlichen Familienbetriebe hieß es: „Wachsen oder Weichen". So wurden aus vielen kleinen wenige große Unternehmen. Tiere in Agrarfabriken mit zehntausenden Tieren werden oft mit Antibiotika dazu gebracht, bis zur Schlachtreife durchzuhalten. Dabei werden Antibiotika-resistente Keime gezüchtet, die für den Menschen eine große Gefahr darstellen.

Beim Arbeitsmarkt gibt es eine gewisse **Abnormität** gegenüber andern Märkten. Sinkt dort der Preis der menschlichen Arbeit, wird das Angebot an Arbeit nicht kleiner, wie es das Diagramm in Bild 1.8 erwarten lässt, sondern größer. Die Arbeitnehmer können meist nicht sagen, ich habe keine Lust, für so wenig Geld zu arbeiten. Wenn die Arbeitnehmer das bisher verdiente Geld zum Leben benötigen, müssen sie bei sinkenden Löhnen sogar mehr arbeiten, also das Angebot vergrößern.

Das kann sich in einer Verlängerung der Arbeitszeit äußern oder dadurch, dass beide Ehepartner arbeiten. Auch Kinderarbeit, sogar in Bergwerken, gab es in Krisenzeiten in den Industrieländern und gibt es heute noch in den armen Ländern. Daher ist es falsch, den Arbeitsmarkt als einen Markt wie alle anderen Märkte anzusehen. Mit andern Worten: Man muss damit rechnen, dass die Angebotskurve ihre Richtung so ändert, sodass das Angebot an Arbeit bei fallendem Preis der Arbeit größer wird. Das ist bei einem **rigiden Arbeitsmarkt** der Fall.

Es wurde schon früh versucht, die Rigiditäten des Arbeitsmarktes auszugleichen. Eine **Verkürzung der Arbeitszeit** ist eigentlich bei Knappheit der Arbeitsplätze angezeigt. Man kann hier auch von einer gerechten Verteilung der vorhandenen Arbeit sprechen. Es gibt in vielen Ländern Gewerkschaften, zu denen sich die Arbeitnehmer zusammenschließen können. Sie kämpfen unter anderem für höhere Löhne und kürzere Arbeitszeiten. Hilfreich sind auch Betriebsräte und vom Staat festgelegte Mindestlöhne und Absicherungen wie die Arbeitslosenversicherung und die Sozialhilfe. So entsteht ein geregelter oder **geschützter Arbeitsmarkt**. In vielen Ländern sind aber die Arbeitnehmer kaum organisiert. Die Bildung von Gewerkschaften wird oft brutal verhindert. Durch die Globalisierung kann die Produktion in arme Länder mit niedrigen Löhnen verlagert werden. Das schwächt die Position der Gewerkschaften und der Arbeitnehmer auch in den reichen Ländern.

Vieles spricht dafür, dass es die Aufgabe der Politik ist, dort einzugreifen, wo der Markt trotz Gewerkschaften oder mangels Gewerkschaften unbefriedigende Ergebnisse liefert, z. B. durch Festsetzung von Mindestlöhnen. Die von Blanchard und Illing [1] vertretene liberale Makroökonomik sieht dagegen staatliche Eingriffe als Störungen der Wirtschaftsabläufe an, die dafür verantwortlich seien, dass sich keine Vollbeschäftigung einstelle. Es ist nicht einfach zu entscheiden, wer recht hat. Läuft es nicht rund, kann man die Ursache darin sehen, dass nicht genügend eingegriffen wurde, oder dass eben eingegriffen wurde.

Die liberale Richtung geht vom **theoretischen Arbeitsmarkt** aus, der in Kapitel 2.5 näher beschrieben wird. Dort verdienen die Arbeitnehmer gut und können Reserven bilden. Sie verweigern die Arbeit wie ein Pferd ein zu hohes Hindernis, wenn ihnen der Lohn zu niedrig ist. Dieses in den USA bis zu einem gewissen Grad realisierte Konzept beinhaltet eine sinnvolle Art der Arbeitszeitverkürzung. Nur fehlen in aller Regel die hohen Löhne, die den Arbeitnehmern das Pausieren bei ordentlichem Lebensstandard ermöglichen. Die Tabelle 1.8.2 zeigt eine Übersicht dazu.

Tabelle 6, Kennzahl 1.8.2: Arbeitsmärkte

freie Arbeitsmärkte		geregelter oder
theoretischer Arbeitsmarkt	rigider Arbeitsmarkt	geschützter Arbeitsmarkt
bringt nach liberaler Vorstellung Vollbeschäftigung	typisch für Krisen, auch heute weit verbreitet	wohl notwendig

2. Geldströme

2.1 Wasser- und Geldbewegungen

Wasser wird in der Regel beim Verbrauch nicht zerlegt oder gar vernichtet. Das „verbrauchte" Wasser bringt uns die Natur in Form von Regen zurück, sogar gereinigt. Das Wasser bewegt sich damit in einem Kreislauf. Auch Geld bewegt sich häufig in einem Kreislauf. Beispielsweise erhalten die Verbraucher am Anfang des Monats Lohn von den Unternehmen, und am Ende des Monats ist das Geld durch Einkäufe wieder bei den Unternehmen angekommen.

Was ist eigentlich Geld? Geldscheine und Münzen? Ja, aber das ist nicht alles. Auch unser Guthaben auf dem Bankkonto ist Geld. Man empfindet es zwar nur als eine Möglichkeit, zu weiterem Geld zu kommen. Aber wir können ja solches Geld an einen Handwerker überweisen, um eine Rechnung zu begleichen. Dann wird sein Bankguthaben größer, das unsere kleiner. Wir sehen also, Geld besteht aus **Bargeld** und **Giralgeld** bzw. **Buchgeld**.

Bei den Banken gibt es große Mengen an Buchgeld, das den Bankkunden gehört. Buchgeld wechseln die Banken auf Wunsch der Kunden in Bargeld um. Sie haben gleichwohl längst nicht so viel Bargeld in ihrem Tresor, wie es Buchgeld gibt.
Die Banken nehmen aber an, dass nicht alle Kunden gleichzeitig ihre Konten plündern und dafür Bargeld haben wollen. Man könnte vermuten, dass es so viel Geld geben müsse, wie es Güter oder Werte in der Wirtschaft gibt. Diese Schlussfolgerung stimmt aber nicht.

2.2 Die Wirtschaft in Landstadt

Bild 2.2.1 zeigt eine Mini-Volkswirtschaft und Geldströme (gelb), die sie durchziehen. In der Stadt (der Innenstadt und dem Neubaugebiet) leben die Verbraucher. Sie verdienen ihr Geld im **Produktionsapparat**. Er besteht aus der Land- und Forstwirtschaft, dem Industriegebiet und dem Einkaufszentrum. Die Land- und Forstwirtschaft liefert Nahrungsmittel und Rohstoffe. Im Industriegebiet werden daraus Fertigprodukte hergestellt. Im Einkaufszentrum mit den Parkplätzen P kaufen die Bewohner ein.

Man könnte nun Güterströme einzeichnen und würde dann sehen: Das Gut Arbeitsleistung fließt von den Bewohnern zum Produktionsapparat, und die Konsumgüter des Produktionsapparats sammeln sich im Einkaufszentrum und fließen von dort zu den Verbrauchern. Es wurden aber die Geldströme eingezeichnet, die sich entgegengesetzt zu den Güterströmen bewegen. Man sieht, wie die **Konsumausgaben C** (gelb) der Verbraucher zum Einkaufszentrum fließen. Danach verteilt sich das Geld auf die drei Teile des Produktionsapparats, denn überall dort wird Geld verdient. Zur Vereinfachung ist in Bild 2.2.1 eine gemeinsame Kasse des Produktionsapparats eingezeichnet. Aus dieser Kasse werden die **Arbeitseinkommen Y** bezahlt. Auch die Bäckerei in der Innenstadt muss zum Produktionsapparat gerechnet werden. Im Produktionsapparat leisten auch die Unternehmer Arbeit, wie der Bäckermeister. Wir können die Gewinne der Unternehmer als ihre Arbeitseinkommen ansehen.

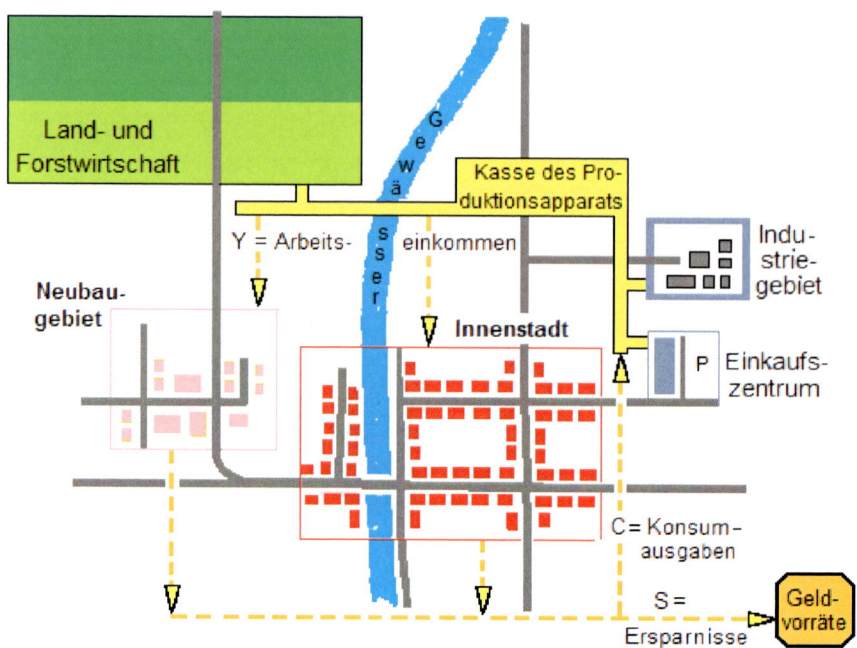

Bild 5, Kennzahl 2.2.1: Die Wirtschaft in Landstadt, Teil 1

Betrachten wir nur die gelben Geldströme, erhalten wir so etwas wie ein **Röntgenbild** von der Wirtschaft. Man sieht darauf, wie das Geld von den Unternehmen oder dem Produktionsapparat zu den Verbrauchern und von dort wieder zurückfließt. Es arbeitet, indem es sich in einem Kreislauf bewegt. Nur dadurch, dass Geld von Hand zu Hand geht, funktioniert der „Wirtschaftsmotor". Das Geld benötigt für einen Umlauf im Normalfall einen Monat, da die Löhne und Gehälter meist am Monatsende bezahlt und im Lauf des nächsten Monats wieder ausgegeben werden.

Oft werden von Seiten der Unternehmen die Höhe der Lohnkosten und der Lohnnebenkosten beklagt. Doch die Unternehmen könnten nichts verkaufen, hätten also auch keine Einnahmen, wenn kein Geld von ihnen zu den Verbrauchern fließen würde. Die Wirtschaft in Landstadt soll auf Hochtouren laufen. Im Einkaufszentrum sind die Regale voll. Die Briefkästen der Einwohner werden mit Werbematerial gefüllt, denn die Unternehmen wollen ihren Umsatz noch steigern. Vielfach herrscht Überfluss, man spricht von der Wegwerfgesellschaft. Reparaturen lohnen sich kaum oder sind gar nicht möglich. Auch viele Lebensmittel werden weggeworfen.

Ein Teil der Verbraucher, meist solche mit einem hohen Einkommen, bildet **Ersparnisse**. Die Ersparnisse S in Bild 2.2.1 entziehen sich zunächst dem Geldkreislauf. Wo sie im Einzelnen aufbewahrt werden, lassen wir offen. Wir nehmen einfach an, sie versammeln sich in den **Geldvorräten** in Bild 2.2.1. Meist wird sich das gesparte Geld auf Bankkonten aufhalten. Durch den Entzug von Geld kann es zu einer Wirtschaftskrise kommen. Denn der Produktionsapparat erhält dadurch die geleisteten Arbeitseinkommen Y nicht wieder voll zurück.

Es können zwar auch die Unternehmen weniger Geld ausgeben, als sie einnehmen, also Ersparnisse bilden. Dieses Geld soll aber ebenfalls die Ersparnis von Bürgern sein, nämlich der Unternehmer. In der Regel wird dieses Geld wie die übrigen Ersparnisse auf Bankkonten sein.

Wie die Ersparnisse doch wieder in den Geldkreislauf zurückkommen können, zeigt Bild 2.2.2. Dort fließen die so genannten **Investitionen** zum Produktionsapparat. Er erhält Aufträge zum Bau neuer Wohnhäuser. Das sind die vier nicht mit Farbe gefüllten Rechtecke im Neubaugebiet.

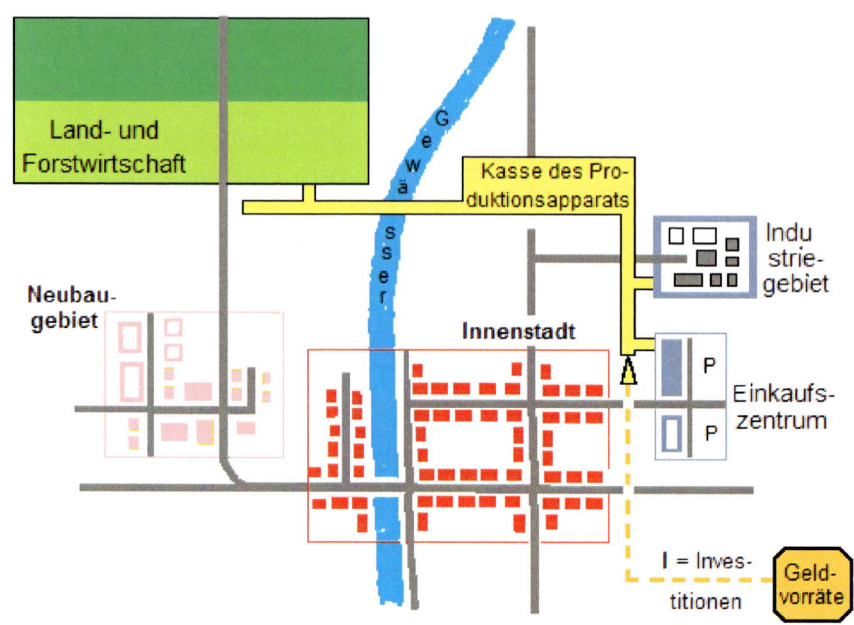

Bild 6, Kennzahl 2.2.2: Die Wirtschaft in Landstadt, Teil 2

Es werden auch weitere Fabrikhallen gebaut. Das sind die nicht mit Farbe gefüllten Rechtecke im Industriegebiet. Schließlich wird auch ein weiterer Supermarkt gebaut, wodurch das Einkaufszentrum in Bild 2.2.2 vergrößert wird. Die neuen Wohnhäuser, Fabrikhallen und der neue Supermarkt werden den Bürgern gehören, die die Ersparnisse gebildet haben. Sie erhalten später Vermögenseinkommen und können dadurch noch mehr Ersparnisse bilden.

Durch die Investitionen fließt das gesparte Geld in den Geldkreislauf zurück. Die Investitionen vergrößern den Produktionsapparat, oder er wird modernisiert. Die Wirtschaft wächst dadurch, denn es werden mehr und bessere Güter hergestellt. Es können dabei zusätzliche Arbeitsplätze entstehen. Es ist aber auch möglich, dass durch Rationalisierungen Arbeitsplätze wieder abgebaut werden.

Stellen wir uns vor, dass keine Geldvorräte gebildet werden und stattdessen die Ersparnisse immer sofort zu Investitionen werden, dann teilt sich das Einkommen Y stets auf in Konsumausgaben C und Investitionen I, und es gilt die Gleichung

(2.2.1) $$Y = C + I$$

Nehmen wir im Vorgriff auf spätere Kapitel eine Stadtverwaltung oder einen Staat an, der Steuern einnimmt und dieses Geld für Straßenbau und Ähnliches wieder ausgibt, erweitert sich die Gleichung (2.2.1) zur Gleichung

(2.2.2) $$Y = C + I + G$$

Die Ausgaben des Staates werden G genannt. Da Y nach wie vor denselben Wert hat, muss hier entweder C oder I kleiner sein. Man hat ja wegen der Steuern weniger Geld zur Verfügung. Ein Teil des Einkommens Y fließt jetzt erst zum Staat und von dort zum Produktionsapparat zurück. Es macht also einen Umweg über den Staat. Gibt es in Landstadt auch noch einen Exportüberschuss, so erweitert sich Gleichung (2.2.2) zu

(2.2.3) $$Y = C + I + G + Ex - Im$$

Hier ist Ex = Export, Im = Import und Ex – Im = Exportüberschuss. Man kann sich vorstellen, ein Teil des Einkommens der Leute fließt ins Ausland, und das Ausland kauft damit beim Produktionsapparat in Bild 2.2.2 ein. Ein Teil des Geldes macht hier einen Umweg über das Ausland. Das Ausland verschuldet sich dabei (über Banken) an die Bewohner von Landstadt. Das ist eine vereinfachte Darstellung, die aber ein Merkmal des Exportüberschusses zeigt, nämlich dass sich das Importland dabei verschuldet.

Die Gleichung (2.2.3) ist eine grundlegende Gleichung der Makroökonomik, die auch im Titelbild des Buches erscheint. Häufig wird hier das Augenmerk statt auf die Geldströme auf die Güterströme gerichtet, die von den Geldströmen „transportiert" werden. Dann tritt aus dem Produktionsapparat der Güterstrom Y aus und verteilt sich auf den Konsum C, die Investitionen I, die für den Staat erbrachten Leistungen G (z. B. Straßenbau) und die ins Ausland fließenden Güter Ex – Im.

2.3 Das Wirtschaftsmodell der Physiokraten

Die Bilder 2.2.1 und 2.2.2 sind vereinfachte Abbildungen oder Modelle der Wirtschaft. Bei der Modellbildung werden viele ähnliche Dinge zu einem Ganzen zusammengefasst. Es ergibt sich dann ein Bild, das relativ wenige Teile enthält. Die Teile werden Aggregate genannt. In den vorhergehenden Bildern ist z. B. die Land- und Forstwirtschaft ein Aggregat. Die Modelle sind Luftaufnahmen ähnlich, bei denen etwas aus großer Höhe betrachtet wird.

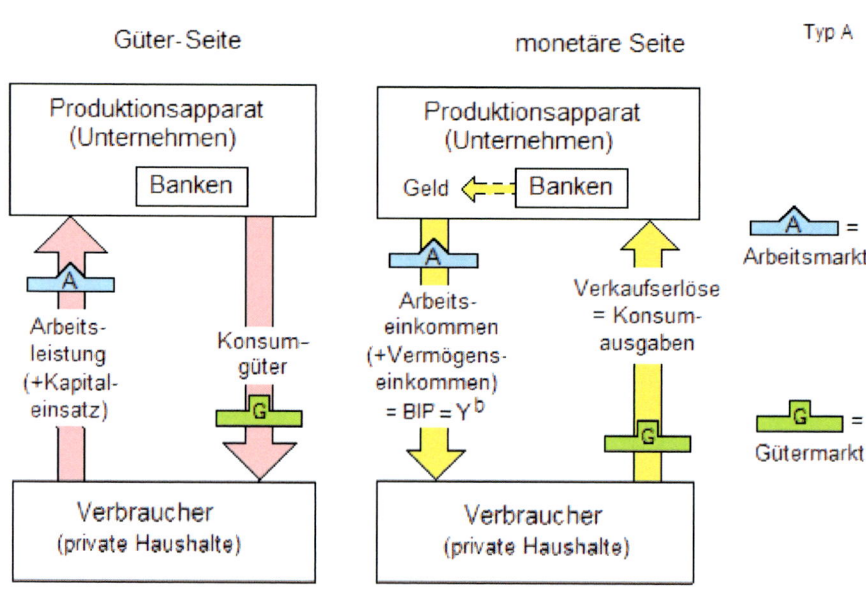

Bild 7, Kennzahl 2.3.1: Das Wirtschaftsmodell der Physiokraten

Ein noch stärker vereinfachtes Modell der Wirtschaft ist das Wirtschaftsmodell der Physiokraten, einer Gruppe französischer Wirtschaftswissenschaftler in der 2. Hälfte des 18. Jahrhunderts, in Bild 2.3.1. Es zeigt **Geldströme** (gelb) und **Güterströme** (rot) zwischen dem Produktionsapparat und den Verbrauchern. Auch die Geldströme und Güterströme sind Aggregate. Auf der Güterseite

56

erhalten die Verbraucher die Konsumgüter. Zum Produktionsapparat (den Unternehmen) fließt die Arbeitsleistung der Verbraucher. Auf der monetären Seite strömt das Geld zwischen dem Produktionsapparat und den Verbrauchern hin und her. Die Verbraucher erhalten von oben das Arbeitseinkommen, auf das sie angewiesen sind. Aber genau so sind die Unternehmen des Produktionsapparats auf die Konsumausgaben angewiesen. Sie sind aus ihrer Sicht Verkaufserlöse.

Wir haben noch den Kapitaleinsatz (links) und die Vermögenseinkommen (rechts) in Klammern dazugefügt. Sie sind in diesem Modell nicht enthalten, gehören aber eigentlich dazu. Die **Vermögenseinkommen**, beispielsweise Dividenden, sind die Gegenleistung für den Kapitaleinsatz, also dafür, dass jemand sein Geld einem Unternehmen zur Verfügung stellt, z. B. als Aktionär.

Das zweifache Kreislaufmodell. Wir haben hier eigentlich zwei Kreisläufe, den **Geldkreislauf** und eine Art Kreislauf der Güter. Im Bild links strömt das Gut Arbeitsleistung von den Verbrauchern zum Produktionsapparat, „verwandelt" sich dort und kommt in Form von Konsumgütern zu den Verbrauchern zurück. Die gelb gezeichneten Geldströme transportieren die rot gezeichneten Güter (Konsumgüter und Arbeitsleistung). Daher wird das Geld auch als das Blut der Wirtschaft bezeichnet. Geld und Güter fließen aber in entgegengesetzter Richtung. Die Konsumgüter kommen an ihr Ziel (nach unten), weil die Konsumausgaben nach oben fließen. Die Arbeitsleistung wird erbracht, weil es dafür Arbeitseinkommen gibt. Ersparnisse (wie in Bild 2.2.1) werden hier noch nicht gebildet. Dass das Modell sowohl die Geld- als auch die Güterströme zeigt, erscheint uns wichtig. Wir konzentrieren uns zwar auf die Geldströme. Aber es wird oft notwendig sein, auch einen Blick auf die Güterströme zu werfen.

In Bild 2.3.1 sind noch Symbole für die Märkte eingezeichnet, grün für den **Gütermarkt G** und blau für den **Arbeitsmarkt A**. Dort bestimmen die Unternehmen und die Verbraucher bzw. Arbeitnehmer zusammen, wie stark die Güter- und die Geldströme sind. Das Verhältnis des Geldstroms „Verkaufserlöse" zum Geldstrom „Konsumgüter" sind die Preise oder allgemein das Preisniveau. Das Verhältnis des Geldstroms „Arbeitseinkommen" zum Geldstrom „Arbeits-leistung" ist das Lohniveau. Steigen die Preise, fordern die Arbeit-nehmer höhere Löhne. Steigen die Löhne, erhöhen die Unternehmer gerne die Preise. Das kann zu einer Lohn-Preis-Spirale und zu einer Inflation führen. Mittlerweile ist aber der Produktionsapparat so stark, dass eine steigende Nachfrage kaum zu Preissteigerungen führt.

Heute herrscht der bargeldlose Zahlungsverkehr vor. Man kann sich aber die gelben Pfeile in Bild 2.3.1 einfach als Ströme von Bargeld vorstellen. Beide Vorgänge, die Bewegung von Bargeld und Bu-chungen (die Bewegungen von Buchgeld), haben dieselbe Wirkung. Denn sowohl die Bezahlung einer Rechnung in bar als auch durch Überweisung stellen den Handwerker zufrieden.

Wir ordnen dem Modell in Bild 2.3.1 den „natürlichen" **Typ A** zu. Später kommt noch ein Typ B dazu. Die Unternehmen und die pri-vaten Haushalte sind in Bild 2.3.1 **in Klammern** gesetzt. Sie stim-men zwar genügend genau mit dem über ihnen stehenden Begriff überein, aber doch nicht ganz genau. Denn es gibt Haushalte, die nicht nur Verbraucher sind, sondern in denen auch produziert wird, etwa die Haushalte von selbständigen Landwirten und Gastwirten.

Der Produktionsapparat produziert neben Sachgütern auch Dienst-leistungen wie der Arzt und der Handwerker, der etwas repariert. Auch die **Banken** in Bild 2.3.1 produzieren Dienstleistungen und verdienen damit das Geld, das sie ihren Angestellten bezahlen. Sie sind damit ein Teil des Produktionsapparats. Mit einer ihrer Dienstleistungen, der Ausführung von Überweisungsaufträgen, be-wältigen die Banken den Zahlungsverkehr (außer dem mit Bargeld). Würden sie ausfallen, wäre die Wirtschaft lahmgelegt.

Eine Besonderheit der Banken ist auch, dass sie Geld „schöpfen" (herstellen) und Geld „vernichten" können, nämlich bei der Vergabe und der Rückzahlung von Krediten. Dadurch vergrößern und ver-kleinern die Banken die Geldmenge ständig ein wenig. Über längere Zeiträume wird die Geldmenge durch die Banken etwas vergrößert, da ja in der Regel die Wirtschaft wächst und die Preise leicht steigen. Der von den Banken ausgehende gestrichelte Geldstrom soll das andeuten.

Häufig ist vom **Bruttoinlandsprodukt BIP** eines Landes die Rede. Das ist eigentlich die Summe der in einem Jahr produzierten Güter. Da sie aber in Geld, z. B. in Euro, angegeben wird, kann man sie als die Summe des Geldes ansehen, die der Geldstrom „Arbeits- und Vermögenseinkommen" in einem Jahr transportiert. Für das Bruttoinlandsprodukt wird auch das Formelzeichen Y^b verwendet. Das hochgestellte b bedeutet brutto. Das „Netto" erhält man, wenn man den Wertverlust des Produktionsapparats durch Abnutzung und Alterung von dem Y^b abzieht.

Ergänzungen

Die hier und anderwärts angefügten Ergänzungen sind für das Verständnis der übrigen Kapitel nützlich, aber nicht erforderlich.

Man kann in Bild 2.3.1 auch schon **staatliche Aktivitäten** als vorhanden annehmen. Dazu kann man den Staat als ein Unternehmen ansehen, das zum Produktionsapparat gehört. Seine Verkaufserlöse sind die Steuern, die er einnimmt. Sie werden zu Arbeitseinkommen der Beamten und Angestellten des Staates. Zu den öffentlichen Gütern, die der Staat produziert, zählt der Straßenbau.

Da das „arbeitende" Geld in einem Monat umläuft, muss mindestens eine Geldmenge von 1/12 des BIP vorhanden sein. Für die Käufe und Verkäufe zwischen den Unternehmen und für andere Zwecke wird allerdings noch weiteres Geld benötigt. Die Unternehmen beliefern sich ja auch gegenseitig. Diese Lieferungen werden **Vorleistungen** genannt.

Die vom Produktionsapparat geleisteten Arbeitseinkommen + Vermögenseinkommen sind für die Unternehmen Kosten. Man kann fragen, warum in Bild 2.3.1 nicht auch **Materialkosten** auftauchen. Der Grund dafür ist, dass die Ausgaben für Material zu andern Unternehmen fließen, also das Aggregat Produktionsapparat gar nicht verlassen. Am Anfang der Material-Kette stehen Unternehmen wie z. B. die Bergwerksunternehmen. Ihnen gibt die Natur das Material kostenlos ab. Also sind alle Materialkosten Arbeits- und Vermögenseinkommen in andern Unternehmen. Steuern und Gebühren können allerdings noch dazukommen.

Auch der britische Ökonom, Politiker und Mathematiker John Maynard **Keynes**, (1883 bis 1946), stützte sich auf das Kreislaufmodell der Physiokraten. Sein Weitblick zeigte sich den Versailler Friedensverhandlungen nach dem Ersten Weltkrieg 1919. Er war Mitglied der britischen Delegation, verließ sie aber unter Protest wegen der Vertragsbedingungen, die Deutschland auferlegt wurden. Er kritisierte die Deutschland auferlegten hohen Reparationszahlungen als ökonomisch widersinnig. Sie würden sozialen Sprengstoff für Deutschland mit sich führen.

2.4 Wirtschaft und Umwelt

Zu einer höheren Wertschätzung des „Wirtschaftsstandorts" Erde können folgende Ausführungen dienen. Vor etwa 14,5 Milliarden Jahren entstand nach dem heutigen Wissen das Universum durch den Urknall. Vor knapp 5 Milliarden Jahren formten sich die Sonne und ihre Planeten, als sich fein im Raum verteilte Stoffe zusammenballten. Die Sonne bildete sich aus dem Grundbaustein des Universums Wasserstoff und wurde zur Energiequelle, weil in ihr innerhalb von Milliarden Jahren Wasserstoff zu Helium „verbrennt". Zur Erde und anderen Planeten ballten sich viele chemische Elemente zusammen, die von früheren Riesensternen aus Wasserstoff „ausgebrütet" wurden, als sie in einer unvorstellbaren, einige Wochen dauernden Supernova-Explosion verglühten. Unzählige Vorgänge mussten danach noch ablaufen, bis die Erde bewohnbar war.

Es gibt eine Liste der Vögel Deutschlands. Aus ihr (Stand Oktober 2016) geht hervor, dass viele Vogelarten in Deutschland vom Aussterben bedroht sind. Auch bisher häufig vorkommende Arten sind in Not geraten. Und die Vögel gelten als Indikatoren für die gesamte Umwelt. Auch dem Menschen werden immer mehr Giftstoffe zugemutet, besonders in der Luft. Wir sind dabei, die Rohstoffe und Energieträger der Erde abzubauen und lebensfeindliche Stoffe in der Umwelt abzulagern, wie es in Bild 2.4.1 oben angedeutet ist. In einem Jahr werden so viele Rohstoffe verbraucht, wie in 150.000 Jahren entstanden sind. Die Meere werden leer gefischt und durch auslaufendes Öl, Radioaktivität, Plastik und andern Müll belastet.

Für die Rückholung der radioaktiven Abfälle und die Stilllegung der Schachtanlage Asse II im Bundesland Niedersachsen werden die Kosten auf 4 bis 6 Milliarden Euro geschätzt. Das vermeintliche Endlager wurde nicht nur, wie vorgesehen, für wissenschaftliche Zwecke genutzt, denn es wurden dort 126.000 Fässer eingelagert. Wasserzuflüsse, die die Fässer zum Rosten bringen, wurden über Jahre verschwiegen. Der strahlende Müll droht in die Biosphäre einzudringen, also zu uns allen. Doch die technischen Probleme der Rückholung sind immens. So heißt es, mit der Rückholung könne im günstigsten Fall im Jahr 2023 und im ungünstigsten Fall erst im Jahr 2036 **begonnen** werden.

Bild 2.4.1 zeigt auch das Recycling, das aber noch viel zu schwach ausgebildet ist. Z. B. wurde das Recycling der kostbaren seltenen Erden aus den Magneten im Elektronikschrot noch kaum in Angriff genommen.

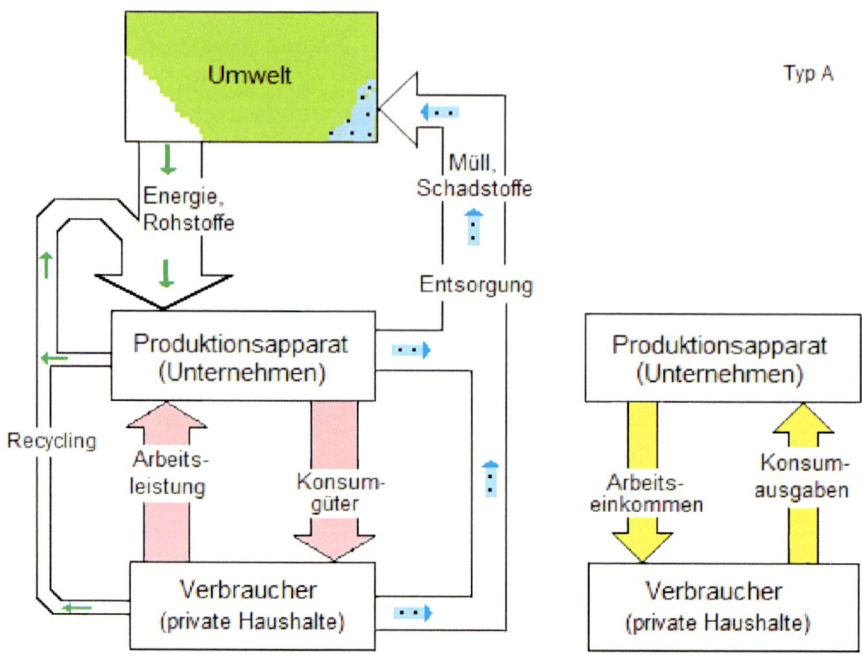

Bild 8, Kennzahl 2.4.1: Volkswirtschaft und Umwelt

Der gewaltige Ausstoß von CO_2 und anderen klimaschädlichen Gasen erfordert dringend, mehr zu tun für die Energie-Wende, also für den Übergang auf erneuerbare Energien. Auch eine Chemie-Wende ist wegen des Klimaschutzes und wegen der schwindenden Ressourcen notwendig. Es muss von fossilen Rohstoffen zu nachwachsenden Rohstoffen und zu alternativen Energiequellen übergegangen werden.

Durch das moderne Wirtschaften sterben täglich Tier- und Pflanzenarten aus. Auf den Weltmeeren bilden Plastik-Abfälle Müllteppiche in der Größenordnung ganzer Länder. Die Pole schmelzen ab, der Meeresspiegel steigt, die Wetterextreme häufen sich, und die Wüsten dehnen sich aus. Umweltschützer schlagen Alarm. Doch es tut sich zu wenig. Zum Teil liegt es am fehlenden Geld. Es gibt aber sehr viel Geld, nur widmet es sich vorwiegend anderen Betätigungen. Es gibt auch viele gute Vorschläge und Pläne, wie etwa den Umstieg auf alternative Energiequellen. Sie können sich aber schwer am allmächtigen Markt gegen Kohle, Öl und Atomenergie durchsetzen, und der Staat hilft ihnen dabei zu wenig. Die Politik beugt sich zu oft den so genannten Sachzwängen und gibt dem Wirtschaftswachstum sowie dem Erhalt von Arbeitsplätzen Vorrang.

Wie das Fernsehmagazin Monitor berichtete, stoppte 2013 die deutsche Bundeskanzlerin Merkel vorgesehene schärfere Abgaswerte für Kraftfahrzeuge innerhalb der EU. Dem ging ein Schreiben aus der Automobilindustrie an die Kanzlerin voraus mit der Aufforderung, einen „gesunden Wirtschaftszweig nicht in Gefahr zu bringen". Der 2015 aufgedeckte VW-Abgasskandal verstärkte die Befürchtung, dass viele Manager alles den Interessen ihrer Unternehmen und Konzerne unterordnen und die Politik nicht genügend dagegen unternimmt. Man ist dabei, den Wirtschaftsstandort Erde zu zerstören. Daher muss ein Zusammenwirken der Länder das gegenseitige Auskonkurrieren ersetzen. Zudem haben die wirtschaftlichen Großmächte als Hauptverursacher der Schäden die Pflicht, beim Umweltschutz voranzugehen.

Im Dezember 2015 wurde in Paris ein globales **Klimaschutzabkommen** beschlossen, das die Begrenzung der Erderwärmung im Vergleich zum vorindustriellen Zeitalter auf deutlich unter 2 °C, möglichst auf 1,5 °C, vorsieht. 2016 trat das Klimaschutzabkommen in Kraft, da es durch 72 Länder ratifiziert wurde, die für mehr als 56 Prozent des weltweiten Treibhausgasausstoßes verantwortlich sind. Damit waren die Mindestanforderungen für ein Inkrafttreten erfüllt. Die EU trug dazu wesentlich bei, als das Europaparlament für die Ratifizierung stimmte.

Auf dem UN-Klimagipfel im November 2016 in Marrakesch wurde der Globale Klima-Risiko-Index der Umwelt- und Entwicklungsorganisation Germanwatch, Ausgabe 2017, vorgestellt. Laut diesem Bericht starben in den letzten 20 Jahren weltweit 530.000 Menschen durch Hitze, Stürme und Überflutungen. Und es entstanden Sachschäden in Höhe von 2,78 Billionen Euro. Die am meisten betroffenen Länder sind arm und haben am wenigsten zum Klimawandel beigetragen. Es ist zwar nicht möglich, anzugeben, welchen Anteil der Klimawandel an diesen Schäden und den Todesopfern hat. Doch klar ist, dass die Wetterextreme in einer sich durch den Klimawandel aufheizenden Welt zunehmen.

Es ist zu befürchten, dass das Eis der beiden Polkappen der Erde abschmilzt und der Spiegel der Weltmeere in jeweils 100 Jahren um 15 Meter steigt, insgesamt um etwa 70 Meter. Um dann die Länder am Mittelmeer vor der Flut zu retten, wäre ein noch nie dagewesenes Mega-Damm-Bauwerk durch die Meerenge von Gibraltar notwendig. Ob es stärkeren Erdbeben standhalten könnte, ist fraglich. Viele andere Regionen der Erde wären ohnehin nicht zu retten.

Doch es sieht noch nicht danach aus, dass die Klimaabkommen ernsthaft umgesetzt würden und die Erwärmung auf 2 oder 1,5 Grad Celsius begrenzt werden könnte. Ein Lichtblick war in Deutschland die Energiewende mit dem Erneuerbare-Energien-Gesetz, die nun aber auch verwässert wurde. Vieles ist technisch möglich, unterbleibt aber, weil es sich wirtschaftlich nicht „rechnet". Um das Unheil abzuwenden, muss die Politik oder der Staat (als unser Beauftragter) die Priorität über die Wirtschaft erlangen und dann der Erhaltung der Lebensgrundlagen die oberste Priorität einräumen. Doch die Wirtschaft ist heute wie ein baufälliger Ozeanriese, und die Politik muss sehr vorsichtig mit ihm umgehen, damit er nicht auseinanderfällt. Das heißt, wenig Steuern einzunehmen, was ihren Handlungsspielraum einschränkt, und dem Ozeanriesen viele Freiheiten zu lassen, sodass er weiter das Klima schädigen kann. Das muss sich ändern. Und über der wirtschaftlichen Konkurrenz der Länder untereinander auf dem Weltmarkt muss ein Miteinander stehen. Völker und Politiker müssen alte Präferenzen über Bord werfen und sich an neuen orientieren.

2.5 Der Arbeitsmarkt und die Geldströme

Der theoretische Arbeitsmarkt
Wir stellten in Kapitel 1.8 fest, dass der Arbeitsmarkt kein Markt wie alle andern Märkte ist. Im Folgenden sehen wir, wie der Arbeitsmarkt funktioniert, der in Kapitel 1.8 theoretischer Arbeitsmarkt genannt wurde. Ein solcher Arbeitsmarkt wird im Lehrbuch

von Blanchard und Illing [1] in Kapitel 6 „Der Arbeitsmarkt" angenommen.

Es gibt in ihm eine **Struktur** in der Gesamtheit der Unternehmer und eine Struktur in der Gesamtheit der Arbeitnehmer. Die Strukturen können so beschrieben werden: Für jeden Arbeitnehmer gibt es eine Lohnuntergrenze, unterhalb der er nicht bereit ist, zu arbeiten. Für jeden Arbeitsplatz gibt es eine Obergrenze der Bezahlung, oberhalb der der Arbeitsplatz nicht zur Verfügung steht. Wir wollen das mit einem Beispiel mit einfachen erfundenen Zahlen verdeutlichen. Zur weiteren Vereinfachung lassen wir die Gesamtheit der Unternehmer und die Gesamtheit der Arbeitnehmer mit einer Stimme sprechen.

Tabelle 7, Kennzahl 2.5.1: Beispiel theoretischer Arbeitsmarkt

Von den Arbeitnehmern wären bereit zu arbeiten für				
80 €/Mon.	90 €/Mon.	100 €/Mon.	110 €/Mon.	120 €/Mon.
400 Leute	600 Leute	800 Leute	1000 Leute	1200 Leute

Die Unternehmer würden beschäftigen zu				
80 €/Mon.	90 €/Mon.	100 €/Mon.	110 €/Mon.	120 €/Mon.
1200 Leute	1000 Leute	800 Leute	600 Leute	400 Leute

In Übereinstimmung mit Tabelle 2.5.1 sagen nun die Arbeitnehmer: „Wir sind 1200 Leute. Alle von uns würden zu einem Lohn von 120 € pro Monat (oder mehr) arbeiten. 1000 von uns wären mit einem Lohn von 110 € pro Monat einverstanden. Die restlichen 200 würden da aber die Arbeitslosigkeit vorziehen. 800 von uns wären mit einem Lohn von 100 € pro Monat einverstanden usw."

Die Arbeitgeber sagen: „Wir haben 1200 Arbeitsplätze. Sie würden alle besetzt zu 80 € pro Monat (oder weniger). 1000 Arbeitsplätze würden besetzt zu 90 € pro Monat. Die restlichen 200 Arbeitsplätze blieben da aber unbesetzt. Zu einem Lohn von 100 € pro Monat würden wir 800 Leute einstellen usw." Es liegt damit ein Angebot von Arbeit und eine Nachfrage nach Arbeit vor, die dem Bild 1.8.1 entsprechen.

Nun könnte es sein, dass jede Gruppe von Arbeitnehmern mit der Gruppe von Unternehmern zusammenkommt, die vom Lohn her zu ihr passt. Dann gäbe es aber verschieden hohe Löhne. Stattdessen sagt die Theorie, es stellt sich ein einheitliches Lohnniveau von **100 €/ Monat** ein, und es werden 800 Arbeitnehmer eingestellt. Das ist plausibel, denn es liegt gerade in der Mitte. Die genauere Begründung lautet: Bei einem Lohn von 100 €/Monat werden 800 Leute beschäftigt, bei allen andern Löhnen weniger als 800 Leute. Bei z. B. 110 €/Monat stünden zwar 1000 Arbeitnehmer zur Verfügung, aber die Unternehmer würden nur 600 von ihnen einstellen. Dieser Zustand ist zwar möglich. Aber man sagt, hier sei der Arbeitsmarkt nicht im Gleichgewicht, und er werde sich mit der Zeit zum Gleichgewichtszustand mit Lohnniveau 100 € und 800 Beschäftigten hin bewegen. Dieser Zustand entspricht dem Punkt A im Bild 1.8.1, bei dem sich die Angebotskurve und die Nachfragekurve schneiden.

Mit 800 Beschäftigten bei 1200 Arbeitnehmern haben wir eine Beschäftigungsquote von 66,7 Prozent und eine Arbeitslosenquote von 33,3 Prozent. Sie ergab sich aus der Struktur der Gesamtheit der Unternehmer und aus der Struktur der Gesamtheit der Arbeitnehmer. Daher wird sie **strukturelle oder natürliche Arbeitslosigkeit** genannt. Mit Gewerkschaften würden die Dinge etwas anders, aber doch ähnlich ablaufen. Die Theorie sagt auch noch, die Politik könne durch Konjunkturmaßnahmen die Arbeitslosigkeit nur vorübergehend reduzieren. Danach werde die strukturelle Arbeitslosigkeit wie ein Bumerang zurückkommen. Konjunkturmaßnahmen würden also nur wie ein Strohfeuer wirken.

Das hier angenommene einheitliche Lohnniveau, das sich einstellt, macht die Dinge besser verständlich. In der Realität gibt es allerdings verschieden hohe Löhne, die von der Qualifikation der Arbeitskräfte und von anderen Dingen abhängen. Schwerer wiegt die Frage, ob es für Arbeitnehmer möglich ist, auf Arbeit zu verzichten, wenn ihnen der Lohn zu niedrig ist. Sie müssen dann davor so gut verdient haben, dass sie genügend Geldreserven haben. Das ist aber in der Realität meist nicht der Fall. Hier sagt nun die liberale Seite, es sei ja gut, wenn die Leute gezwungen sind, zu arbeiten, weil sie keine Reserven haben und es keine soziale Hängematte gebe, in Form von Arbeitslosengeld, Sozialhilfe u. Ä., oder wenn diese Hilfen niedrig seien (Hartz IV.). Die Vorstellung ist, wäre jeder gezwungen, zu arbeiten, bekämen wir die ersehnte Vollbeschäftigung. Dann hätte das BIP seine maximale Höhe, und es fiele dadurch für jeden genug ab. Der theoretische Arbeitsmarkt wird uns noch einmal in Kapitel 4.5 begegnen.

Das Kreislaufmodell mit Unternehmern und Arbeitnehmern
Alle diese Vorgänge passen in das Modell nach Bild 2.3.1. Wir wollen das Modell nun aber in Bild 2.5.1 so abändern, dass der Pfeil Arbeits- und Vermögenseinkommen aufgespalten wird in Arbeitseinkommen der **Arbeitnehmer** und Einkommen der **Unternehmer** (der Arbeitgeber). Dieses besteht aus dem Einkommen für die Arbeit, die durch die Unternehmensführung entsteht, und dem Vermögenseinkommen. Modelle mit dieser Aufspaltung seien vom **Typ B**, ohne die Aufspaltung vom **Typ A**.

In Bild 2.5.1 sind nun auch die Verbraucher aufgeteilt in Arbeitnehmer (links) und Unternehmer und Eigentümer (rechts). Von den Arbeitnehmern kann auch ein Teil arbeitslos sein. Unternehmer und Eigentümer von Unternehmen sind manchmal dieselbe Person, wie bei Bäckereien. Bei Aktiengesellschaften dagegen leiten die Manager das Unternehmen, und die Aktionäre sind die Eigentümer. Die Eigentümer erhalten hier das Vermögenseinkommen, die Manager das Unternehmenseinkommen (ihr Arbeitseinkommen). In der Statistik wird meist beides zusammengefasst zu dem in Bild 2.5.1 eingezeichneten „**Unternehmens- und Vermögenseinkommen**". Der traditionelle Bäckermeister erhält auch Unternehmens- und Vermögenseinkommen. Man kann aber nur schätzen, was davon Arbeits- und was Vermögenseinkommen ist.

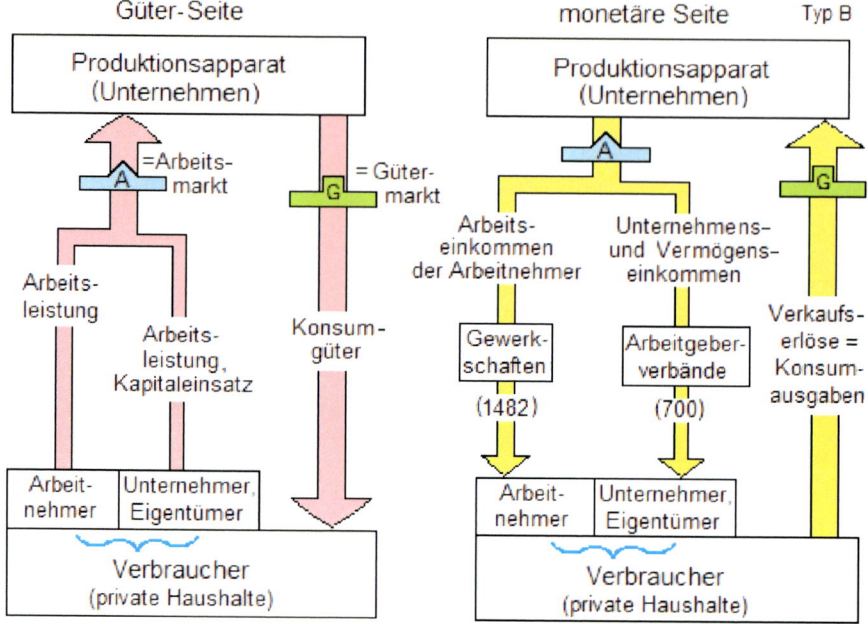

Bild 9, Kennzahl 2.5.1: Aufteilung des Einkommens zwischen den Arbeitnehmern (links) und dem Aggregat Unternehmer, Eigentümer (rechts)

Bei Tarifauseinandersetzungen zwischen Arbeitgebern und Arbeitnehmern streitet man vorwiegend um die Verteilung des „Kuchens". Es geht darum, ob die Arbeitseinkommen der Arbeitnehmer oder die Unternehmens- und Vermögenseinkommen größer sind. Der Kuchen besteht in Bild 2.5.1 aus den Konsumausgaben, die nach dem Durchgang durch die Unternehmen zu Einkommen werden. Beide Seiten haben eine Interessenvertretung. Das sind die Arbeitgeberverbände und die Gewerkschaften.

Von Zeit zu Zeit fordern die Gewerkschaften Lohnerhöhungen. Sie können dabei auf die Erhöhung der Produktivität hinweisen. Das bedeutet, in einer Stunde werden mehr Produkte hergestellt als zuvor. Es wird also mehr produziert. Erhalten die Arbeitnehmer mehr Geld, haben sie ihren Anteil an dem, was zusätzlich produziert wurde. Es könnte aber auch die Arbeitszeit verkürzt werden. Das führt zu mehr Freizeit statt zu mehr Produktion und mehr Konsum.

Es werden nicht alle Arbeitsverträge in Tarifauseinandersetzungen ausgehandelt. Denn es gibt sowohl Arbeitnehmer als auch Unternehmen, die nicht Mitglied ihrer Interessenvertretung sind. Es kann also ein Arbeitnehmer persönlich den Arbeitsvertrag mit seinem Arbeitgeber aushandeln. Bei den Arbeitsverträgen geht es nicht nur um die Höhe der Löhne und Gehälter, sondern auch um Arbeitsbedingungen, Wochenarbeitszeiten, Urlaubszeiten und Anderes.

Die **Zahlen** in Klammern rechts in Bild 2.5.1 beziehen sich auf Deutschland für das Jahr 2014 und sind jeweils Milliarden Euro. Sie sind der Tabelle 5.1.2 in Kapitel 5.1 entnommen. Wir sehen dort, dass dies die Einkommen nach Abzug der meisten Steuern sind. Die Erbschaftsteuer aber ist z. B. noch nicht berücksichtigt.

3. Ersparnisse

3.1 Bedrohung der Wirtschaft durch Ersparnisse

Volkswirtschaften können durch Naturereignisse oder durch Kriege bedroht werden, wenn Teile des Produktionsapparats zerstört werden. Zum Produktionsapparat gehören auch landwirtschaftliche Flächen, die durch Dürren, Überschwemmungen und Erosion zerstört werden können.

Hunger und Chaos können die Folge sein. Es kann dann auch zu viel Geld im Vergleich zur Produktionskapazität geben und zu einer starken Preissteigerung kommen, zu einer galoppierenden Inflation oder gar einer Hyperinflation. Es steigen dann die Preise sehr rasch, und jede Preissteigerung ruft gleich wieder die nächste hervor.

Gegenwärtig wird die Wirtschaft eher vom Gegenteil, der Deflation, bedroht. Hier ist im Gegensatz zur Inflation der Produktionsapparat eher zu groß im Vergleich zur vorhandenen Kaufkraft. Dann senken die Unternehmen manche Preise, um die Güter überhaupt noch verkaufen zu können. Auch hier gibt es die Gefahr der Verstärkung, dass jede Preissenkung gleich wieder die nächste hervorruft. Dieser Vorgang, der mit einem Schrumpfen der Wirtschaft einhergeht, ist typisch für Wirtschaftskrisen. Wir können, wenn der Produktionsapparat so groß geworden ist, dass es Absatzprobleme gibt, von einer **Alterung** der Wirtschaft sprechen. Wir wollen anhand von Geldströmen betrachten, wie eine Wirtschaft wachsen, blühen und altern sowie für Krankheiten (Krisen) anfällig werden kann.

Wir nehmen einmal an, in der in Bild 3.1.1 dargestellten Wirtschaft möge ein Teil der privaten Haushalte anfangen zu sparen. **Sparen** bedeutet in der Volkswirtschaft, weniger Geld auszugeben, als man einnimmt. Sparguthaben anzulegen verringert den Geldzufluss zum Produktionsapparat, es verkleinert sich also die Nachfrage. Wird die Spartätigkeit durch die Kreditaufnahme anderer Personen wieder ausgeglichen, wie etwa beim Bausparen, stört das nicht. Auch Reserven für Notfälle anzulegen kann die Wirtschaft verkraften. Die

Banken in Bild 3.1.1 können solche Geldverluste ausgleichen. Doch dauernde große Geldabflüsse bedrohen die Wirtschaft.

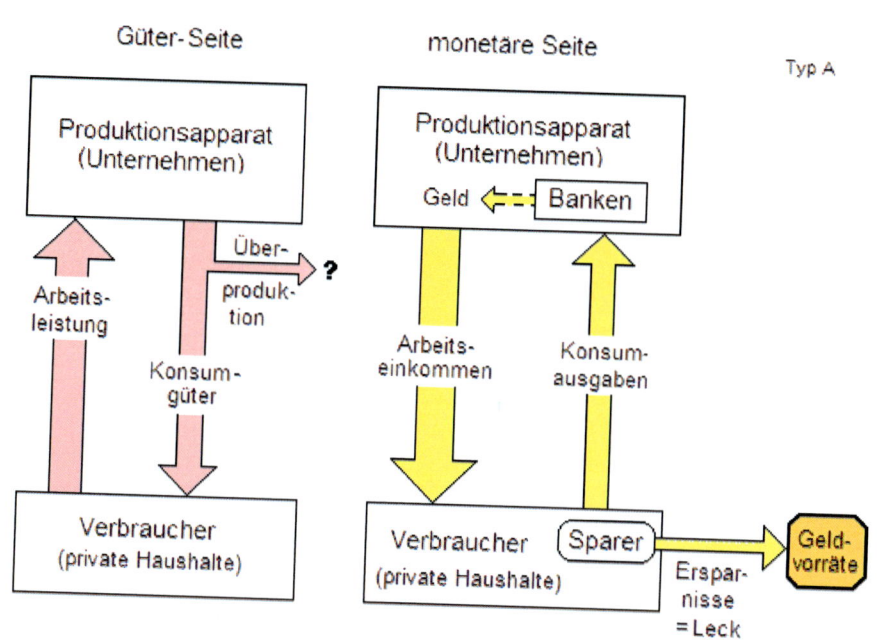

Bild 10, Kennzahl 3.1.1.: Volkswirtschaft mit Ersparnissen

In Bild 3.1.1 soll ein Teil der Verbraucher, die Sparer, größere Mengen Geld abzweigen und in das Aggregat „**Geldvorräte**" fließen lassen. Im Geldkreislauf ist nun ein **Leck** entstanden. Die Geldvorräte können in der Matratze, im Tresor, im Geldvorrat eines Dagobert Duck oder auch auf einem bestimmten Bankkonto (einem Sichtgeldkonto) sein. Geld kann auch legal oder illegal (unversteuert) in ein anderes Land fließen, etwa zu Schweizer Banken oder zu Briefkastenfirmen in Panama. Auch die internationalen Finanzmärkte sind sehr aufnahmefähig. Allerdings kann von dort auch Geld zurückkommen.

Die Sparer sind in unserem Modell eine besondere Gruppe innerhalb der privaten Haushalte, vor allem Bürger mit hohem Einkommen. In der Realität gibt es zwar keine klare Grenze zwischen den

71

Sparern und dem Rest der privaten Haushalte, sondern ein Spektrum mit allen Zwischenstufen. Doch die Unterteilung in Bild 3.1.1 gibt die Realität genügend genau wieder.

Auf der Güter-Seite bedeutet das Einsetzen des Sparens, es können nicht mehr alle produzierten Güter verkauft werden. Denn sparen bedeutet **Konsumverzicht**: Man konsumiert weniger, als man könnte. Daher soll ein Teil der Güter zu einem Fragezeichen fließen. Es ist denkbar, dass diese Güter auf Lager (auf Halde) gelegt werden oder zugrunde gehen. Besteht der Geldabfluss weiter, wird man natürlich die Produktion drosseln. Es droht dann eine **Krise** mit Preissenkungen, Entlassungen und Unternehmenspleiten.

Die Banken können die Leckverluste durch verstärkte Kreditvergabe ausgleichen. Aber das stößt an Grenzen, wegen der Kreditwürdigkeit der Kreditnehmer. Kreditnehmer wollen sich auch nicht unbegrenzt verschulden. Auch die Staatsverschuldung stößt an Grenzen. Die Banken könnten zwar Geld schöpfen und verschenken, doch dann würden ihre Bilanzen nicht mehr stimmen.

„Arme" Unternehmen. Das Sparen lassen wir nur in den privaten Haushalten stattfinden. Geldreserven können zwar auch in Unternehmen angelegt werden. Aber die Unternehmen haben ja Eigentümer. Wir nehmen daher an, auch die in den Unternehmen angelegten Ersparnisse, wie die unverteilten Gewinne, sind Ersparnisse der privaten Haushalte. Als (Mit-)Eigentümer der Unternehmen haben sie ja auch die Verfügungsgewalt über die Unternehmen. Mit den „armen" Unternehmen, die nur Durchgangsstationen für Geld sind, bleibt die Darstellung übersichtlich und doch genügend genau.

Hier wird auch das so genannte **Sparparadox**, auf das J. M. Keynes hingewiesen hat, leicht verständlich. In unserem Modell könnte es sich wie folgt zeigen: Jeder Verbraucher gibt im nächsten Monat 100 Euro weniger für den Konsum aus und zahlt den Betrag auf sein Sparkonto ein. Das Modell des Geldkreislaufs sagt, dass dadurch der Geldstrom Einkommen kleiner wird. Die Verbraucher verdienen im Durchschnitt 100 Euro weniger. Sie haben zwar 100 Euro mehr auf dem Sparkonto, aber kurz darauf erhalten sie 100 Euro weniger Einkommen. Das Paradoxon ist, dass man gespart hat, aber trotzdem um keinen Cent reicher wurde. Das gilt zumindest für alle Verbraucher zusammen. Die individuellen Einkommensausfälle werden verschieden ausfallen. Ginge das Sparen so weiter, wäre irgendwann kein Geld mehr im Geldkreislauf, und der Wirtschaftsmotor stünde still.

Man kann das Sparparadox auch von der Güterseite aus betrachten. Man hat weniger konsumiert, um durch die Ersparnis reicher zu werden, aber anschließend auch weniger produziert, da ja der Absatz des Produktionsapparats zurückging. Weniger konsumieren und weniger produzieren gleichen sich aus. So kann man nicht reicher werden. Wohl aber durch Sparen und Investieren, wie wir sehen werden.

Die Verbraucher können umgekehrt auch mehr konsumieren und mehr Geld für den Konsum ausgeben, als sie einnehmen, z. B. indem sie einen Kredit aufnehmen oder Ersparnisse auflösen. Ihr Einkommen wird sich dann um denselben Betrag erhöhen, zumindest nach der Aussage des Kreislaufmodells. Sie müssten dann auch mehr Arbeitsleistung aufbringen, beispielsweise durch Überstunden oder durch Reduktion der Arbeitslosigkeit. Wir nennen das die **Kreislaufbeliebigkeit**. Sie besagt, dass der Wirtschaftsmotor genauso gut schneller oder langsamer laufen kann, als er gerade läuft. Es kommt da offenbar darauf an, wie viel Geld sich im Geldkreislauf befindet. Das stößt nur an Grenzen, wenn der Produktionsapparat an seine Leistungsgrenze kommt.

3.2 Wachstum durch investierte Ersparnisse

Der klassische Weg, auf dem gespartes Geld in den Kreislauf zurückgeführt wird, sind die Investitionen. Wie Bild 3.2.1 zeigt, kaufen die Sparer dabei mit ihren Ersparnissen Investitionsgüter.

Statt dass Überproduktion auf Halde gelegt wird, wird die (durch den Konsumverzicht) frei gewordene Produktionskapazität zur Erzeugung von Investitionsgütern benutzt. Damit wird der Produktionsapparat vergrößert oder modernisiert. Es kann z. B. ein Bäcker, der Geld gespart hat, die Bäckerei ausbauen oder eine Filiale errichten. Oder es können für eine Maschinenfabrik zusätzliche Hallen gebaut oder Lkw gekauft werden. Der **Produktionsapparat wächst** damit.

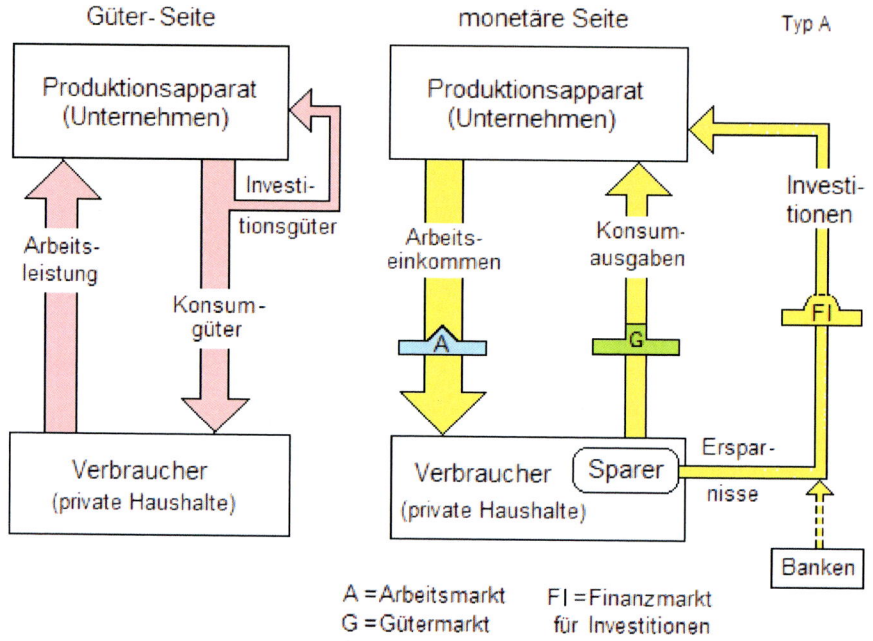

Bild 11, Kennzahl 3.2.1: Volkswirtschaft mit Investitionen

An der Entscheidung, zu investieren, sind die Sparer beteiligt. Sie streben eine hohe Rendite an und bieten das Geld Managern von Unternehmen an, die wiederum an möglichst „billigem" Geld interessiert sind. Es können neue Aktien aufgelegt werden, und die Sparer können sie kaufen oder auch nicht. Es kommt dadurch ein dritter Markt hinzu, der **Finanzmarkt für Investitionen Fi** in Bild 3.2.1. Durch ihn fließen Ersparnisse hindurch. Dabei sind die Sparer die Geldanbieter, die Unternehmen die Geldnachfrager. Die Sparer kaufen die Aktien, wenn sie sich davon eine zufriedenstellende Rendite erwarten. Auch der Bäckermeister investiert seine Erspar-

74

nisse nur, wenn er sich davon einen Gewinn verspricht. Der Bäcker ist dann zugleich Geldanbieter und Geldnachfrager.

Ein großer Teil der Investitionen wird heute von institutionellen Anlegern getätigt, z. B. von Fonds, die Ersparnisse verwalten und vermehren wollen. Sie kaufen auch mal ganze Unternehmen auf und verkaufen sie wieder. Auch mit Spekulation auf Nahrungsmittel und anderen Spekulationen wird versucht, aus viel Geld noch mehr Geld zu machen. In der Makroökonomie von Blanchard und Illing [1] handelt davon das Kapitel 15 „Finanzmärkte und Erwartungen".

Durch die Investitionen wird der Geldkreislauf wieder geschlossen, wie Bild 3.2.1 zeigt. Geld wird den Unternehmen auch häufig von **Banken** für Investitionen geliehen. Sie sind dann meist Vermittler zwischen den Sparern und den Unternehmen. Bei der Kreditgewährung durch Banken kann aber auch die Geldmenge vergrößert werden. Man kann in Bild 3.2.1, wie bei den bisherigen Bildern, zur Veranschaulichung annehmen, dass die Geldströme Bargeldströme sind, obwohl heute vorwiegend bargeldlos gekauft und bezahlt wird. Denn die Bewegung von Bargeld und Buchungen (die Bewegungen von Buchgeld) haben dieselbe Wirkung.

Ergänzungen

Die Investitionen werden auch **Anlageinvestitionen** genannt. Anlagen sind Teile des Produktionsapparats. Damit wird klargestellt, dass z. B. Ausgaben für Bildung nicht dazu gehören sollen, obwohl man sie auch als Investitionen bezeichnen kann. Zudem sollen die Investitionen in Bild 3.2.1 dem gängigen Sprachgebrauch folgend **Nettoinvestitionen** sein. Wir sehen sie für einige Jahre in Zeile 1 der Tabelle 3.2.1. Sie entstammt dem Statistischen Jahrbuch 2015 [9].

Der Produktionsapparat benötigt aber noch weitere Geldzuflüsse, denn er unterliegt der **Abnutzung und der Alterung**. Um diese zu beheben, wird das Geld in Zeile 2 der Tabelle 3.2.1 ausgegeben. Diese Ausgaben werden **Abschreibungen** genannt, weil die Abschreibungen betragsmäßig dasselbe sein sollen wie der Wertverlust durch Abnutzung und Alterung. (Ob das immer stimmt, sei dahingestellt.) Die Nettoinvestitionen und der Ausgleich von Alterung und Abnützung zusammen sind die Brutto-Investitionen oder Brutto-Anlageinvestitionen.

Tabelle 8, Kennzahl 3.2.1: Anlageinvestitionen (meist Investitionen genannt) in Deutschland in Mrd. €				
		2012	2013	2014
1	Nettoinvestitionen	65	55	68
2	Abschreibungen	491	502	513
3	Bruttoinvestitionen	556	557	581

Genau genommen muss noch zwischen Bruttoanlageinvestitionen und Bruttoinvestitionen unterschieden werden. Der Unterschied sind die Vorratsänderungen. Sie sind aber relativ klein und werden hier vernachlässigt.

Die Nettoinvestitionen sind nicht besonders groß. Das hängt damit zusammen, dass der deutsche Produktionsapparat schon sehr groß ist und nicht mehr wesentlich vergrößert werden muss. Ein Teil der Gesellschaft lebt schon im Überfluss, und es wird viel exportiert. Es wird aber versucht, die Investitionstätigkeit anzuregen, z. B. durch ein niedriges Zinsniveau. Die Abschreibungen oder Ausgaben zum Ausgleich von Abnutzung und Alterung sind in Bild 3.2.1 nicht sichtbar, weil sie ein Teil der Konsumausgaben sind.

3.3 Die Untermenge „Reiche" unter den Verbrauchern

Durch das Investieren werden die Sparer Miteigentümer des Produktionsapparats. Ihnen gehören die Erweiterungen, die mit ihrem Geld finanziert wurden. Es ist nun allerdings nicht nur der aktuelle Zuwachs am Produktionsapparat durch Sparen und Investieren entstanden, sondern der gesamte Produktionsapparat; zum großen Teil schon in früheren Generationen. Somit gehört den Sparern oder ihren Nachkommen der ganze Produktionsapparat. Das Sparen und Investieren hat sie zu **Eigentümern des Produktionsapparats** und damit reich gemacht. Somit werden aus den Sparern in Bild 3.2.1 die **Reichen** in Bild 3.3.1.

Wie die Sparer in Bild 3.2.1 sind auch die Reichen in Bild 3.3.1 in der Realität keine streng abgegrenzte Untermenge der Verbraucher. Es gibt fließende Übergänge, und es können Reiche arm werden und umgekehrt, z. B. durch den Gewinn in einer Lotterie. Aber das vereinfachte Modell gibt die Realität genügend genau wieder. Und die Untermenge „Reiche" (oder das Aggregat „Reiche") ist eine wichtige Station für Geldströme. Damit kann auch das soziale Auseinanderdriften im Modell dargestellt werden.

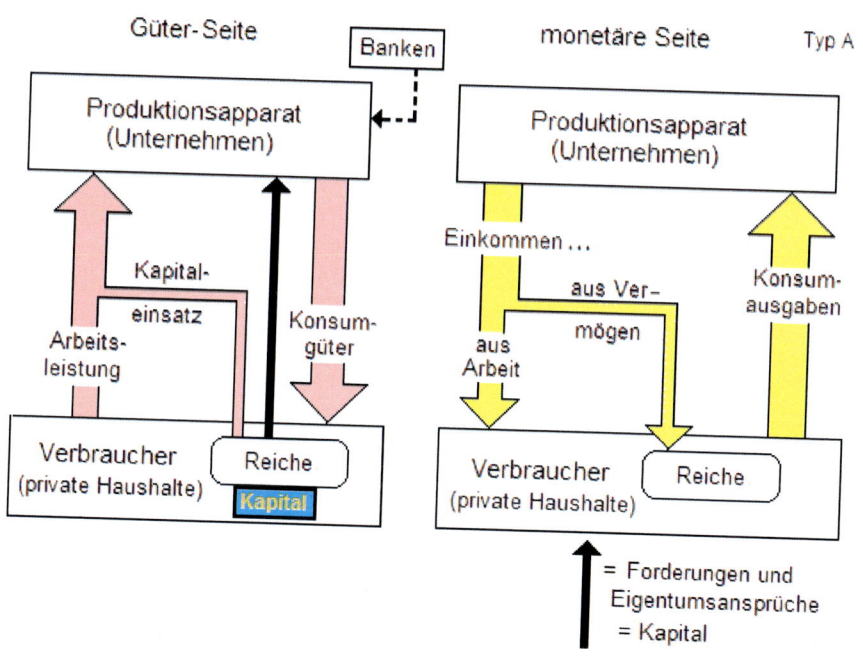

Bild 12, Kennzahl 3.3.1: Eigentum am Produktionsapparat

Bild 3.3.1 zeigt durch den schwarzen Pfeil „**Forderungen** und **Eigentumsansprüche**" das Eigentum der Reichen am Produktionsapparat an. Hierzu zählen wir auch die Lagerbestände. Die Forderungen bestehen hauptsächlich aus Geldforderungen. Unternehmen nehmen ja oft Darlehen von Banken auf, bei denen Ersparnisse von Reichen lagern. Forderungen und Eigentumsansprüche werden **Kapital** genannt. Der schwarze Pfeil wurde auf der Güterseite eingezeichnet. Er gehört eigentlich keiner der beiden Seiten an, sondern einer weiteren Seite, wenn man die Dinge so genau nimmt wie die Buchhalter.

Da die Banken auch Kredite für Investitionen gaben, gehört ihnen auch ein Teil des Produktionsapparats. Das vorhandene Geld stellt aber eine Forderung gegen die Banken dar, wie wir noch genauer sehen werden.

Bild 3.3.1 Bild zeigt auch, dass den Reichen jetzt, neben ihren Einkommen aus Arbeit, Vermögenseinkommen zufließen: Zinsen, Dividenden, Unternehmensgewinne. Die Vermögenseinkommen können angesehen werden als Gegenleistung für den Kapitaleinsatz. Der Kapitaleinsatz ist auf der Güter-Seite sichtbar als zweiter Zufluss zum Produktionsapparat neben der Arbeitsleistung. Bild 3.3.1 ist wieder vom Typ A. Es wird da zwar zwischen Einkommen aus Arbeit und Einkommen aus Vermögen unterschieden, aber nicht (wie in Bild 2.5.1) zwischen Einkommen der Arbeitnehmer und der Unternehmer.

Die Investitionstätigkeit aus Bild 3.2.1 wurde in Bild 3.3.1 der Übersichtlichkeit halber weggelassen. Sie geht aber in der Regel weiter. Gebremst wird die Investitionstätigkeit allerdings dadurch, dass eine Vergrößerung des Produktionsapparats allmählich nicht mehr so sinnvoll und somit nicht mehr so rentabel ist.

Vermögenseinkommen können auch durch Wertsteigerungen entstehen, z. B. wenn Ackerland zu Bauland wird. Ebenso führen steigende Aktienkurse zu Vermögenseinkommen. Es wachsen dann die durch den schwarzen Pfeil dargestellten Eigentumsansprüche. Der umgekehrte Vorgang ist allerdings auch möglich. Denn Kapitaleinsatz ist in der Regel auch mit einem Risiko verbunden. Besonders durch eine Wirtschaftskrise kann viel Kapital entwertet („vernichtet") werden. Trotzdem haben die Unterschiede zwischen Arm und Reich die Tendenz, immer größer zu werden.

Das US-amerikanische Wirtschaftsmagazin Forbes veröffentlicht jährlich eine Zusammenstellung aller Personen, deren geschätztes persönliches Vermögen eine Milliarde US-Dollar übersteigt. Diktatoren und Angehörige von Königshäusern werden nicht in die Liste aufgenommen.

Tabelle 9, Kennzahl 3.3.1:
Die reichsten Personen der Welt 2015

	Name	geschätztes Vermögen 2015 in Mrd. US-Dollar	Land	Wirtschaftszweig
1	Bill Gates	↓ 75,0	USA	Software (Microsoft)
2	Amancio Ortega	↑ 67,0	Spanien	Bekleidung
3	Warren Buffett	↓ 60,8	USA	Investment
4	Carlos Slim Helú	↓ 50,0	Mexiko	Telekommunika- tion
5	Jeff Bezos	↑ 45,2	USA	Internethandel
6	Mark Zuckeberg	↑ 44,6	USA	Software
21	Karl Albrecht Jr. & Beate Heister	↑ 25,9	Deutsch- land	Einzelhandel (Aldi-Süd)
		↑ = gestiegen auf ↓ = gefallen auf		

Zum Teil wurde Reichtum ohne viel Mühe oder gar unredlich erworben. Reichtum erzeugt gelegentlich auch eine Gier nach immer mehr Geld und Macht. Es gibt Steuerhinterziehungen mit Hilfe von

Briefkastenfirmen im großen Stil. In vielen armen Ländern leben die Reichen im Luxus in festungsähnlichen Ghettos. Trotzdem soll die Bezeichnung **Reiche** in Bild 3.3.1 **keine Diskriminierung** darstellen. Wir gehen davon aus, dass die große Mehrzahl der Reichen integer ist. Viele reiche Personen haben sich mit Hilfe ihres Reichtums große Verdienste erworben. Richtig ist auch, dass es ohne Sparen und Investieren den technischen und wirtschaftlichen Aufschwung nicht gegeben hätte.

Arme und mächtige Unternehmen. Wir nehmen an, wie schon erwähnt, dass die Unternehmen „arm" sind, also nur Objekte. Sie sind genau so wenig reich, wie ein Klumpen Gold reich sein kann. Er macht nur seinen Eigentümer reich. Die Unternehmen sind aber Werkzeuge, mit denen Macht ausgeübt werden kann.

3.4 Sparen und Exportüberschuss

In Deutschland wurde in den Jahrzehnten nach dem Zweiten Weltkrieg viel gespart und investiert. Der Produktionsapparat wurde immer mehr vergrößert und modernisiert. Es stieg auch die Nachfrage durch den Konsum. Doch sie stieg nicht stark genug, um mit dem Anwachsen der Produktionskapazität Schritt zu halten. So gab es wieder Probleme durch Überkapazitäten und Überproduktion wie in Bild 3.1.1. Die Investitionen schaffen zwar auch Nachfrage (nach Investitionsgütern), aber die damit geschaffenen Anlagen wollen ja ausgelastet sein. Sie erhöhen also nach ihrer Fertigstellung den Bedarf an Nachfrage.

Das deutsche Wirtschaftswunder lahmte daher. Es gab aber einen Ausweg, der immer mehr genutzt wurde. Der Ausweg war der Export. Deutschland hat seit vielen Jahren einen riesigen Export und war in vielen Jahren Exportweltmeister vor weit größeren Ländern wie den USA, Russland und China. Von den deutschen Exporten gehen etwa 40 Prozent in die EU und etwa 8 Prozent nach China.

Der Export schafft zusätzliche Nachfrage, also Aufträge für die Unternehmen, und sichert Arbeitsplätze. Allerdings nimmt der Import

Nachfrage weg, indem er sie befriedigt. Daher ziehen wir den Import vom Export ab und erhalten so den Exportüberschuss. Auch dabei war und ist Deutschland weltweit ganz vorne. Zu beachten ist, dass hier Waren **und** Dienstleistungen eine Rolle spielen. Machen viele Deutsche Urlaub in Italien, exportiert Italien damit Dienstleistungen nach Deutschland. Dieser Export addiert sich zum Export italienischer Südfrüchte nach Deutschland und ist für Deutschland Import. Trotzdem hat Deutschland gegenüber fast allen Ländern einen großen **Exportüberschuss**.

Das Ausland hat also einen **Importüberschuss** gegenüber Deutschland. Importierende Länder müssen sich **verschulden**. Das importierende Land lebt, wie man oft sagt, über seine Verhältnisse, während das exportierende Land unter seinen Verhältnissen lebt, denn es verbraucht weniger, als es produziert.

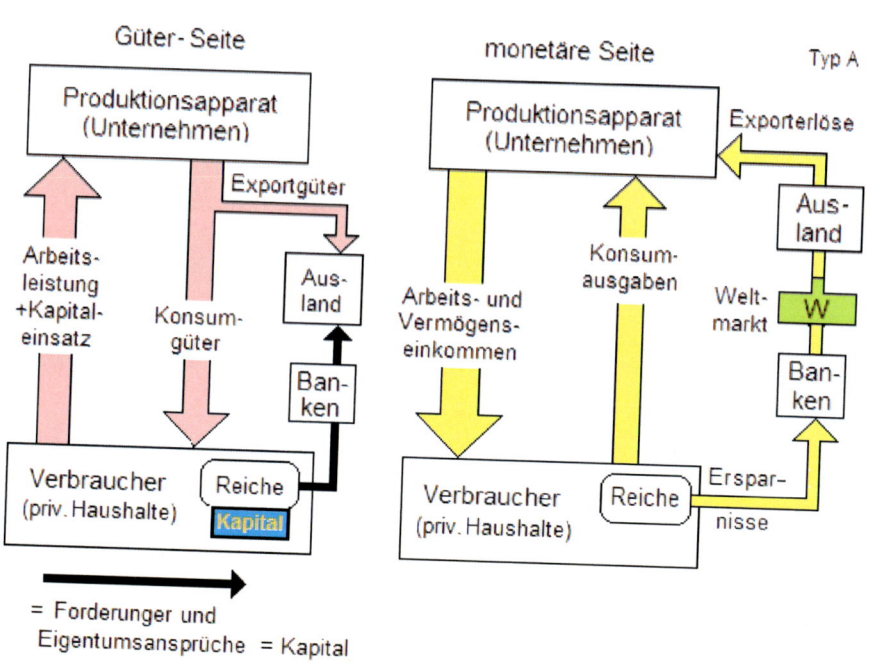

Bild 13, Kennzahl 3.4.1:
Volkswirtschaft mit Exportüberschuss (hier „Export" genannt)

Bild 3.4.1 stellt den Vorgang des Exportüberschusses vereinfacht dar, indem der Exportüberschuss nur „Export" genannt wird. Die Erlöse aus dem Exportüberschuss sind dadurch in dem Bild „Exporterlöse" platziert. Sie fließen dem Produktionsapparat des Exportlandes zu und schaffen oder erhalten dort Arbeitsplätze. Und es werden die Ersparnisse der Reichen in den Geldkreislauf zurückgeführt.

In Bild 3.4.1 fließen die Ersparnisse der Reichen des Exportlandes über Banken zum Ausland. Es bezahlt damit seinen Import. Damit **verschuldet** sich das Ausland über Banken an die Reichen. Wir haben damit wie in Bild 3.2.1 einen Geldstrom parallel zu den Konsumausgaben. Er führt Ersparnisse in den Geldkreislauf zurück. Es wird damit die Störung behoben, die durch das Leck „Ersparnisse" entsteht. Unter „Ergänzungen" sehen wir weitere Möglichkeiten der Finanzierung des Importüberschusses. Gäbe es keinen Exportüberschuss, läge **Außenhandelsgleichgewicht** vor. Dann müsste aber die Wirtschaft des Exportlandes auf andere Weise stabilisiert werden.

Der Geldstrom und der Güterstrom durchqueren auch den Weltmarkt. Dort herrscht ein harter Konkurrenzkampf. Es können dort z. B. ein deutsches und ein amerikanisches Unternehmen um einen Großauftrag zur Lieferung von Verkehrsflugzeugen kämpfen. Dabei ist die Versuchung groß, den zuständigen Personen im Importland hohe Bestechungsgelder anzubieten.

Auf der Güter-Seite des Bildes nimmt das Ausland den Unternehmen die Überproduktion ab (Pfeil Exportgüter). Geldstrom und Güterstrom des Exports laufen wieder entgegengesetzt zueinander. Die entstehende Verschuldung des Auslands zeigt der **schwarze Pfeil** an. Gewisse Verschuldungen sind unvermeidbar und auch ungefährlich. Zu hohe Verschuldungen aber sind **Ungleichgewichte**, die einen Teil der Wirtschaftsteilnehmer in Not bringen und Krisen herbeiführen können. Für die Sparer oder die Reichen des exportierenden Landes stellt der schwarze Pfeil Forderungen und Eigentumsansprüche, also Kapital, dar.

Wesentlich sind auch die Banken oder das Bankensystem am Export und Exportüberschuss beteiligt. Haben die beteiligten Länder verschiedene Währungen, muss das Bankensystem die Wechselkurse berücksichtigen. Der Exportüberschuss führt zu Forderungen der Reichen gegen die Banken. Sie haben zum Ausgleich Forderungen gegen das Ausland und tragen damit das Risiko für den Fall, dass ein Land den Schuldendienst (Zinsen plus Rückzahlungen) nicht mehr leisten kann. Sie können dadurch in Schieflage kommen. Die Banken verdienen aber auch gut an dieser Dienstleistung.

Fazit

Der Produktionsapparat des Exportlandes hat nun durch die Exporterlöse wieder genügend Einnahmen, und sein Geldkreislauf ist wieder geschlossen. Hat ein Land Exportüberschüsse, müssen dafür andere Länder Importüberschüsse haben. Das importierende Land bekommt zwar viele Güter. Aber es verschuldet sich und hat in der Regel eine hohe Arbeitslosigkeit und wenig Steuereinnahmen. Der Importüberschuss geht meist mit einer besonders hohen Staatsverschuldung einher und mit der Schieflage der Banken dieses Landes. Die Unternehmen des Importlandes schreiben rote Zahlen, da ihr Absatz gering ist.

Wegen der positiven Wirkungen für das eigene Land fördert die Politik sowohl die Investitionstätigkeit als auch den Export auf vielfache Weise. Die **Ökostromumlage** in Deutschland garantiert Erzeugern von Ökostrom einen festen und attraktiven Abnahmepreis für ihren Strom. Die dadurch entstehenden Mehrkosten sollten auf die Stromverbraucher umgelegt werden. Es wurde aber festgelegt, dass „stromintensive Unternehmen des produzierenden Gewerbes sowie Schienenbahnen zum Schutz ihrer internationalen und intermodalen Wettbewerbsfähigkeit von der EEG-Umlage teilweise befreit sind", laut Angaben des Bundesumweltministeriums vom März 2012. In der Praxis wurde daraus eine weitgehende Befreiung der gesamten Industrie, sodass die privaten Verbraucher fast die gesamte Umlage mit ihrem Strompreis bezahlen müssen. Das wäre aber nicht nötig gewesen angesichts der hohen Konkurrenzfähigkeit des deutschen Produktionsapparats und des großen deutsche Exportüberschusses.

Exportüberschuss häuft wirtschaftliches Ungleichgewicht an, was auf Dauer untragbar ist. Die armen Länder dürfen nicht durch Exportüberschuss immer tiefer in die Schuldenfalle getrieben werden. Eine Politik, die permanent darauf setzt, muss **Wirtschaftsimperialismus** genannt werden. Besonders kritisch muss hierbei der deutsche **Waffenexport** gesehen werden, der von Jahr zu Jahr steigt. Er betrug 2015 7,86 Milliarden Euro und im ersten Halbjahr 2016 schon 4,03 Milliarden Euro.

Wir können nun eine **Ähnlichkeit** zwischen den Bildern 3.2.1 und 3.4.1 feststellen. In Bild 3.2.1 wird der Produktionsapparat dadurch ausgelastet (und Arbeitsplätze werden erhalten), dass er sich selbst vergrößert. In Bild 3.4.1 wird er durch den Exportüberschuss ausgelastet. Auf der monetären Seite ist in beiden Bildern eine „Pumpe" am Werk. Sie pumpt austretendes Geld, also Leckverluste, wieder in den Geldkreislauf zurück. Die „Pumpe" ist im einen Fall die Investitionstätigkeit, im andern Fall der Exportüberschuss.

Die Länder mit Importüberschuss leben, wie gesagt, „über ihre Verhältnisse", weil sie mehr konsumieren als produzieren. Doch wie sollen die Menschen dort mehr produzieren, wenn viele von ihnen keinen Arbeitsplatz finden? Exportüberschuss ist Export von Arbeitslosigkeit. Es ist der Sieg überlegener Technik gegen weniger entwickelte Technik. Vergleichbar dem „Sieg" von Agrarfabriken über bäuerliche Familienbetriebe. Oft kämpfen arme Länder mit Hungerlöhnen gegen Hightech-Länder an, um Arbeitsplätze zu erhalten. Macht die Maschine wenige sehr reich, statt den Lebensstandard der ganzen Menschheit zu verbessern?

Ergänzungen

Man kann sich den Vorgang des Exportüberschusses auf verschiedene Arten vorstellen.

1. Mit Geldströmen wie in Bild 3.4.1.

2. Man kann sagen, der Exportüberschuss wird nicht bezahlt. Dadurch entsteht eine Forderung / Verschuldung (schwarzer Pfeil). Das Ergebnis ist dasselbe wie mit Geldströmen.

Da die Reichen des Exportlandes den Exportüberschuss durch ihren Konsumverzicht ermöglichen, steht ihnen die Forderung gegen das Importland zu.

Tabelle 10, Kennzahl 3.4.1:
Kurzformel des Exportüberschusses

Güterseite	Monetäre Seite
Konsumverzicht	Sparen
Die Reiche konsumieren weniger, als sie konsumieren könnten. Dadurch produziert der Produktionsapparat einen Überschuss. Dieser fließt ins Ausland.	Die Reiche geben weniger Geld aus, als sie einnehmen. Mit der Differenz wird der Exportüberschuss bezahlt.
Ergebnis: Das Ausland erhält Güter und verschuldet sich an die Reichen des Exportlandes.	

Der Importüberschuss kann auch so finanziert werden, dass das Importland sein eigenes Geld (seine eigene Währung) oder Gold exportiert. Diese Möglichkeiten sind aber begrenzt. Bei der deutschen Zentralbank sind bereits große Mengen an Gold und an Fremdwährungen gelagert. In Europa wird Importüberschuss gegenwärtig oft so finanziert, dass die Europäische Zentralbank EZB Staatspapiere z. B. von Griechenland kauft. Dadurch wird die Geldmenge vergrößert. Das Geld fließt vom Staat des Importlandes direkt zum Exportland oder über dessen Bevölkerung, die Importgüter kauft. Laut „Frankfurter Rundschau" vom 9. Dezember 2016 kauft die EZB monatlich Staatsanleihen im Wert von 80 Milliarden Euro auf und peilt ein Volumen der Aufkäufe von 2,28 Billionen Euro an.

Als Beispiel für die schädlichen Auswirkungen von Export sahen wir bereits in Kapitel 1.5, wie gepresste Kunststoffsandalen und subventionierte Nahrungsmittel aus europäischen Agrarfabriken in Entwicklungsländern Arbeitslosigkeit und Hunger erzeugt haben. Statt dass die Länder entwickelt wurden, wurde ihre Wirtschaft geschädigt. Die offizielle These lautet, es muss sich eben jedes Land am Weltmarkt behaupten. Damit die Wirtschaft der armen Länder konkurrenzfähig werden möge, erhalten sie Entwicklungshilfe. Es wird aber auch von ihnen verlangt, dass sie ihre Märkte öffnen. Dadurch geraten sie in die **Importfalle** und in die Schuldenfalle. Der Importüberschuss und die von ihm erzeugte Arbeitslosigkeit kosten weit mehr, als die Entwicklungshilfe einbringt.

Die heutige Wirtschaft leistet sich weltweit Elend, das oft zu Radikalisierung, Aufständen, Errichtung von Diktaturen und Kriegen führt. Die hohe Arbeitslosigkeit in Deutschland nach der Weltwirtschaftskrise von 1929 führte 1933 zu einer Diktatur und diese zu einem verheerenden Krieg. Es ist also auch gefährlich, Länder wirtschaftlich zu schädigen. 2015 schwoll der Strom von Wirtschafts- und Kriegsflüchtlingen nach Europa stark an. Es muss also erreicht werden, dass die armen Länder nicht durch Importüberschuss tiefer ins Elend kommen, sondern Außenhandelsgleichgewicht haben. Das schaffen sie nicht, wenn die hoch industrialisierten Länder weiterhin herausholen, was nur geht. Erst recht keinen Abbau der Schulden.

Freihandelsabkommen und EPAs (Economic Partnership Agreements, Freihandelsabkommen zwischen der EU und einem AKP-Staat) machen schon seit längerer Zeit den Weg frei für die Ausblutung der unterentwickelten Länder. In Kapitel 7.4 erfahren wir (unter Lüge sieben), dass eine junge Industrie den Schutz und die Unterstützung des Staates braucht, ehe sie auf eigenen Füßen stehen kann. Doch von **Zöllen** und erst recht vom Nutzen von Zöllen redet niemand, nur von ihrer Beseitigung, da sie ein Handelshemmnis seien. Auch die Zölle zwischen den USA und der EU liegen bei etwa fünf Prozent. Sie sollen durch das Freihandelsabkommen TTIP abgebaut werden. Bemerkenswert ist auch, dass die EU ihre Landwirtschaft durch Einfuhrzölle gegen Importe von außerhalb der EU schützt.

Neben einem fairen Weltmarkt benötigen wir eine Regulierung der internationalen Finanzmärkte. Denn auch sie haben die Tendenz, arme Länder auszusaugen, wie wir in Kapitel 4.9 sehen werden. Die Märkte dürfen nicht die oberste Instanz bleiben. Jean Ziegler schrieb in einem seiner Bücher: „Jedes Kind, das heute verhungert, wurde ermordet."

Zahlungsbilanz, Leistungsbilanz und Kapitalbilanz

Auch dieses Kapitel ist eine Ergänzung. Alles, was die wirtschaftlichen Beziehungen zum Ausland betrifft, wird in die **Zahlungsbilanz** eines Landes eingetragen. Sie besteht aus der Leistungsbilanz und der Kapitalbilanz, siehe Tabelle 3.4.2. Die Leistungsbilanz zeigt die **Einnahmen** aufgrund der eigenen Leistungen, die Ausgaben durch Leistungen des Auslands und Geldbewegungen aus andern Gründen. Die Kapitalbilanz zeigt, um wie viel das Land dadurch **reicher** (oder ärmer) wurde. Die Tabelle 3.4.2 zeigt mit ganz wenige Posten und einfachen, erfundenen Zahlen, wie eine Zahlungsbilanz aussehen kann. Eine genauere Zahlungsbilanz für die Bundesrepublik Deutschland sehen wir in Kapitel 5.4.

Tabelle 11, Kennzahl 3.4.2: Einfache, erfundene Zahlungsbilanz für ein Land mit Exportüberschuss	
	Mrd. Euro
Leistungsbilanz	
Einnahmen aus Exportüberschuss	2000
Netto- Zahlungen an die EU	-20
Kapitalbilanz	
Zunahme der Wertpapiere in deutschem Besitz (z. B. griechische Staatsanleihen) = Kapitalimport aus deutscher Sicht	-1980

Die Wertpapiere stellen Eigentumsansprüche und damit Kapital dar. Warum wird aber Kapital mit negativem Vorzeichen verbucht? Für einen Buchhalter der deutschen Wirtschaft sind die Netto-Einnahmen (hier 1980 Euro) ein Gewinn. Da der Buchhalter aber ehrlich ist und sich nicht bereichern will, verbucht er das daraus entstandene Kapital, das ihm ja nicht gehört, als Forderung (des deutschen Volkes) gegen sich.

Wir sehen, dass Exportüberschuss zu Kapitalimport wurde. Man kann also verallgemeinert sagen:

Exportüberschuss bedeutet Kapitalimport.	Importüberschuss bedeutet Kapitalexport.

Beispiel Griechenland

Als Gegenleistung für den Import von Gütern exportierte Griechenland Kapital. Es gingen z. B. griechische Flughäfen und ein griechischer Hafen in deutsches Eigentum über. Exportiertes Kapital kann also im Land bleiben, obwohl es exportiert wurde. Griechenland verliert dadurch aber einen Teil seiner ohnehin geringen Einnahmequellen.

Durch Importüberschuss, Kapitalflucht und Fehler der Politik geriet der griechische Staat in hohe Verschuldung, und griechische Banken kamen in Schieflage. Ihre Pleite wurde mehrmals von der Europäischen Union abgewendet. Das Memorandum 2016 der Arbeitsgruppe Alternative Wirtschaftspolitik [13] sieht aber schwere Schäden, die die EU mit ihrem Krisenmanagement angerichtet hätte. Es heißt dort (etwas gekürzt): „Das Land hat im Zuge der Hilfsprogramme weit über 250 Milliarden Euro erhalten. Damit wurden aber vor allem Zinsdienste und Umschuldungen geleistet, und es wurden daran massive belastende Bedingungen geknüpft: Abschmelzungen vor allem im Sozialbereich, die Absenkung der Löhne und der Arbeitnehmerrechte sowie die Privatisierung öffentlicher Unternehmen und Güter . . . Eine Weiterverteilung der in Griechenland gestrandeten Flüchtlinge in Europa hat nie stattgefunden."

Wir fügen hinzu: Niedrigere Löhne stellen eine **innere Währungsabwertung** dar und sollten daher die Exportchancen Griechenlands verbessern. Denn dadurch werden die griechischen Exportgüter billiger. Doch ohne Geldzuflüsse in Form von Investitionen in die griechische Wirtschaft besteht kaum Hoffnung auf Besserung. Das Land durfte auch seine Rüstungsimporte aus Deutschland nicht reduzieren. Zwar erhielt es weit über 250 Milliarden Euro (nach andern Angaben 380 Milliarden). Wenn so alte Schulden plus Zinsen durch neue Schulden ersetzt wurden, wurde die Höhe der Schulden nicht kleiner (und durch die Zinsen sogar größer), und dem Land wurde nichts geschenkt. Oben hieß es aber, dass davon „vor allem" alte Schulden bezahlt wurden. Es wurde also auch etwas geschenkt, aber wohl „zu viel zum Sterben und zu wenig zum Leben".

Viele Experten sehen es als aussichtslos an, dass Griechenland und andere Länder ihre Schulden je zurückzahlen können. Schon allein damit der griechische Staat Zinsen für seine Schulden bezahlen könnte, müsste das Land als Ganzes seinen Importüberschuss in einen Exportüberschuss verwandeln. Doch mit seinem Produktionsapparat (vorwiegen Landwirtschaft, Nahrungsmittelindustrie und Tourismus) ist ihm das bei dem harten Klima auf dem Weltmarkt unmöglich. Möglich wäre es, wenn der Export nach Griechenland gestoppt oder reduziert würde, damit die einheimische Wirtschaft auf die Beine kommt. Es würde auch die Auswanderung der Jugend bremsen, die unter besonders hoher Arbeitslosigkeit leidet.

Die frühere Regierung Griechenlands hat die Aufnahme in die EU 2001 dadurch erreicht, dass sie falsche Angaben über die Staatsfinanzen machte. Durch Vetternwirtschaft wurden im Staatsapparat viele unnötige Stellen geschaffen. Doch damit wurde die Arbeitslosigkeit reduziert. Ohne die Vetternwirtschaft hätte Griechenland mehr Arbeitslosengeld bezahlen müssen. Die Arbeitslosigkeit wiederum resultierte weitgehend aus dem Importüberschuss.

Die dem griechischen Staat auferlegte Sparpolitik hat für Alte und Kranke besonders schlimme Folgen. In einer Schilderung aus Griechenland 2015 heißt es: „Überforderte Ärzte rennen durch die Gänge des Krankenhauses. Betten auf dem Flur versperren den Weg. Die Infusion wird gelegt. Zu spät – wieder stirbt ein Baby in den Armen seiner Mutter. In den Krankenhäusern fehlt es von Medikamenten bis zum Toilettenpapier an allem, viele Ärzte mussten wegen Geldmangel entlassen werden. Selbst dringende Operationen können nicht durchgeführt werden."

3.5 Sparen und Staatsdefizit

Das Problem einer hoch entwickelten Volkswirtschaft ist, dass ein Teil der Bürger viel Geld einnimmt, und diese Einnahmen nicht mehr voll wieder ausgegeben werden. Man kann das eine **sozial bedingte Marktsättigung** nennen. Hierbei wollen die Einen nicht mehr Geld ausgeben, weil sie schon im Überfluss leben (oder sogar sparsam leben wollen), und die Andern können nicht mehr Geld ausgeben, weil es ihr Budget nicht erlaubt. Trotz Investitionen und Exportüberschuss kann es also sein, dass Ersparnisse nicht in den Kreislauf zurückkommen und eine Krise droht, mit Pleiten und Arbeitslosigkeit.

In dieser Situation hilft nun der Staat der Wirtschaft, indem er sich Geld leiht und mit diesem Geld die Nachfrage vergrößert, sodass der Produktionsapparat wieder ausgelastet ist und die Arbeitsplätze erhalten bleiben. Wir können das **Keynes-Aktivität** des Staates nennen. Die damit einhergehende **Staatsverschuldung** wird auch „**deficit spending**" genannt. Der Engländer J. M. Keynes hat sie wissenschaftlich untermauert. Sie wurde danach allgemein als Werkzeug der Wirtschaftspolitik anerkannt, um eine drohende Krise abzuwenden. Gegenwind gegen das deficit spending kam auf, weil die Staatsverschuldung immer höher wurde. Es wurde aber versäumt, den privaten Reichtum genügend zu besteuern.

Der Standardvorgang ist, dass sich der Staat Geld von Personen leiht, die Überschüsse haben. Dabei gibt der Staat Staatspapiere (eine Art Schuldscheine) aus. Sie werden auf dem **Finanzmarkt für Staatspapiere FG** an die Sparer verkauft. (Das G in FG bedeutet im Einklang mit andern Abkürzungen *Government* = Regierung.)

Alternativ kann eine Kreditgewährung an den Staat auch dadurch erfolgen, dass Banken die Geldmenge vergrößern. Und der Staat kann staatliches Eigentum verkaufen (es privatisieren). Auch dadurch erhält der Staat Ersparnisse (der reichen Käufer), die er dann in den Geldkreislauf zurückführen kann. Diese Geschäfte laufen in der Regel über die Finanzmärkte. Das deficit spending und die Privatisierungen sind aber Notmaßnahmen, mit denen nicht auf Dauer gearbeitet werden kann.

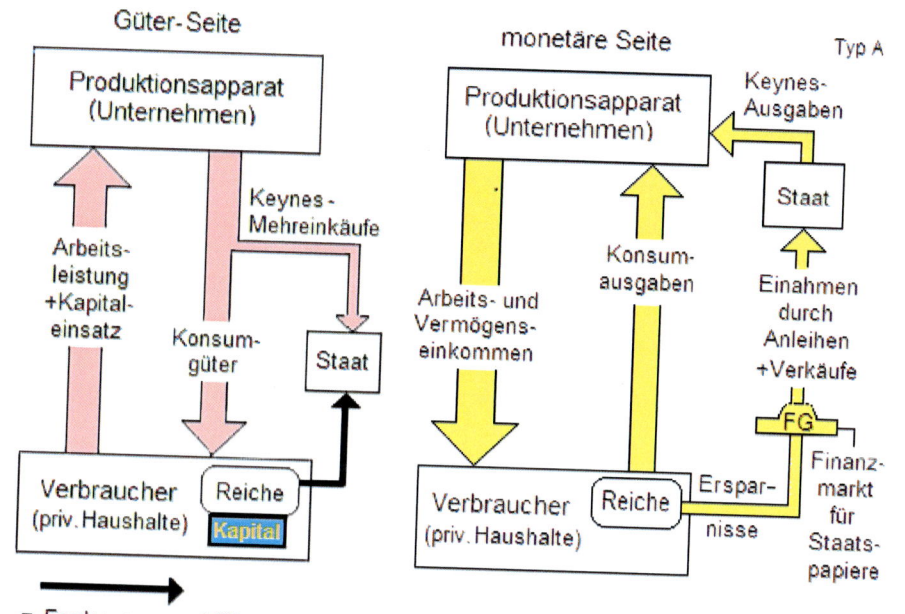

Güter-Seite

monetäre Seite

Typ A

Produktionsapparat (Unternehmen)

Produktionsapparat (Unternehmen)

Keynes-Ausgaben

Staat

Keynes-Mehreinkäufe

Arbeits-leistung +Kapital-einsatz

Konsum-güter

Staat

Arbeits- und Vermögens-einkommen

Konsum-ausgaben

Einahmen durch Anleihen +Verkäufe

FG

Verbraucher (priv. Haushalte)

Reiche

Kapital

Verbraucher (priv. Haushalte)

Reiche

Erspar-nisse

Finanz-markt für Staats-papiere

= Forderungen und Eigentumsansprüche = Kapital

Bild 14, Kennzahl 3.5.1: Volkswirtschaft mit Rückführung der Ersparnisse durch den Staat (Keynes-Aktivität)

Man kann nun einfach das Bild 3.5.1 aus Bild 3.4.1 herleiten, indem man statt des Auslands den Staat Ersparnisse zurückführen lässt. Der Staat bringt Ersparnisse an sich durch Kreditaufnahme und Verkäufe (Privatisierungen). Die damit finanzierten Ausgaben des Staates nennen wir Keynes-Ausgaben. Auf der Güter-Seite entspre-chen den Keynes-Ausgaben die Keynes-Mehreinkäufe. Durch die Keynes-Ausgaben gibt der Staat mehr Geld aus, als er durch Steuern einnimmt. Er kann es für Bildung, Forschung, Kindergeld und Zu-schüsse zur Rentenkasse ausgeben.

Diese Aktivität des Staates wird **expansive Fiskalpolitik** genannt. Man kann sie auch Keynes-Aktivität nennen. Sie lässt die Kassen der Unternehmen wieder fleißiger klingeln, Pleiten werden verhindert und Arbeitsplätze gesichert. Es gibt dadurch auch wieder mehr pri-vate Investitionen, und die Krise ist abgewendet.

Die meisten Aktivitäten des Staates werden natürlich nicht durch Verschuldung, sondern durch Steuern finanziert. Seine gesamten Aktivitäten sehen wir in Kapitel 6. Nach Keynes sollte der Staat nach dem deficit spending, wenn also die Krisengefahr vorüber ist, reichlich Steuern einnehmen und damit seine Schulden wieder abbauen (antizyklische Steuerpolitik). Das Problem ist nur, dass wir heute ständig Krisengefahr haben und man vor kräftiger Besteuerung der Reichen zurückschreckt. Und eine Besteuerung der übrigen Verbraucher, z. B. durch die Mehrwertsteuer, hilft nicht, da sie nicht die überschüssigen Ersparnisse abschöpft. Es sind also wohl alle Staaten hoch verschuldet, und auch das ist ein wirtschaftliches **Ungleichgewicht**. Die Gefahr dabei ist, dass niemand dem Staat mehr Geld leiht. Durch den Schuldendienst, den er leisten muss, kann er in die Insolvenz, also in die **Staatspleite**, geraten. Der Staat kann dann die Ordnung kaum mehr aufrechterhalten.

Über durch Privatisierungen finanzierte Staatsausgaben sprach Keynes noch nicht. Wir nahmen sie aber in Bild 3.5.1 dazu, weil Privatisierungen heute sehr aktuell sind. Der schwarze Pfeil geht in Bild 3.5.1 zum Staat, da er sich verschuldet. Es werden dabei aber doch die Staatsbürger verschuldet. Denn der Staat handelt ja im Auftrag seiner Bürger. Durch die Verkäufe oder Privatisierungen entstehen zwar keine zusätzlichen Staatsschulden, aber das Eigentum des Staates und damit seiner Bürger wird kleiner.

3.6 Die Alterung der Wirtschaft, der Staat und der Export.

Die soziale Marktwirtschaft in Deutschland wurde mit Recht gelobt. Sie kam aber dann auch in gewisse Schwierigkeiten. Durch die weitgehende Rückkehr zur reinen Marktwirtschaft lief der Wirtschaftsmotor wieder rascher, aber unrund, denn er häuft immer mehr Ungleichgewichte an. Man machte den Markt zum Herrscher, dessen Herrschaft immer ungemütlicher wird. Zunächst steigt der Wohlstand für alle. Aber dann wächst die soziale Dissoziation. Es kommt zur Krise, oder die Vermeidung der Krise macht uns zu Untertanen der Wirtschaft und ihrer Sachzwänge.

In einer **Krise** können die Unternehmen nicht mehr genug verkaufen, weil die Nachfrage zu schwach ist. Sie müssen Personal entlassen oder die Löhne senken, um zu überleben. Durch die Lohnsenkungen und Entlassungen wird die Nachfrage weiter geschwächt. Es gibt weitere Entlassungen und Firmenpleiten. Man ist in einem Teufelskreis. Bei Krisen wird viel Kapital „verbrannt". Viele Unternehmen verschwinden oder müssen verkleinert werden. Banken gehen pleite, weil sie Geld verlieren, das sie Unternehmen geliehen haben. Reiche verlieren ihr Vermögen teilweise oder ganz.

War eine Krise vorbei, ging es auf einem niedrigeren Niveau wieder geordnet weiter, mit neuem Wachstum. Bis zur nächsten Krise. Wurde die Wirtschaft, insbesondere der Produktionsapparat, immer wieder zu groß, sodass er gesundschrumpfen musste? Gibt es eine „**Alterung**" der Wirtschaft? Ein sehr großer und produktiver Produktionsapparat kann eine starke soziale Dissoziation verursachen und eine Krise auslösen. Er produziert einen starken Strom von Vermögenseinkommen, die zum Teil nicht mehr zu Nachfrage werden. Dann können die Armen nicht genug kaufen, und die Reichen wollen nicht noch mehr Geld als bisher ausgeben. Man kann das relative Marktsättigung nennen.

Die Lücke in der Nachfrage kann durch Verschuldung des Staates und des Auslands geschlossen werden. Und durch Investitionen, die aber nicht mehr rentabel sind. Die folgende vereinfache Darstellung soll den jugendlichen Elan und die Alterung einer Volkswirtschaft zeigen.

Am Beginn der **Periode 1** oder des Zeitraums 1 erhalten die Verbraucher vom Produktionsapparat ein Einkommen in Höhe von 3 Geldeinheiten. Das Einkommen wird dann zum Teil für den Konsum ausgegeben (2,5 Einheiten) und zum Teil gespart (S = 0,5 Einheiten). Die Ersparnisse S werden voll für Investitionen verwendet (I = 0,5 Einheiten). Das vom Produktionsapparat geleistete Einkommen ist damit am Ende von Periode 1 zum Produktionsapparat zurückgeflossen, der Geldkreislauf ist geschlossen. Der Produktionsapparat wächst wegen der Investitionen, ebenso die Produktion und damit das **Einkommen**. Das Geld zirkuliert schneller, oder die Geldmenge wächst im Gleichschritt mit der Wirtschaft.

In **Periode 2** gibt der Produktionsapparat wegen des Wachstums in Periode 1 statt 3 jetzt 5 Geldeinheiten als Einkommen an die Verbraucher ab (als Arbeits- und Vermögenseinkommen). Das Einkommen wird nun wieder zum Teil für den Konsum ausgegeben (4 Einheiten) und zum Teil gespart (S = 1 Einheit). Die Ersparnisse S werden wieder zu Investitionen (I = 1 Einheit).

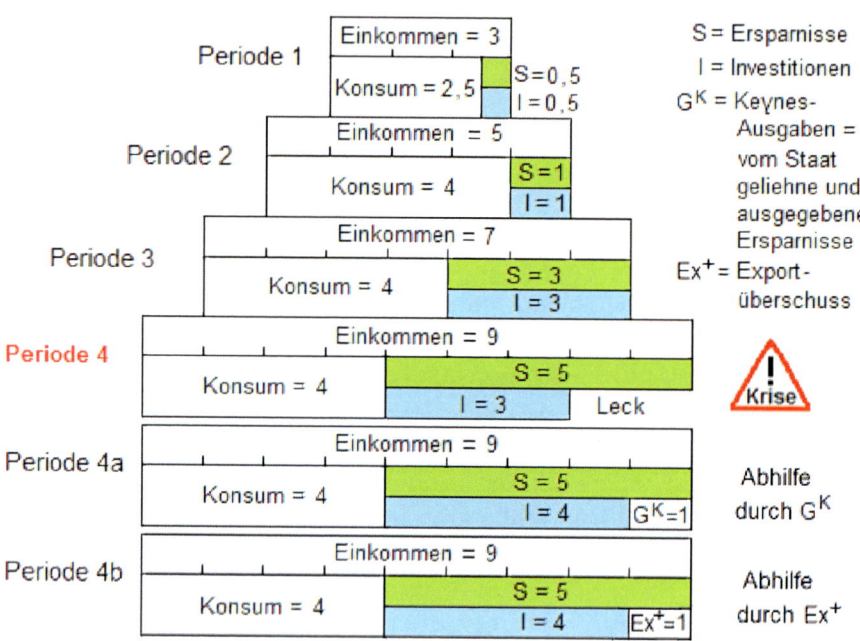

Bild 15, Kennzahl 3.6.1: Alterungsprobleme der Wirtschaft

In **Periode 3** betragen die Einkommen, wieder wegen der Vergrößerung des Produktionsapparats und der Geldmenge, 7 Einheiten. Allerdings **stagniert der Konsum** bei 4 Einheiten. Es herrscht eine relative Marktsättigung. Somit wachsen die Ersparnisse S auf 3 Einheiten an. Auch sie werden zu Investitionen (I = 3).

In **Periode 4** sind die Einkommen auf 9 Einheiten angewachsen. Aber der Konsum blieb aus denselben Gründen wie zuvor bei dem Wert 4 stehen. Die Ersparnisse haben nun den Rekordwert von 5 Einheiten. Doch jetzt werden nicht mehr alle Ersparnisse investiert. Die **Investitionen stagnieren** und verharren beim Wert 3. Der Produktionsapparat ist ja schon sehr gewachsen (durch frühere Investitionen). Und warum sollte er noch weiter so stark wachsen, da doch der Konsum stagniert?

Nun haben wir also ein **Leck** im Geldkreislauf. Es treten 2 Geldeinheiten aus. Es droht eine Krise, die sich aus sich selbst verstärkt. Die drohende Krise markiert das Warndreieck in Bild 3.6.1.

Die **Periode 4 a** ist eine korrigierte Periode 4. Die Verbesserung ergibt sich aus dem $G^k = 1$, den Keynes-Ausgaben. Damit führt der Staat Ersparnisse zum Produktionsapparat zurück, indem er sich bei den Sparern **verschuldet**. Der Staat kann das Geld in Form der staatlichen Konsumausgaben selbst ausgeben. Oder er kann es für Sozialausgaben verwenden, die dann von den Empfängern für ihren Konsum ausgegeben werden.

Nun kommen also zu den Konsumausgaben von 4 noch die vom Staat verursachten Konsumausgaben $G^k = 1$ dazu. Der Produktionsapparat kann also Güter im Wert von 5 Einheiten verkaufen. Da der Absatz gewachsen ist, scheut man sich nicht mehr so vor Investitionen und investiert 4 Einheiten (statt 3 wie in Periode 4). Der Geldkreislauf bleibt damit geschlossen, und die Krise ist abgewendet.

Die **Periode 4 b** ist ebenso eine verbesserte Periode 4. Die Verbesserung ergibt sich aus dem $Ex^+ = 1$. Mit dem Exportüberschuss Ex^+ führt das Ausland Ersparnisse zum Produktionsapparat zurück, indem es sie sich leiht und mit dem Geld im Exportland einkauft. Auch hier wächst also der Absatz der Unternehmen gegenüber Periode 3 von 4 auf 5 Einheiten, und man investiert daher die verbliebenen 4 Einheiten der Ersparnisse.

Die Staatsverschuldung bei Importüberschuss

Hat ein Land keinen Exportüberschuss, bleibt zur Rettung der Wirtschaft nur die Staatsverschuldung. Hat man gar Importüberschuss, benötigt man eine besonders hohe Staatsverschuldung. Es verwundert daher nicht, dass sich viele Staaten armer Länder hoch verschuldet haben. Man spricht vom **Doppeldefizit**, wenn es im Außenhandel und im Staatshaushalt ein Defizit gibt. Doch beide gehören etwa so zusammen wie das Huhn und das Ei. Bekannt ist das hohe Doppeldefizit USA.

Durch Importüberschuss werden wirtschaftlich junge Länder durch hoch industrialisierte „alte" Länder aus der Bahn geworfen. Wir wollen, um das noch deutlicher zu sehen, den Exportüberschuss aus der Sicht des Landes betrachten, das den Exportüberschuss aufnimmt. Das ist aber für das Verständnis der weiteren Kapitel **nicht erforderlich**.

In Bild 3.6.1 nennen wir, wie schon in Bild 3.4.1, den Importüberschuss zur Vereinfachung Import und den Exportüberschuss zur Vereinfachung Export.

Auf der Güter-Seite erhält das „grüne" Importland vom „blauen" Exportland die importierten Güter (roter Pfeil „Import") und verschuldet sich dafür an das Exportland. Der schwarze Pfeil will sagen, dass das Exportland nun Forderungen an das Importland hat. Wie wir schon sahen, gehen die Forderungen von den Reichen des Exportlandes aus, und es sind meist noch Banken dazwischengeschaltet.

Auf der monetären Seite sagt der gelbe Pfeil rechts oben, dass das Importland über Banken Ersparnisse der Reichen des Exportlandes als Darlehen erhält. Die schon erwähnten anderen Möglichkeiten der Import-Finanzierung ignorieren wir hier. Mit dem geliehenen Geld bezahlt das Importland den Import (gelber Pfeil rechts unten).

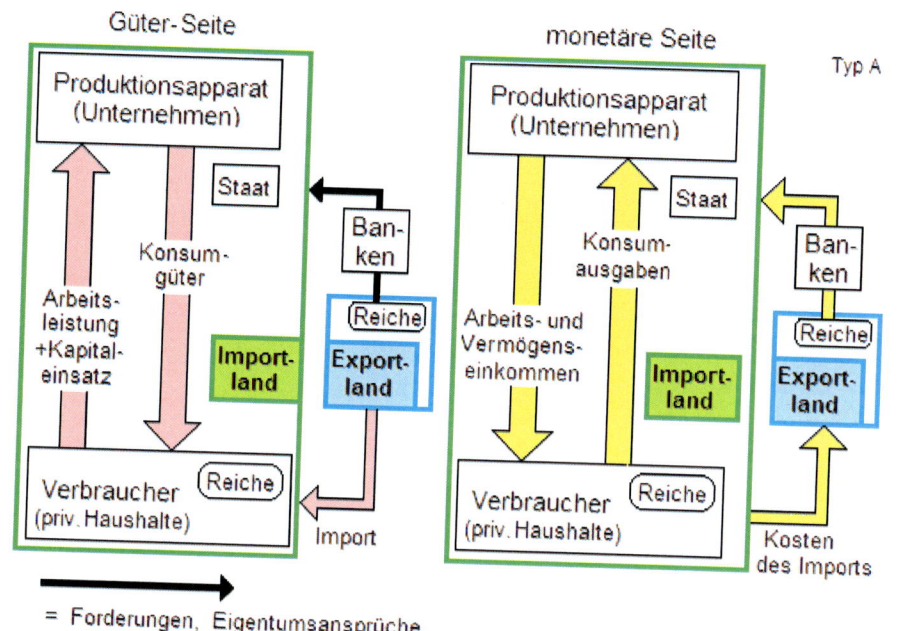

Bild 16, Kennzahl 3.6.2: Situation des Importlandes

Innerhalb des Importlandes verläuft es vorwiegend so, dass der Staat sich das (im Bild 3.6.2 von rechts kommende) Geld leiht, es den Verbrauchern weitergibt und diese damit die importierten Güter bezahlen. Damit gleicht der Staat den Geldabfluss aus und verhindert den Zusammenbruch der eigenen Wirtschaft.

Gerät er in Schieflage (in Zahlungsschwierigkeiten), geraten häufig auch die Banken dieses Landes in Schieflage, da sie ihrem Staat viel Geld geliehen haben. Innerhalb der EU musste daher schon manches Rettungspaket für von der Pleite bedrohte Länder und Banken geschnürt werden.

Der Staatsverschuldung setzt der **Europäische Stabilitäts- und Wachstumspakt** Grenzen, die nur in einer schweren Wirtschaftskrise überschritten werden dürfen. Doch im Juli 2016 ließ die EU gegenüber den Defizitsündern Spanien und Portugal Gnade walten. Sie sollten nach einer Entscheidung der EU-Kommission vorerst von

Geldbußen verschont bleiben. Das geschah auch früher schon, als Frankreich, Italien und auch Deutschland gegen den Europäischen Stabilitätspakt verstießen. Er erlaubt ein Haushaltsdefizit, also eine Aufstockung der Staatsverschuldung, von maximal 3 Prozent des Bruttoinlandsprodukts BIP. Spanien lag 2015 bei 5,5 Prozent, Portugal bei 4,4 Prozent. Die Strafen könnten 0,2 Prozent des BIP betragen, also für Spanien etwa zwei Milliarden Euro und für Portugal etwa 200 Millionen Euro. In einem Kommentar dazu hieß es, man könne Defizitsünder nicht bestrafen, ohne deren Probleme zu vergrößern. Wir sehen, eine echte Lösung der Probleme wäre, den Importüberschuss zu stoppen. Dazu müssten im Exportland die Einkommen der Reichen genügend hoch besteuert werden. Dasselbe gilt für die Reichen des armen Landes, die häufig Geld aus ihrem Land schaffen.

Einst waren zwei Brüder, und der Ältere schikanierte oft den Jüngeren. Auf dessen Klage fordert ihn der Ältere auf, doch mit ihm zu boxen. Der Ältere gewann natürlich, und der Jüngere hatte eine blutende Nase.

Der globalisierte Weltmarkt ist wie ein Boxring ohne Gewichtsklassen. Der Wettbewerb unter Personen, Unternehmen und Ländern ist als Grundmotiv sinnvoll. Aber es muss etwas Höheres geben, das dort einspringt, wo der Wettbewerb ungenügende Ergebnisse abliefert. Entwicklungsländer können nicht mit Industrieländern konkurrieren. Eine Möglichkeit ist, dass sie sich durch Zollschranken schützen. Oder die Industrieländer helfen den Entwicklungsländern, statt nur Geschäfte machen zu wollen. Bild 3.6.3 soll eine Warnung davor sein. Neben dem Export von Armut blühte auch der Export von Müll und Sondermüll in arme Länder. Er wurde inzwischen mittels internationaler Konventionen in Schranken verwiesen.

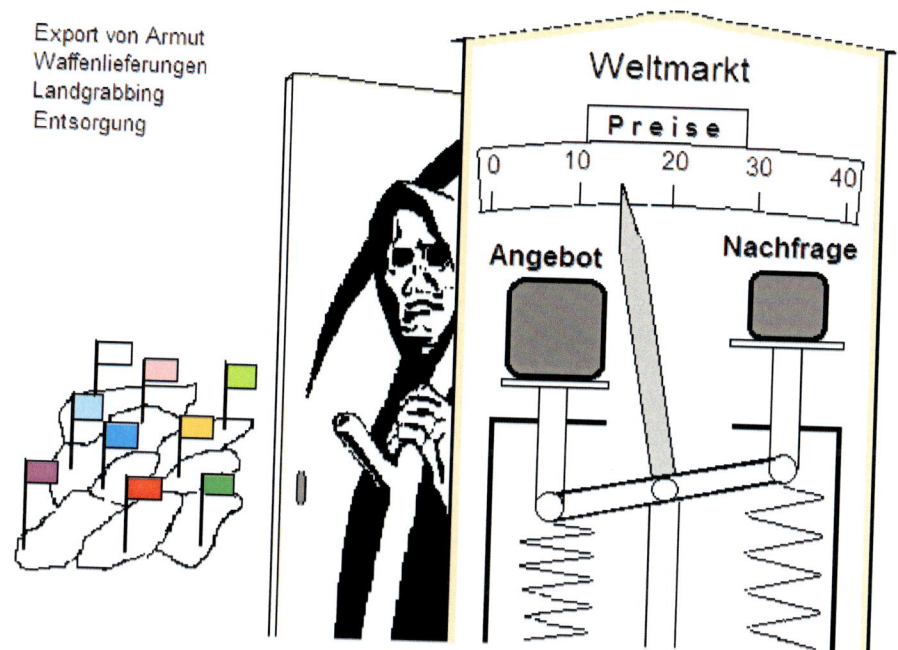

Export von Armut
Waffenlieferungen
Landgrabbing
Entsorgung

Weltmarkt

P r e i s e

0   10   20   30   40

Angebot   Nachfrage

Bild 17, Kennzahl 3.6.3:
Der Tod auf Geschäftsreise zu den armen Ländern

3.7 Investitionen, Abschreibungen und Desinvestitionen

Dieses Kapitel ist wieder eine nützliche, aber nicht obligatorische Ergänzung.

Investitionen

Der **technische Fortschritt** hat die Erde in den letzten Sekunden, bezogen auf die gesamte Geschichte des Planeten, dramatisch verändert. Das schaffte der Mensch durch die Industrielle Revolution. Sie erreichte auch die Landwirtschaft, sodass dort viele Arbeitsplätze wegfielen. Der Verlust konnte in den Industrieländern durch Arbeitsplätze beispielsweise in der Automobilindustrie und im Dienstleistungssektor ausgeglichen werden. Agrarländer wurden die Verlierer.

Investitionen und technischer Fortschritt gehen meist Hand in Hand. Fortschritt stärkt den Produktionsapparat und macht Kapazitäten und Mittel frei für Investitionen. Mit ihrer Hilfe können Innovationen (Neuerungen) realisiert werden. Unter Investitionen werden **Nettoinvestitionen** verstanden, die über den Ausgleich von Abnutzung und Alterung hinausgehen. Tabelle 3.7.1 zeigt einige mögliche Investitionen und Auswirkungen davon:

Nr.	Art der Investition	Beispiele	Auswirkung
	**Tabelle 12, Kennzahl 3.7.1: Einige Investitionen und ihrer Auswirkungen; Schwergewichte fettgedruckt**		
1	**Vergrößerung des Produktions-apparats**	Neben eine Fabrik-halle wird eine zweite gebaut.	Die Produktion und die Zahl der Arbeitsplätze steigen.
1.1	Gewerbliches Bauen	Bau von Mietwoh-nungen und Büro-gebäuden	Die Zahl der Überlassungen (von Wohnraum) steigt.
2	**Erhöhung der Produktivität**	Kauf von Automa-ten, Bau von Trans-ferstraßen	Produktion steigt, Arbeitsplätze bleiben, **oder** Produktion bleibt, Arbeitsplätze werden abgebaut.
3	Bauen für den pri-vaten Bedarf	Bau von Eigen-tumswohnungen, Eigenheimen	Vermeiden von Mietkosten
4.1	Kauf von neuen Ak-tien		Wie Nr. 1 oder Nr. 2
4.2	Kauf von Aktien vom Vorbesitzer		Investition und Desinvestition heben sich auf.
5	Kauf von Grund-stücken		Nur ein Eigen-tumswechsel. Kann aber späte-re Investitionen ermöglichen. Oder der Erzie-lung von Spekula-tionsgewinnen dienen.
6	**Erhaltungs-investitionen**	Austausch von alten Maschinen gegen neue.	Ausgleich von Abnutzung und Alterung, also des Wertverlustes.

Die Erhaltungsinvestitionen Nr. 6 haben gegenwärtig den größten Umfang, weil der Produktionsapparat schon sehr groß ist. Die Investitionsschutzbestimmungen in den Freihandelsabkommen sollen dafür sorgen, dass Netto-Investitionen rentabel sind und daher weiterhin stattfinden. Doch das, was in den letzten Sekunden der Erdgeschichte vorging, kann sich nicht über weitere Sekunden oder gar Minuten fortsetzen.

Abschreibungen und Desinvestitionen

Desinvestitionen sind das Gegenteil von Investitionen. Es werden dabei Produktionsmittel „zu Geld gemacht". Ohne sie zu verkaufen, kann man sie „zu Geld machen", indem man ihren Wertverlust nicht ausgleicht. Bei einem Taxiunternehmen bedeutet das einfach, keine neuen Fahrzeuge zu kaufen und die vorhandenen so lange zu fahren, wie sie können oder bis sie wegen Veraltung nicht mehr rentabel oder gefahrlos gefahren werden können.

Produktionsmittel erleiden einen Wertverlust durch **Abnutzung und Alterung**. Sie verlieren auch schon dadurch an Wert, dass sie älter werden. Sie können nach einiger Zeit veraltet sein, also nicht mehr dem Stand der Technik entsprechen. Dieser Wertverlust wird durch die **Abschreibungen** mehr oder weniger genau wiedergegeben. Ihren Betrag liefert uns die Statistik im Kapitel 5.1 „Volkswirtschaftliche Gesamtrechnung".

Handwerkerrechnungen enthalten oft einen Posten „Maschineneinsatz". Damit muss der Verbraucher für die Abnutzung und Alterung der Produktionsmittel bezahlen. Im Durchschnitt bezahlt der Verbraucher bei jeder Dienstleistung und bei jedem Einkauf von Waren etwa 15 Prozent des Betrags für die Abnutzung und Alterung von Maschinen, Fahrzeugen, Werkshallen und andern Produktionsmitteln. Dieser Anteil ist auch in den Kosten enthalten, wenn er nicht gesondert ausgewiesen wird.

Der Statistik sind Abnutzung und die Alterung direkt nicht bekannt. Es wird davon ausgegangen, dass sie so groß sind wie die von den Unternehmen in ihrer Buchhaltung gemachten **Abschreibungen**. Es wird in der Regel so viel abgeschrieben, wie das Finanzamt zulässt, wobei dessen Vorschriften versuchen, der Realität gerecht zu werden.

Faustregel der Statistik:
Höhe der Abnutzung und Alterung =
Betrag der Abschreibungen

Die von den Unternehmen für „Abnutzung und Alterung" eingenommenen Beträge werden in der Regel für die **Erhaltungsinvestitionen** verwendet, also für Reparatur und Neuanschaffung von Produktionsmitteln, damit der Betrieb weitergehen kann. Eine Desinvestition findet statt, wenn kein oder weniger Geld für Erhaltungsinvestitionen ausgegeben wird. So kann ein Unternehmen irgendwann nicht mehr produzieren und ist dann mehr oder weniger liquidiert (zu Geld gemacht). Man kann ja eventuell übrige Teile noch verkaufen.

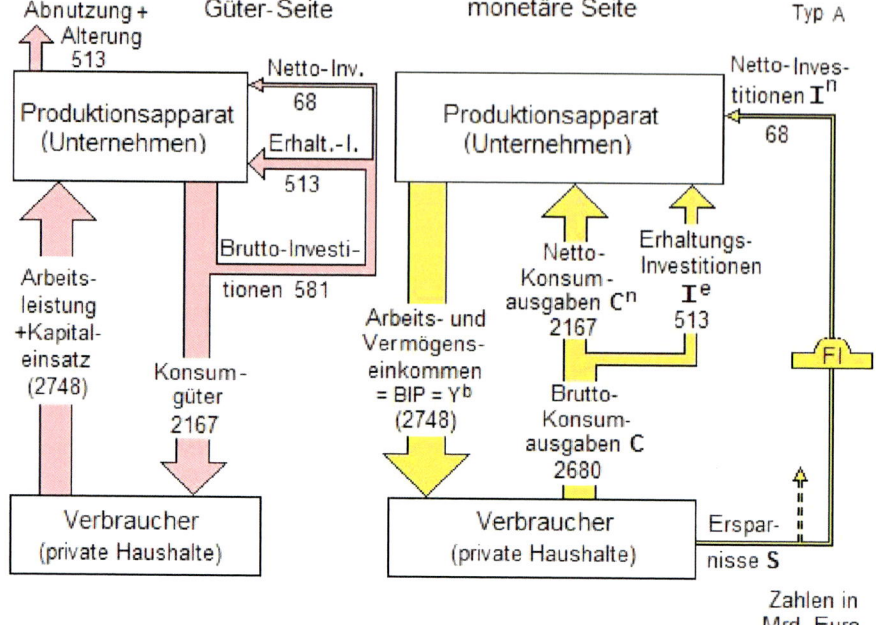

Bild 18, Kennzahl 3.7.1:
Erhaltungsinvestitionen und Nettoinvestitionen

Bild 3.7.1 ist verwandt mit Bild 3.2.1. Es zeigt auf der linken (realen) Seite, dass der Produktionsapparat durch Abnutzung und Alterung an Substanz verliert (roter Pfeil links oben). Der Produktionsapparat produziert aber neben den Konsumgütern auch neue Produktionsapparat-Masse oder Produktionsgüter. Er kann damit den Substanzverlust ausgleichen und sich noch vergrößern. Der Substanzverlust wird ausgeglichen durch die **Erhaltungsinvestitionen**. Größer und / oder produktiver wird der Produktionsapparat durch die **Nettoinvestitionen**.

Auf der rechten (monetären) Seite des Bildes haben wir die zugehörigen Geldströme. Die schon im Bild sichtbaren Erklärungen der Namen sind:

104

Y^b	Bruttoinlandsprodukt **BIP**; das hochgestellte b steht für brutto.	
C	Brutto-Konsumausgaben, meist Konsumausgaben genannt	
C^n	Netto-Konsumausgaben	
I^e	Erhaltungsinvestitionen	
I^n	Nettoinvestitionen	
S	Ersparnisse (engl. Saving)	

Die Ersparnisse werden zu den Nettoinvestitionen. Sie durchlaufen wie schon im Bild 3.2.1 den Finanzmarkt für Investitionen FiI. Die **Zahlen** betreffen Deutschland 2014 und sind der Tabelle 5.1.2 entnommen. Die dort angegebenen Konsumausgaben sind die Netto-Konsumausgaben. Sie enthalten auch den Staatskonsum. Das Bruttoinlandsprodukt BIP ist in Bild 3.7.1 kleiner als in der Tabelle 5.1.2, weil hier der Außenbeitrag fehlt (die Einnahmen aus dem Exportüberschuss).

Die Höhe der Erhaltungsinvestitionen im Vergleich zu den Nettoinvestitionen ist erstaunlich, sind doch Nettoinvestitionen in aller Munde, die Erhaltungsinvestitionen dagegen nicht. Aber der deutsche Produktionsapparat ist ja auch schon sehr groß, verursacht hohe Wartungskosten und muss nicht mehr wesentlich vergrößert werden.

Unternehmen aufzukaufen, die Erhaltungsinvestitionen zu unterlassen und so ein Unternehmen durch Desinvestition zu „verflüssigen", ist ein gerne genutztes Werkzeug der „Heuschrecken". Die Arbeitsverträge sind da für die Belegschaft wertlos, weil sie für die neuen Eigentümer nicht bindend sind.

Wir stellen nun noch einige **Gleichungen** auf, die sich aus Bild 3.7.1 ablesen lassen.

Die Konsumausgaben (genauer die Brutto-Konsumausgaben) sind:
$C = C^n + I^e$.
Die Bruttoinvestitionen sind Erhaltungsinvestitionen + Nettoinvestitionen: $I^b = I^e + I^n$.

Die Summe der Geldströme, die zum Produktionsapparat fließen, wird auch **Nachfrage Z** genannt. Daher gilt die Gleichung:

(3.7.1) $Z = C^n + I^e + I^n$

Wie Bild 3.7.1 zeigt, können die Ersparnisse S vollständig zu Investitionen I^n werden, müssen es aber nicht (gestrichelter Pfeil). Werden sie vollständig zu Investitionen, herrscht, wie man sagt, **Gütermarktgleichgewicht**, und es gilt die Gleichung:

(3.7.2) $I^n = S$ oder   **I = S**

Aus der ersten Form wird die zweite Form I = S, wenn man $I = I^n$ setzt, wenn man also mit Investitionen Netto-Investitionen meint. Wegen Bild 3.7.1 und Gleichung 3.7.1 können wir auch noch schreiben:

(3.7.3) $BIP = Y^b = Z$

3.8 Kapital und Geld

Was ist Kapital?

Eine einfache Definition für das Wort Kapital findet man nicht. Es wird auch in verschiedenen Bedeutungen benutzt. Man ist geneigt, Kapital als die Werte anzusehen, die die Wirtschaft produziert hat. Doch auch Werte, die nicht produziert wurden, können Kapital sein, z. B. Land und Bodenschätze. Oft wird Land erst zu Kapital, wenn es durch „Veredelung" einen Wert bekommen hat, beispielsweise wenn es verkehrsmäßig und planerisch erschlossen wurde.

Wir müssen feststellen, dass unter Kapital die Dinge verstanden werden, die in der **Buchhaltung** der Wirtschaft aufgeführt sind. Sie haben dort in der Regel einen **Wert**, z. B. in Euro, und einen **Eigentümer**. Nicht dabei sind damit die Meere und die Luft. Man kann hoffen, dass eines Tages alle Werte wirtschaftlich erfasst werden. Dann kann man nicht mehr umsonst das Klima schädigen und die Meere verschmutzen. Ansätze in dieser Richtung gibt es schon. Aber im Wesentlichen erlässt die Politik Verbote und legt Grenzwerte fest, die nicht überschritten werden sollen, wie beim Feinstaubgehalt der Luft.

Wie schon in einigen Bildern zu sehen war, definieren wir:

Kapital = Forderungen + Eigentumsansprüche.

Gemäß der Buchhaltung ist Kapital immer direkt oder indirekt **an Personen gebunden**. Nur bei Stiftungen fehlen die Personen. Hier tritt der Stiftungszweck an ihre Stelle. Ein irgendwo verborgener Goldklumpen gehört nicht zum Kapital, da niemand einen Eigentumsanspruch gegen ihn erhebt. Die folgende Tabelle versucht, einen Überblick über das Kapital zu schaffen. Bei einem Vergleich mit Tabelle 1.1.2 sieht man, dass hier die freien Güter fehlen.

Tabelle 13, Kennzahl 3.8.1: Kapital

			an Banken	Bargeld	Münzen	
Kapital	**Forderungen**		an Banken	Bargeld	Münzen	**Forderungen an Banken: An ihr Eigentum und an ihre Forderungen gegen die Kreditnehmer**
			"	"	Papiergeld	
			"	Buchgeld	Bankgut-haben	
		an Personen,	z. B. aus Darlehen			
		an Sachen, z. B. **Produktions-mittel**	z. B. aus Kapital-einlage			
		an Staaten, z. B. aus Staatsan-leihen	an deren Eigentum und deren Bürger			
	Eigentums-ansprüche	an Güter, z. B. **Produktions-mittel**, Roh-stoffe, Kon-sumgüter	mittelbare, z. B. aus Aktien			
			unmittel-bare, z. B. eigene Bäckerei			
		Patente, Wis-sen, Bildung				

Zu den Forderungen gehört auch das **Geld**, da wir es als Forderungen gegen Banken verstehen. Es gab ja eine Zeit, in der Banken verpflichtet waren, Geld auf Wunsch in Gold umzutauschen. Wer Geld hatte, konnte also die Banken auf**fordern**, das Geld in Gold umzutauschen. Hat man Buchgeld, also Guthaben, auf einem Bankkonto, kann man fordern, dass es in Bargeld umgetauscht wird. In der Bilanz der Banken erscheint das Geld als Passiva, also als eine Forderung gegen die Bank.

Bei einer **Kreditgewährung durch Geldschöpfung** erhält der Kreditnehmer erst einmal ein Bankguthaben, also Buchgeld. Die Bank erhält zugleich eine Sicherheit, also eine Forderung gegen das Eigentum des Kreditnehmers. Ein Teil seines Eigentums gehört damit der Bank, solange der Kredit nicht zurückgezahlt ist. Das Bankguthaben des Kreditnehmers stellt eine Forderung gegen die Bank dar. Damit sind die gegenseitigen Forderungen ausgeglichen, und keine der beiden Seiten ist reicher geworden.

Geht der Kreditnehmer pleite, und es gibt nichts zu pfänden, hat die Bank allerdings einen Verlust. Ihre Forderung erlischt, während die Forderung gegen sie weiter besteht. Denn das erhaltene Buchgeld hat der Kreditnehmer ja längst ausgegeben. Näheres sagen die Regeln des Bankgeschäfts, deren Einhaltung von der Zentralbank überwacht wird.

Die Eigentumsansprüche richten sich an Werte, die Forderungen an Werte und zum Teil auch an Personen. Produktionsmittel wie Maschinen und ganze Unternehmen gehören zu den Werten. Auch **Tiere** können in der Wirtschaft Produktionsmittel sein, was oft mangels ausreichenden Tierschutzes zu grausamem Missbrauch führt. Man kann die Produktionsmittel unterteilen in Kapital, Arbeit und Boden. Hierbei hat das Wort Kapital eine etwas andere Bedeutung.

Alle Arten von Kapital sind untereinander **austauschbar**. So kann man z. B. für Geld Aktien bekommen und für Aktien Geld. Durch wiederholtes Tauschen (Kaufen und Wieder-Verkaufen) kann man gewinnen, aber auch verlieren. Kapital kann auch verschenkt und vererbt werden.

Man kann drei Aggregatzustände des Kapitals definieren, vergleichbar den Zuständen fest, flüssig und gasförmig. Geld wäre dann der flüssige Zustand. Patente, Wissen und Bildung entsprechen dem gasförmigen Zustand. Als Nachweise dienen hier Zeugnisse und Diplome. Der Rest der Tabelle 3.8.1 wäre dann der feste Zustand.

Der Geldstrom als Wanderung von Forderungen gegen Banken

Die gelben Pfeile in unseren Bildern transportieren Geld. Das Geld ist zwar in der Regel eine Art Transportmittel für Güter. Aber Geld und Güter können sich auch unabhängig voneinander bewegen. Geldströme kann man als Ströme von Forderungen gegen Banken verstehen.

Erhält ein Käufer eine Ware, entsteht erst einmal eine Forderung des Verkäufers an den Käufer, und er erhält eine Rechnung. Begleicht er die Rechnung durch Überweisungsauftrag, wird sein Guthaben bei einer Bank kleiner, das des Verkäufers größer. Der Käufer **K** hat danach eine kleinere Forderung gegen seine Bank, der Verkäufer **V** eine größere. In Bild 3.8.1 unten wandert also eine Forderung in Form eines schwarzen Pfeils nach rechts.

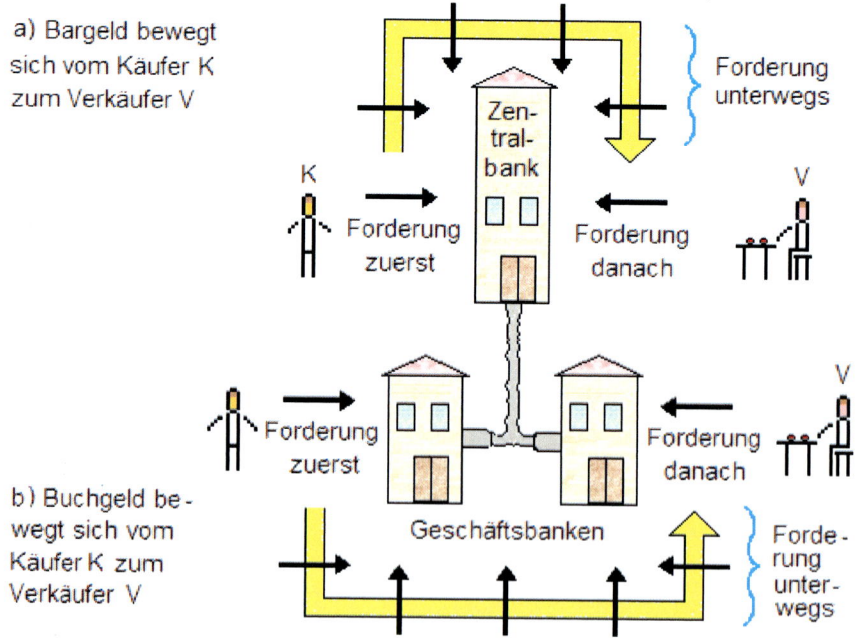

Bild 19, Kennzahl 3.8.1:
Geldströme als Ströme von Forderungen

Der Vorgang ist nun zunächst für die Bank des Käufers, also die linke Bank, erfreulich, denn die Forderungen gegen sie wurden weniger. Für die Bank des Verkäufers ist es ärgerlich, denn die Forderungen gegen sie wurden größer. Um das ausgleichen zu können, sind die Banken, wie die Kabel in Bild 3.8.1 zeigen, miteinander und auch mit der Zentralbank verbunden.

Oben in Bild 3.8.1 bewegt sich Bargeld vom Käufer zum Verkäufer. Bargeld wird von der Zentralbank hergestellt und ausgegeben und ist als Forderung gegen die Zentralbank anzusehen. Daher beweg sich bei der Bezahlung mit Bargeld eine Forderung gegen die Zentralbank von K nach V. Man kann auch Bargeld einfach als Forderung gegen das Bankensystem ansehen.

Kommt das Bankensystem in Schwierigkeiten, stehen Kunden vor Geldautomaten Schlange, um Bargeld zu erhalten. Stockt gar der bargeldlose Geldverkehr, kommt die gesamte Wirtschaft zum Erliegen. Die „Schieflage" von Banken kann dadurch entstehen, dass viele Kredite, die sie vergeben haben, „faul" wurden. Es bleibt dann der Politik nichts anderes übrig, als die Banken zu retten. Man kann die Banken und die ganze heutige Wirtschaft ansehen als eine Ansammlung hoher Türme, die sich alle gegenseitig zum Einstürzen bringen können.

Die **Zentralbank** steuert die Geldmenge durch Anweisungen an die Geschäftsbanken. Es soll nicht zu viel Geld im Vergleich zu den angebotenen Gütern und Dienstleistungen da sein, wegen der Inflationsgefahr. Ist aber der Produktionsapparat sehr groß und leistungsfähig, geht eher das Deflationsgespenst um. Dazu trägt bei, dass viele Leute gerne Bargeld aufbewahren. Es wurde daher schon vorgeschlagen, das Bargeld abzuschaffen oder zumindest die großen Banknoten. Es wurden auch schon verschiedene Arten der Geldumlaufsicherung vorgeschlagen.

Liquidität und „schlafendes Geld"

Wir wollen uns über die überraschend große Artenvielfalt beim Geld einen Überblick verschaffen. Dafür spricht, dass wir ja die Geldströme in den Mittelpunkt stellen. Man kann trotzdem den Rest des Kapitels 3.8 übergehen, da man die Wirkung der Geldströme auch verstehen kann, wenn man sie sich als Ströme von Bargeld vorstellt. Das Folgende ist zum Teil vereinfacht und erhebt keinen Anspruch auf Vollständigkeit.

Wird ein Unternehmen gegründet, ist Geld notwendig, um die Investitionen tätigen zu können. Das notwendige Geld möge im Folgenden das Unternehmen von einer Bank als Kredit erhalten. Das Unternehmen hat dann ein **Sichtguthaben** bei der Bank und wohl auch **Bargeld**. Bargeld und Sichtguthaben werden **Liquidität** oder flüssige Mittel genannt.

Gibt das Bankensystem Kredite, wird in diesem Moment Geld geschöpft, also aus dem Nichts erschaffen. Die Sichtguthaben werden durch Buchungen erzeugt, die Scheine und Münzen werden (oder wurden früher) produziert. Das Bargeld und die Sichtguthaben (das Buchgeld) stellen Forderungen gegen die Banken dar. Als Gegenleistung erhalten die Banken (als Sicherheit) Forderungen in gleicher Höhe gegen die Unternehmen.

In Tabelle 3.8.2 wird angenommen, dass das gesamte Geld, also die Geldmenge M3, auf diese Weise entstanden ist. Es steht demnach über dem gelben Feld M3 ein gleich breites weißes Feld, das verpfändete Sachkapital. Diese Werte sind die Aktiva der Banken, die Geldmenge M3 die Aktiva der Unternehmen. Die Kreditgeber und die Kreditnehmer treffen sich auf dem **Finanzmarkt für Kredite FK**. Dort pendeln sich der „Preis" (der Zins) und die Menge der Kredite ein.

Das an die Banken verpfändete Sachkapital ist ein Teil des gesamten Sachkapitals, das daher noch etwas größer gezeichnet ist. Aus den vergebenen Krediten erhält das Bankensystem Zinsen. Davon finanzieren die Banken ihre Personal- und anderen Kosten sowie die ausfallenden Kredite.

Tabelle 14, Kennzahl 3.8.2: Geldmengen und Finanzmärkte FK und FL, vereinfachte Darstellung.	
Gesamtes Sachkapital	
Sachkapital, das am **Finanzmarkt für Kredite FK** an die Banken verpfändet ist, um Kredite zu erhalten.	
Durch Kredite entstandene Geldmenge **M3** = Geldkapital = Liquidität = Forderungen an die Banken. Das Geld ist Eigentum der Nichtbanken.	
„wachendes Geld" = Geldmenge **M1** = Bargeld + Sichteinlagen = **Liquidität**, (fast) **keine Verzinsung** für die Sichteinlagen	„schlafendes Geld", z. B. aus Verträgen mit vereinbarter Laufzeit von 2 Jahren; die Banken zahlen **Zinsen**
Liquidität bei höherer Verzinsung	„schlafendes Geld" bei höherer Verzinsung
Verschiebung von gelb nach braun am **Finanzmarkt für Liquidität FL**: Bei höherem Zinsniveau i werden mehr Verträge mit vereinbarter Laufzeit abgeschlossen.	

M3 besteht zunächst zu 100 Prozent aus **Liquidität**. Nun können aber die Banken Geld für einige Zeit „in Verwahrung" nehmen. Das bedeutet, es gehört den Eigentümern weiterhin, aber sie können über eine bestimmte (vereinbarte) Zeit nicht darüber verfügen, also nicht damit bezahlen. Damit wird die Geldmenge M3 unterteilt in „wachendes Geld" (gelb) und „schlafendes Geld" (braun). Das „schlafende Geld" besteht auch aus Forderungen gegen die Banken, aber die Forderungen werden erst nach einer gewissen Zeit fällig. Die Eigentümer dieses Geldes haben z. B. festverzinsliche Wertpapiere, die nach 2 Jahren fällig werden. Man kann zwar die Papiere verkaufen. Dann hat man mehr, der Käufer dafür weniger Liquidität.

In Bild 3.8.2 sehen wir weiter unten eine alternative Unterteilung von M3 in Liquidität und „schlafendes Geld", wobei die Menge der Liquidität kleiner wurde. Es gab also eine Verschiebung zugunsten von braun. Die Leute können ja entscheiden, ob sie mehr Geld festlegen wollen, um dafür Zinsen zu bekommen, oder mehr Liquidität haben wollen. Die Banken wiederum können auf diese Entscheidungen einwirken, indem sie den Zinssatz für Festgeld herauf- oder heruntersetzen. So fließt also ständig Geld zwischen dem braunen und dem gelben Bereich hin und her. Dabei durchquert es den **Finanzmarkt für Liquidität FL**. Dort bieten die Banken Verträge zur Festlegung von Geld an, und die Nichtbanken greifen je nach der Höhe des Zinses, den sie von den Banken erhalten, stark oder weniger stark zu. Natürlich wird dabei nicht allmählich die ganze Liquidität festgelegt, denn es laufen ja immer wieder Verträge aus.

Es ist auch möglich, dass die Banken die Geldmenge M1 festlegen, sodass sie sich nicht verändern kann. Wächst dann die Nachfrage an Liquidität (wenn die Wirtschaft wächst), steigt der Zinssatz i. Denn ohne steigenden Zinssatz würde zu wenig Geld festverzinslich angelegt.

Geldmengen

In der Tabelle 3.8.2 erscheinen die Geldmengen M1 und M3. Die Tabelle 3.8.3 soll eine vereinfachte Übersicht über alle Geldmengen geben. Eine Geldmenge höherer Ordnung entsteht jeweils dadurch, dass zur vorhergehenden Geldmenge noch etwas dazukommt.

Tabelle 15, Kennzahl 3.8.3: Geldmengen M0 bis M3, vereinfacht		
Geldmenge M0 = Bargeld		
Geldmenge M1 = M0 + Sicht- einlagen		
Geldmenge M2 = M1 + Forderungen aus Verträgen mit kürzerer Laufzeit		
Geldmenge M3 = M2 + Forderungen aus Verträgen mit längerer Laufzeit		

Liquidität = Transaktionsgeld + Spekulationsgeld.

Die Unternehmen und die Verbraucher benötigen die Liquidität, also die Geldmenge M1, um die Unebenheiten bei Zahlungseingängen und -ausgängen (Transaktionen) auszugleichen. Würden die Transaktionen regelmäßig auf denselben Zeitpunkt fallen, käme man ohne Liquidität aus. Das Girokonto könnte dann immer auf null stehen. (Wenn man Gewinne herunternehmen und Verluste durch Geldzufuhr ausgeglichen würde.) Man kann auch besonders viel Liquidität halten, um bei unerwarteten günstigen Gelegenheiten sofort zugreifen zu können. Daher wird die Liquidität auch aufgeteilt in **Transaktionsgeld** und **Spekulationsgeld**, siehe Bild 3.8.2. Mit Hilfe genügend großer Mengen an Spekulationsgeld haben Fonds schon gegen die Währung bestimmter Länder spekuliert. Der Milliardär George Soros wurde weltbekannt, als er im September 1992 auf die Abwertung des britischen Pfunds wettete. Durch seinen großen Einsatz an Liquidität geriet das Pfund zusätzlich unter Druck und musste nach wochenlangem Ringen tatsächlich abgewertet werden. So gewann Soros rund eine Milliarde US-Dollar.

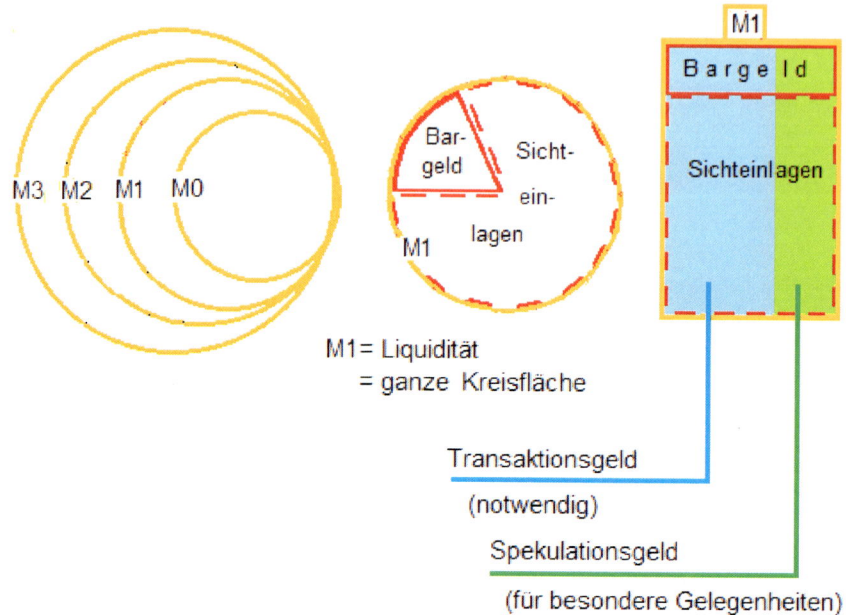

Bild 20, Kennzahl 3.8.2:
Die ineinander verschachtelten Geldmengen

Für die Wirtschaftsteilnehmer bedeutet mehr oder weniger Liquidität innerhalb gewisser Grenzen mehr oder weniger Annehmlichkeit. Sie teilen daher, wie Tabelle 3.8.2 zeigt, ihr Geld auf in die gelbe Liquidität und in das braune „schlafende Geld". Wie die Aufteilung aussieht, hängt vom Zins ab, der für das festgelegte „schlafende Geld" bezahlt wird. Wird der Zinssatz i erhöht, wollen die Wirtschaftsteilnehmer mehr Geld verzinslich anlegen und weniger Liquidität halten, wie ebenfalls Tabelle 3.8.2 zeigt. Man sagt, mit **steigendem Zinssatz** fällt die **Liquiditätspräferenz**. Wie sich die Liquidität verändert, hängt allerdings auch noch von den Banken ab. Hier gibt es ein Zusammenspiel zwischen dem Geldangebot der Banken und der Geldnachfrage durch die Nichtbanken.

116

Bestimmung von M1 durch den Zins

Aus Jürgen Kromphardt [2] entnehmen wir: „Die einfachste und üblichste Annahme besteht darin, das **Angebot** an unverzinslichem Geld, also an M1, mit der **vorhandenen** Geldmenge M1 gleichzusetzen und anzunehmen, dass diese von der Zentralbank bestimmt wird. Die Zentralbank wird als Geldmengenfixierer behandelt, die Veränderungen des Zinssatzes hinnimmt, die sich aus Veränderungen der Geldnachfrage ergeben."

Diese Zusammenhänge sind kompliziert. Wir wissen aber, dass das Bankensystem die Geldmenge M3 z. B. verkleinern kann, indem es weniger Kredite gewährt, als zurückgezahlt werden. Die Banken können nach der Theorie auch den Umfang der Liquidität M1 bestimmen, indem sie den Zinssatz i so festsetzen, dass sich auf dem Finanzmarkt für Liquidität FL die gewünschte Größe von M1 einstellt. Ein höherer Zinssatz i führt zu weniger Liquidität. Dieser Zusammenhang wird bei der Behandlung des IS-LM-Modells in Kapitel 4.4 aufgegriffen.

Die Saldenmechanik

Die Saldenmechanik ist ein junges Gebiet der Volkswirtschaftslehre. Es werden darin grundlegende Regeln über Geld und Kredit aufgestellt, die evident sind, also nicht auf Modellbildungen und somit auf Vereinfachungen beruhen. Aus **Wikipedia** entnehmen wir einige Aussagen der Saldenmechanik. Es wird dort gesagt, dass sie eine große Bedeutung für die volkswirtschaftliche Theoriebildung hat und geeignet ist, manche Irrtümer zu entlarven. Aus der Beachtung von Buchung und Gegenbuchung wird geschlossen, dass wachsende Ausgaben gesamtwirtschaftlich auch wachsende Einnahmen bedeuten und bei Zahlungsgleichschritt (der Buchungen) eine Zunahme der Umsätze nicht zwangsläufig eine Zunahme der Zahlungsmittel (der Geldmenge) notwendig macht.

Es wird gezeigt, dass I > S möglich ist, also die Investitionen größer als die Ersparnisse sein können. Wir können das so verstehen, dass alles ersparte Geld zur Finanzierung von Investitionen verwendet wird und weitere Investitionen durch Geldvermehrung finanziert werden (durch Kreditvergabe mit Geldschöpfung). Häufig hat aber die Wirtschaft das Problem, dass nicht alle Ersparnisse zu Investitionen werden.

Eine weitere These ist: Einzelwirtschaftliche Zusammenhänge dürfen nicht 1:1 auf die Gesamtwirtschaft übertragen werden, wie folgendes einfache Beispiel zeigt. Aus dem Partialsatz „Ein Unternehmen erhöht seinen Absatz, wenn es seine Preise senkt" folgt nicht der Globalsatz „Alle Unternehmen erhöhen ihren Absatz, wenn sie ihre Preise senken". Der richtige Globalsatz lautet vielmehr: „Senken alle Unternehmen ihre Preise, bleibt der Absatz unverändert, aber das Preisniveau sinkt."

Die Saldenmechanik arbeitet mit Gruppen. Beispiele für Gruppen sind alle privaten Haushalte eines Landes, ein einzelner privater Haushalt, alle Unternehmen eines Landes und eine ganze Volkswirtschaft. Die Komplementärgruppe der privaten Haushalte sind die Nicht-Haushalte (Staat, Unternehmen, Ausland). Die Komplementärgruppe einer Volkswirtschaft sind die anderen Volkswirtschaften, also das Ausland. Die Komplementärgruppe der Banken sind die Nichtbanken.

Laut der Saldenmechanik gilt: Tritt eine Gruppe mit der Komplementärgruppe (der Summe aller übrigen Gruppen) in wirtschaftlichen Austausch, sind alle Einnahmen der Gruppe identisch mit der Summe der Ausgaben der Komplementärgruppe. Ein Beispiel dafür: Die Einnahmen aus dem Export eines Landes sind gleich den Ausgaben des Auslandes dafür. Damit kann man, wie in Kapitel 3.4, die Verschuldung armer Länder durch ihren Exportüberschuss gegenüber einem Industrieland darstellen. Oder auch gegenüber den Reichen des Industrielandes, wenn man die Reichen als gesonderte Gruppe oder Aggregat darstellt.

4. Befreiung von den Ungleichgewichten und Ergänzung der Ökonomik

4.1 Übersicht über die Geldströme und Märkte

Einfaches Kreislaufmodell

Die Vorstufen der **Krise** sind die **Rezession** und die **Depression**. Eine Depression ist eine länger anhaltende Rezession. Von einer Rezession wird gesprochen, wenn das Wirtschaftswachstum negativ ist, also das BIP abnimmt. **Ludwig Erhard**, der in Deutschland Wirtschaftsminister und später Bundeskanzler war und als Vater des nachkriegsdeutschen Wirtschaftswunders gilt, sagte einmal anlässlich einer Rezession, man könne sich auch zu Tode sparen. Offenbar sah auch er das Problem zu vieler Ersparnisse.

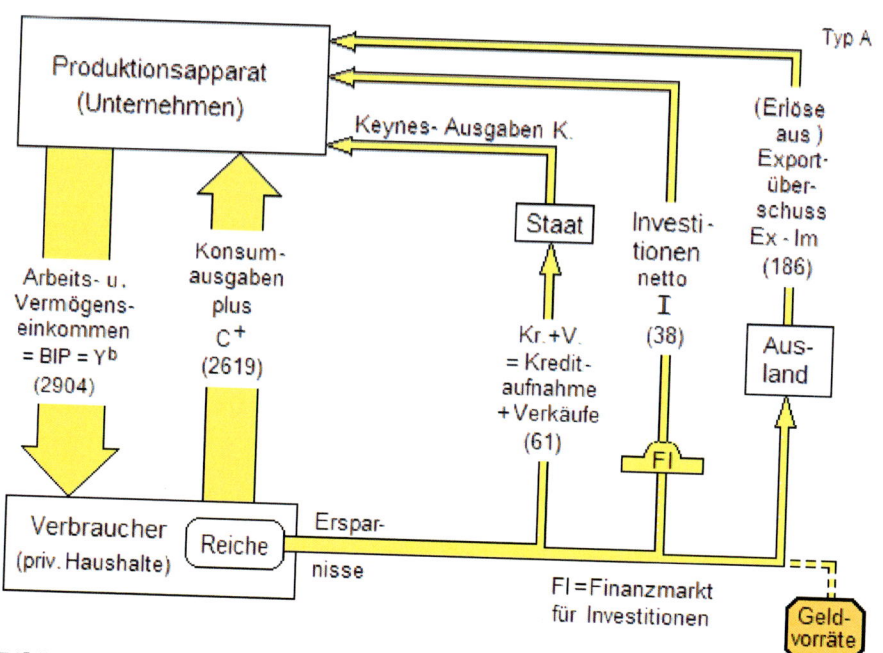

Bild 21, Kennzahl 4.1.1:
Gleichgewicht durch die wichtigsten Geldrückführungen

Wir haben einige Vorgänge betrachtet, bei denen Ersparnisse wieder zum Produktionsapparat zurückgeführt werden. Zur Rückführung der Ersparnisse tragen bei: Die Investitionen in Bild 3.2.1, der Exportüberschuss in Bild 3.4.1 und die Keynes-Aktivität des Staates in Bild 3.5.1. Bei der Keynes-Aktivität verschuldet sich der Staat, beim Exportüberschuss das Ausland an die Sparer. Bei den Investitionen „verschuldet" sich der Produktionsapparat an die Sparer bzw. er wird zu ihrem Eigentum.

In Bild 4.1.1 sind die Einkommen und die Rückführungen zum Produktionsapparat eingezeichnet:

Tabelle 16, Kennzahl 4.1.1: Größen und ihre Zahlenwerte für Bild 4.1.1 für Deutschland 2014		Mrd. Euro
Arbeits- und Vermögenseinkommen	$BIP = Y^b$	2904
Konsumausgaben plus	C^+	2619
Kreditaufnahme des Staates (von privat) und Verkäufe	Kr. + V.	61
Investitionen netto	I	38
Exportüberschuss (dem Ausland dafür geliehenes Geld)	Ex-Im	186

Der Staat kommt nicht nur durch die Kreditaufnahme, sondern auch durch die Verkäufe V. zu Geld, das er dann wieder ausgibt. Der Produktionsapparat wächst durch die Investitionen. Die Volkswirtschaft ist im Gleichgewicht, wenn die Einkommen vollständig zurückgeführt werden. Strömt aber Geld in die Geldvorräte rechts unten, magert die Wirtschaft ab und bewegt sich auf eine Krise zu.

Ist Bild 4.1.1 nun komplett? Die Geldströme nach oben sollen ja realitätstreu das BIP ergeben. Es fällt auf, dass hier der Staat nur durch Kreditaufnahme und Verkäufe Geld einnimmt. Es gibt aber neben dieser Keynes-Aktivität noch zwei weitere Aktivitäten des Staates, wie in Kapitel 6 beschrieben wird. Man müsste daher noch zwei weitere Geldströme einfügen, die von unten über den Staat nach oben führen. In Bild 4.1.1 sollen sie aber in dem Geldstrom C^+ (C plus) enthalten sein. Im Bild 4.1.2 werden dann alle drei Aktivitäten des Staates explizit sichtbar sein.

Zu den Zahlenwerten in Bild 4.1.1

Man kann gleich zum nächsten Unterkapitel übergehen, außer man interessiert sich dafür, wie die Zahlen in Tabelle 4.1.1 zustande kamen. Sie stammen teils aus Tabelle 4.1.2 und teils aus Tabelle 4.1.3. Die Tabelle 4.1.2 ist leicht verständlich. Die Tabelle 4.1.3 zeigt, wie man das BIP in verschiedener Weise untergliedern kann. Im „Totalkonsum" ist alles enthalten, was produziert, aber nicht investiert oder exportiert wird, also auch der so genannte Staatskonsum. Die Bezeichnungen „Konsum plus" und „Totalkonsum" wurden nur erfunden, damit jede Größe in der Tabellen einen Namen hat.

Tabelle 17, Kennzahl 4.1.2: Zahlen für Deutschland 2014		
	Mrd. Euro	Herkunft
BIP = Y^b	**2904**	Tabelle 5.1.2
C^{privat}	1604	”
C^{Staat}	562	”
Abschreibungen	513	”
Investitionen brutto I^b (abzüglich negative Vorratsänderungen)	551	”
Exporte netto = Exportüberschuss	**186**	”
Keynes-Ausgaben K.	61	Bild 6.4.2

Tabelle 18, Kennzahl 4.1.3: Mögliche Unterteilungen des deutschen BIP 2014 in Mrd. Euro				
BIP = Y^b = 2904				
C^{privat} = 1604	C^{Staat} = 562	Invest. brutto I^b = 551		Ex-Im=186
C^{privat} = 1604	C^{Staat} = 562	Abschr.=513	I^n=38	Ex-Im=186
Totalkonsum = 2680			I^n=38	Ex-Im=186
Konsum plus = C^+ = 2619		K.=61	I^n=38	Ex-Im=186

Erweitertes Kreislaufmodell

Bild 4.1.2 ist eine Erweiterung von Bild 4.1.1. Wir haben dort vor allem deshalb zusätzliche Geldströme, weil der Geldstrom C^+ in mehrere Geldströme unterteilt wird. Zunächst wird die Basis-Aktivität des Staates von C^+ abgetrennt. Die **Basis-Aktivität** besteht, wie in Kapitel 6 beschrieben wird, aus den Basis-Ausgaben G^B des Staates, die durch die Basis-Steuern* finanziert werden. Dabei bedeutet G = Government (Regierung). Der Staat ist dabei ein Unternehmen, das die öffentlichen Güter produziert, wie z. B. öffentliche Sicherheit und Schulbildung, und sie „verkauft" gegen die Basis-Steuern*.

Steuern* = Steuern + Gebühren – Subventionen.

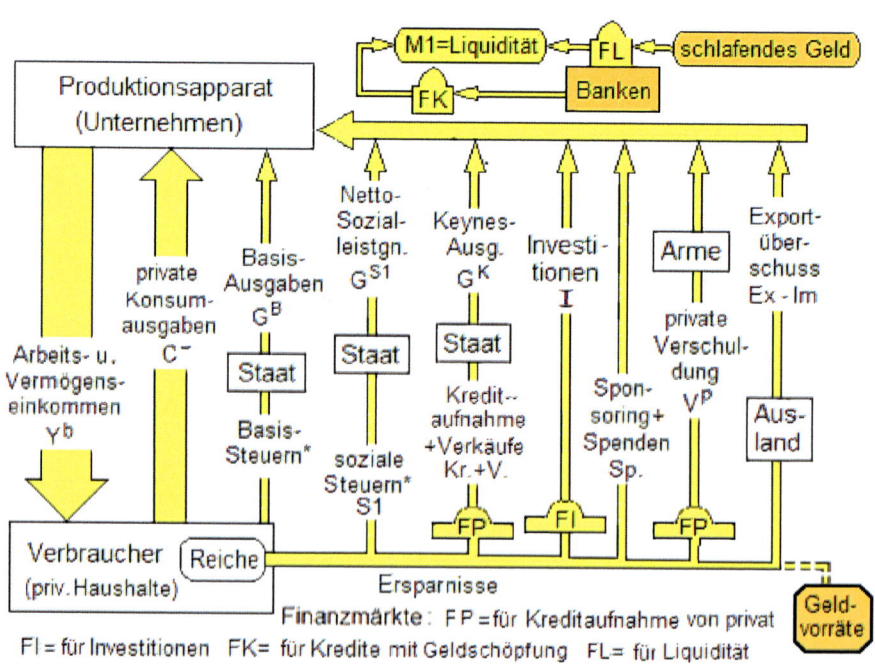

Bild 22, Kennzahl 4.1.2: Gleichgewicht heute

Als weiterer Geldstrom geht die **soziale Aktivität** des Staates aus dem C^+ des Bildes 4.1.1 hervor. Wir nennen sie sozial, weil sie von den **Steuern* S1** finanziert wird, die in unserem Modell nur die Reichen bezahlen. Das S im Namen steht für sozial. Diese Steuern mindern die Ersparnisse, und man kann sie auch Reichensteuern nennen. In Bild 4.1.2 werden davon die **Netto-Sozialleistungen G^{S1}** finanziert.

Die Netto-Sozialleistungen unterscheiden sich von den Brutto-Sozialleistungen, weil die Brutto-Sozialleistungen auch die Sozialbeiträge enthalten, die die Bürger an den Staat abführen, z. B. als Beiträge zur staatlichen Rentenversicherung. Die Höhe der Sozialleistungen kann man dem Staatshaushalt in Kapitel 6.2 entnehmen. Die Netto-Sozialleistungen G^{S1} fließen z. B. dadurch zum Produktionsapparat, dass der Staat Sozialwohnungen baut. Bezahlt er Zuschüsse zur Rentenkasse, fließt das Geld erst einmal zu den Verbrauchern (zu den Rentnern) und von dort zum Produktionsapparat, wenn sie das Geld ausgeben.

Sodann kommt in Bild 4.1.2 das **Sponsoring + Spenden**, abgekürzt **Sp.**, als weiterer Geldstrom von unten nach oben dazu. Wir lassen es auch vom Aggregat Reiche ausgehen. Im Wesentlichen sollte das schon stimmen, wenn auch Reiche mitunter geizig sind. Mit dem Sponsoring wird oft Werbung für ein Unternehmen betrieben. Beim Sponsoring + Spenden findet zunächst nur eine Vermögensübertragung statt, z. B. vom Sponsor an einen Fußballverein. Wenn aber die Begünstigten das Geld ausgeben, fließt es nach „oben" zum Produktionsapparat.

Als letzter Geldstrom kommt in Bild 4.1.2 die **private Verschuldung** dazu. Die private Verschuldung hat dieselbe Wirkung wie die Staatsverschuldung. Es werden Ersparnisse geliehen und damit Konsumausgaben bestritten. Dabei verschulden sich vorwiegend arme private Haushalte (über Banken) an die Reichen. Dieser Geldstrom fließt deshalb durch das Aggregat „Arme", das man wie die Reichen als Untermenge des Aggregats Verbraucher ansehen kann. Z. B. liegt bei Ratenkäufen eine Verschuldung an die Reichen vor. Denn ihnen gehören die Unternehmen, denen die Raten zustehen.

Da die andern Geldströme nun von den Konsumausgaben C⁺ des Bildes 4.1.1 abgespaltet sind, haben wir in Bild 4.1.2 die reduzierten Konsumausgaben C⁻ (C Minus). Wir nennen sie so, weil sei erst mit dem Geldstrom private Verschuldung zusammen die tatsächlichen privaten Konsumausgaben ergeben. Das Bild 4.1.2 zeigt, dass der Staat viele Möglichkeiten hat, die Wirtschaft zu beeinflussen. Er kann mit seinen drei Aktivitäten eingreifen und zudem das Investieren und das Sponsoring durch Steuerbegünstigungen fördern. Der deutsche Staat fördert auch intensiv den Export, was aber angesichts des deutschen Exportüberschusses den andern Ländern gegenüber unfair ist.

Banken, Finanzmärkte und Geldmengen

Man kann auch dieses Unterkapitel übergehen. Es betrifft die „Randerscheinungen" in Bild 4.1.2, also die Geldmengen (gelb) und Aggregate (braun) ganz oben. Die **Liquidität** oder **die Geldmenge M1** soll das Geld darstellen, das sich im Geldkreislauf, also **in den Geldströmen**, befindet. Liquidität ist „flüssiges" Geld. Es besteht aus Bargeld und Sichtguthaben. Es kann in die Geldvorräte rechts unten entweichen. Wir nehmen aber an, dass die Geldrückführungen (nach oben) ihre Arbeit tun, dass also die Keynes-Aktivität stimmt und damit die Wirtschaft „im Gleichgewicht" ist. In der Realität wird man das nicht immer schaffen, kann dann aber nachträglich ausgleichend reagieren. Daher ist das Austreten in die Geldvorräte gestrichelt gezeichnet.

In Bild 4.1.2 ist angenommen, dass der Wirtschaft über den **Finanzmarkt Liquidität FL** Geld zugeführt wird. Hier kann, wie in Kapitel 3.8 dargestellt wurde, „schlafendes" Geld in Liquidität verwandelt werden und umgekehrt. Die Banken haben hier die Wahl, ob sie lieber das Zinsniveau oder lieber die Geldmenge M1 auf einen bestimmten Wert bringen möchten. Wie sich der Finanzmarkt FL und die Realwirtschaft gegenseitig beeinflussen, behandelt das IS-LM-Modell.

Die Banken oder das Bankensystem vergrößern in Bild 4.1.2 auch noch die Geldmenge M1 über den **Finanzmarkt für Kredite FK**. Dabei wird zwar nicht direkt M1, sondern die Geldmenge M3 vergrößert. Aber M3 ist ja der „Kuchen", der auf dem Finanzmarkt FL in schlafendes Geld und Liquidität aufgeteilt wird, wie die Tabelle 3.8.2 zeigt. Dass die Banken die Geldmenge M3 vergrößern, ist meistens der Fall, aber es geschieht nicht immer gleich stark.

Gründe, die Geldmengen zu vergrößern, können sein, dass die Preise gestiegen sind, die Wirtschaft gewachsen ist oder sie wachsen soll. Es kann auch Geld in die Wirtschaft eingespeist werden, um Geldabflüsse auszugleichen. Das ist auch häufig der Fall, aber nicht gesund.

Zwischenbericht

Bild 4.1.2 ist das Abbild der Wirtschaft eines gegenwärtigen Industrielandes. Diese Wirtschaft ist im Gleichgewicht, weil der Geldkreislauf funktioniert. Doch das Gleichgewicht wird nur durch Vorgänge gehalten, die Ungleichgewichte anhäufen. Diese Vorgänge sind der Anstieg der Staatsverschuldung bzw. der Ausverkauf des Staatsvermögens, die Verschuldung des Auslands und die Verschuldung der armen privaten Haushalte. Diese Verschuldung steht hier stellvertretend für die soziale Dissoziation.

Dazu kommt die steigende Belastung der Umwelt durch das **Wirtschaftswachstum**. Es mag noch in Teilbereichen notwendig sein, besonders in armen Ländern, aber es muss zumindest das Wissen bereitgestellt werden, wie eine Wirtschaft ohne Wachstum funktionieren kann. Allein durch die Bautätigkeit auf dem heutigen Stand, also ohne Wachstum, wird viel Umwelt durch das Zubetonieren der Landschaft verbraucht. Wir können nun in Tabelle 4.1.4 einen Bericht abgeben, der zeigt, welche Probleme gelöst und welche noch nicht gelöst sind. Die hervorgehobenen Worte sind die „Wirkstoffe" in unseren Medikamenten.

	Tabelle 19, Kennzahl 4.1.4: Bericht gemäß Bild 4.1.2			
	Problem	ge- löst	durch	s. Ka- pitel
1	Krisengefahr durch Lecka- ge des Geldkreislaufs (Er- sparnisse werden nicht zu Investitionen)	ja	Keynes-Aktivität, finanziert durch **Kreditaufnahme + Verkäufe** und soziale Aktivität, finanziert durch **Steuern***	4.1
2	Geldmangel durch niedrige Zinsen (man hält mehr Li- quidität)	ja	**Geldvermehrung durch die Ban- ken**	4.1
3	Staatsverarmung durch Kreditaufnahme und Ver- käufe	nein		
4	Soziale Dissoziation in Form der privaten Ver- schuldung	nein		
5	Verschuldung und Ver- elendung armer Länder durch fehlendes Außen- handelsgleichgewicht	nein		
6	Sachzwang Wachstum, weil Ersparnisse zu Investitio- nen werden müssen, wachsende Umweltbelas- tung	nein		

Gleichungen zu Bild 4.1.2

Wir wollen nun einige Gleichungen aufstellen. Sie sind aber für das Verständnis der folgenden Kapitel nicht erforderlich. Man bezeichnet die Nachfrage mit Z. Nachfrage bedeutet nicht, dass man etwa an einem Kiosk nachfragt, ob man eine Zeitung kaufen kann. Unter Nachfrage wird das **Geld** verstanden, das man für die Güter ausgibt oder auszugeben plant. In Bild 4.1.2 besteht also die Nachfrage aus allen nach oben gerichteten Geldströmen. Daher gilt die Gleichung

$$Z = C^- + G^B + G^{S1} + G^K + I + Sp. + V^p + Ex - Im$$

oder etwas anders angeordnet:

$$(4.1.1) \quad Z = C^- + I + G^B + G^{S1} + G^K + Ex - Im + Sp. + V^p$$

Z = Nachfrage nach Gütern

Die schon im Bild 4.1.2 eingezeichneten Erklärungen der Abkürzungen sind:

Z	Nachfrage		
Y^b	Einkommen = BIP = **Brutto**inlandsprodukt (daher das hoch gestellte b), auch Produktion genannt	G	allgemein Ausgaben der Regierung = Government
C^-	private Konsumausgaben	Ex	Export
I	Investitionen	Im	Import
G^B	Basisausgaben des Staates	Ex-Im	Exportüberschuss
G^{S1}	durch soziale Steuern* finanzierte Staatsausgaben	Sp.	Sponsoring und Spenden
G^K	durch Kredite + Verkäufe (Privatisierungen) finanziertes G	V^p	Verschuldung privater Haushalte

Gleichung (4.1.1) wird zu Z = C + **I**, wenn wir die nachfolgenden Posten weglassen. Das stimmt mit Gleichung (3.7.1) $Z = C^n + I^e + I^n$ überein, denn der Netto-Konsum C^n und die Erhaltungsinvestitionen I^e können zu den normalen Konsumausgaben C zusammengefasst werden, und unter I werden ja die Nettoinvestitionen verstanden. Da Z die Summe der nach oben gerichteten Geldströme darstellt, ist laut Bild 4.1.2:

(4.1.2) $Y^b = Z$

Das wird meist als Bedingung für das Gütermarktgleichgewicht bezeichnet. In unserer Darstellung heißt es, dass der Geldkreislauf geschlossen ist, dass also der Produktionsapparat das Geld, das in ihn hineinströmt, auch wieder abgibt. Dabei nehmen wir ja an, dass im Produktionsapparat kein Geld gespeichert wird. Man könnte ihm einen Teil des Transaktionsgeldes zuordnen, aber modelltechnisch konsequent ist es, das Transaktionsgeld den Geldströmen zuzuordnen.

Man kann nun die beiden Gleichungen zusammenfassen zu:

(4.1.3) $Y^b = C^- + I + G^B + G^{S1} + G^K + Ex - Im + Sp. + V^p$

Ergänzungen

Zum **Sponsoring + Spenden** gehören auch das Einrichten von Stiftungen und die Großspenden an Parteien von reichen Personen und Großunternehmen. Es kann damit Einfluss auf die Politik und die Gesellschaft ausgeübt werden. Im Gegensatz zu Deutschland erhalten die politischen Parteien in den USA keine staatlichen Mittel für ihre Wahlkämpfe. Da ist es nützlich, wenn man Milliardär ist wie Donald Trump. Dort erhalten Präsidentschaftskandidaten auch hohe Summen z. B. von Ölkonzernen, um ihren Wahlkampf zu finanzieren. Über die Mitarbeiter seiner US-amerikanischen Tochter spendete der deutsche Bayer-Konzern über 400.000 Dollar für den US-Präsidentschaftswahlkampf, 82 Prozent davon an die Republikaner, den Rest an die Demokraten. Prozentual wurde das noch von der Deutschen Bank übertroffen, die mit 86 Prozent bei den Republikanern einstieg. Viele kleine Spenden gehen von weniger begüterten Bürgern aus, z. B. für wohltätige Einrichtungen und Organisationen.

Nicht zum Sponsoring rechnen wir die **Werbung**. Hier fließt in der Regel Geld von einem Unternehmen an ein anderes, beispielsweise an eine Werbeagentur oder eine Fernsehanstalt. Die Werbung verteuert die Güter, denn sie geht in die Produktionskosten des werbenden Unternehmens ein. Die werbenden Unternehmen können auch einen starken Einfluss auf die Medien ausüben. Denn diese sind auf die Einnahmen aus der Werbung angewiesen.

4.2 Gegenüberstellung der Theorie der Märkte und der Geldströme

Oft wurden Theorien korrigiert oder ergänzt, z. B. weil es Krisen gab, die es nach der Theorie nicht geben durfte. Bei Oliver Blanchard und Gerhard Illing [1] heißt es in Kapitel 28.2: „Der amerikanische Ökonom **Milton Friedman** (1912-2006), ein Monetarist, meinte, dass die Wirtschaftsprozesse noch immer nur wenig verstanden würden. Er stellte sowohl die Motive der Regierungen als auch die Behauptung, ihr Wissen sei groß genug, makroökonomische Größen zu verbessern, in Frage."

Als Argument hierzu sahen wir schon das Bild 1.7.1. Als Beispiel dafür wird auch gerne der Vorgang angeführt, bei dem der Staat durch Geldzufuhr die Nachfrage und damit das BIP erhöht sowie die Arbeitslosigkeit senkt. Der Vorgang endet, zumindest im Modell, damit, dass das zwar eintrat, aber nur vorübergehend. Danach kehrt man wieder zum „natürlichen" Zustand mit der strukturellen Arbeitslosigkeit zurück. Das mag auch in der Realität so sein, wenn der Staat nur mit Geldzufuhr operiert. Wir sind aber der Meinung, dass unsere verlängerte Hand, der Staat, viel mehr Hebel in der Hand hat, die er nur richtig bedienen muss.

Gemeinsamkeiten

Wir wollen auf die Methoden der Makroökonomik schauen und Gemeinsamkeiten und Unterschiede zu unserer Theorie der Geldströme feststellen. Das ist aber mühsam und mit Mathematik verbunden. Man kann daher auch zu den drei letzten Abschnitten des Kapitels 4.5 **springen**, die mit „Fazit" überschrieben sind.

Bei Blanchard und Illing [1] finden wir in Kapitel 3.2 die Gleichung:

(4.2.1) $Z \equiv C + I + G + Ex - Im$

Z wird dort **Güternachfrage** genannt. Sie setzt sich zusammen aus der Nachfrage C nach Konsumgütern, der Nachfrage I nach Investitionsgütern, der Nachfrage Ex-Im nach Exportgütern und der staatlichen Nachfrage G. Das Zeichen $\equiv$ soll ausdrücken, dass hier eine Definitionsgleichung vorliegt (ähnlich wie 1 Euro = 100 Cent). Man kann sich die Gleichung aber genauso gut mit einem normalen Gleichheitszeichen vorstellen. Sodann wird in [1] gesetzt:

(4.2.2) $Z = Y = BIP$

Y wird **Güterangebot** genannt. Es ist zugleich das BIP. Die Gleichung sagt, die Produktion Y ist so groß wie der Verbrauch, oder das Angebot Y ist so groß wie die Nachfrage Z, oder es herrscht **Gütermarktgleichgewicht**. Die Aussage „Angebot = Nachfrage" hatten wir schon in Gleichung (1.8.1). Wenn man vergisst, welche Vorstellungen Anbieter und Nachfrager anfänglich hatten, und nur zu Kenntnis nimmt, auf welchen Punkt man sich schließlich einigte (nämlich auf den Schnittpunkt von Angebots- und Nachfragekurve), ist das Angebot zwangsläufig gleich der Nachfrage. Der Markt ist dann immer im Gleichgewicht. Man hat dann den Markt **hinterher** oder **ex post** betrachtet.

Bild 4.2.1 illustriert die beiden obigen Gleichungen. Es ist der marktorientierten Ökonomik angepasst. Durch den **Gütermarkt** links oben im Bild gehen der Güterstrom und der Geldstrom hindurch. Dieser Markt bestimmte die Stärke des Güterstroms, das Preisniveau und damit auch die Stärke des Geldstroms. Oder die Marktteilnehmer taten es. Sie bringen das Angebot und die Nachfrage zustande. Die einen Marktteilnehmer kommen mit Gütern und gehen mit Geld, die andern kommen mit Geld und gehen mit Gütern.

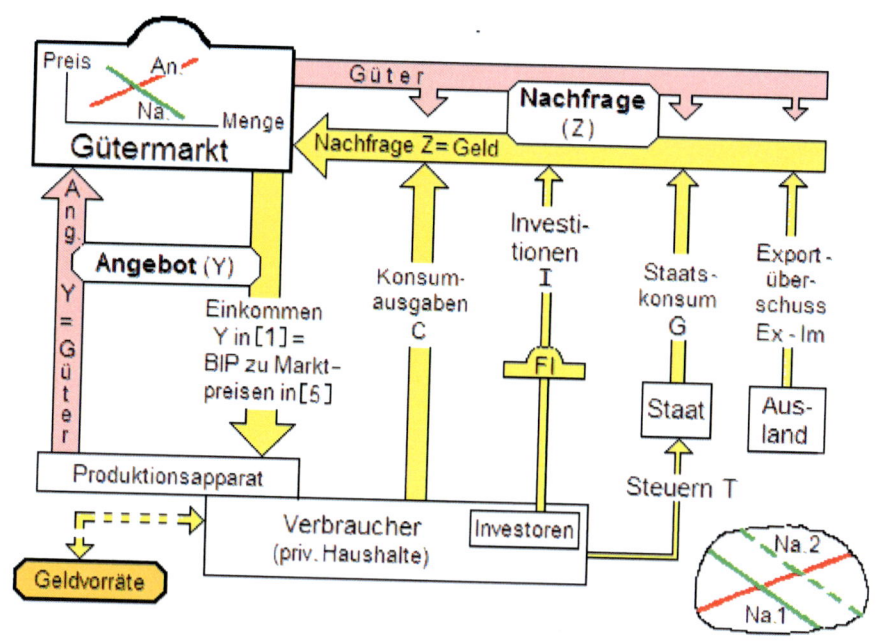

Bild 23, Kennzahl 4.2.1:
Volkswirtschaft mit Angebot, Nachfrage und Gütermarkt

„Y = Z" in Gleichung 4.2.2 bedeutet, dass der aus dem Markt austre-
tende Geldstrom Y, das Angebot, gleich dem eintretenden Geldstrom
Z, der Nachfrage, ist. Man kann aber auch von einer erweiterten
Nachfrage **(Z)** sprechen. **(Z)** besteht aus dem oben ankommenden
Geldstrom **und** dem oben abgehenden Güterstrom in Bild 4.2.1.
Entsprechend besteht das erweiterte Angebot **(Y)** aus einem Geld-
und einem Güterstrom. Beide Arten von Angebot kommen vom
Produktionsapparat, beide Arten von Nachfrage von den Verbrauchern mit den Investoren, dem Staat und dem Ausland. Bild 4.2.1
zeigt auch noch den Finanzmarkt für Investitionen FI, der uns schon
in Kapitel 3.2 begegnet ist.

Bei Alfred Stobbe [5] lautet Gleichung (1.1)
$$Y^b = C + I^b + G + Ex - Im$$

Y^b wird dort Bruttosozialprodukt zu Marktpreisen genannt. Die Gleichung soll ex ante und ex post gelten, also für das anfänglich erwartete (geplante) Y^b ex ante und für das tatsächlich eingetretene Y^b ex post. „Zu Marktpreisen" weist auf die Erlöse hin, die beim Verkauf erzielt werden, also auf Geld. Wir sehen trotz der Besonderheiten die Übereinstimmung mit den obigen Gleichungen.

Die Gleichungen (4.2.1) und (4.2.2) harmonieren mit unseren Gleichungen (4.1.2) und (4.1.3). Es gibt Übereinstimmung, wenn man in Gleichung (4.1.3) $G^B + G^{S1} + G^K$ zu G zusammenfasst und Sp. und V^p weglässt. Unsere Gleichung (4.1.3) ist aber ausführlicher, das heißt, es werden mehr Einflüsse berücksichtigt.

Unterschiede

Das Buch von Kromphardt „Grundlagen der Makroökonomie" [2] enthält in Kapitel A.II.3 Bilder von Geld-Kreislaufmodellen. Dann wird dazu bemerkt: „Die Kreislaufdarstellung der Abb. A4 ist noch sehr unvollständig. Z. B. gibt es keine Ersparnisse der Unternehmen, und es fehlt der Staat. Nimmt man entsprechende Erweiterungen vor, wird das Bild rasch kompliziert, wie Abb. A5 zeigt, in dem die außenwirtschaftlichen Beziehungen noch nicht berücksichtigt sind." Danach wird die **Kreislaufdarstellung nicht weiter verfolgt**. Hier trennen sich also die Wege der offiziellen Ökonomik und der Ökonomik der Geldströme. Etwas vereinfacht können sie wie folgt unterschieden werden:

Tabelle 20, Kennzahl 4.2.1: Offizielle Ökonomik und Ökonomik der Geldströme		
	Orientierung an	zentrale Zielsetzung
Offizielle Ökonomik	Geldströmen und Erfahrungswerten der Ökonometrie	Steigerung des Bruttoinlandsprodukts BIP
Ökonomik der Geldströme	Kontinuität der Geldströme, Geldkreislauf	Vermeidung von Ungleichgewichten

Wie wir gesehen haben, wird in der Ökonomik der Geldströme eine kleine Anzahl von Wirtschaftsteilnehmern oder Konten oder Stationen der Geldströme angenommen, sodass die Theorie nicht zu kompliziert wird. In einer ersten Stufe bilden dann die Geldströme einen (verzweigten) Kreislauf ohne Leckverluste. In der zweiten Stufe geht es um die Leckverluste, und wie sie meist behoben werden, wobei Ungleichgewichte entstehen. Sie drohen (wie die Leckverluste selbst) zur Wirtschaftskrise zu führen. In der dritten Stufe geht es darum, wie der Staat durch Steuern Fehlleitungen bei den Geldströmen korrigieren muss.

Nach der offiziellen Ökonomik wächst die Wirtschaft am besten (oder überhaupt nur), wenn sie der Staat weitgehend von Steuern befreit. Er muss dann zwar das Soziale zurückfahren. Aber wenn dann die Wirtschaft floriert, haben alle Wirtschaftsteilnehmer genug zum Leben. Zur **Vorausberechnung des BIP** ist das Verhalten der Verbraucher von Bedeutung. Wie sie etwa mit ihren Konsumausgaben auf Änderungen ihres Einkommens reagieren, wird dabei Erfahrungswerten entnommen. Das sehen wir im folgenden **Multiplikatorprozess**. Im danach betrachteten **IS-LM-Modell** wird angenommen, dass alle Ersparnisse S zu Investitionen I werden. Im Gegensatz dazu sagt die Theorie der Geldströme, dass der Staat einspringen muss, wenn nicht alle Ersparnisse in den Geldkreislauf zurückkehren.

Man sieht, die beiden Theorien arbeiten nicht gegeneinander, sondern auf verschiedenen Gebieten. Sie müssen sich gegenseitig **ergänzen**.

4.3 Der Multiplikatorprozess

Grundlagen

Mit Hilfe der Gleichungen (4.2.1) und (4.2.2) und einigen weiteren Vorgaben kann man Berechnungen durchführen, wie sich das BIP entwickeln wird, wie es auch die Wirtschaftsforschungsinstitute mit der Unterstützung von großen Rechenanlagen tun. Es gibt dafür weltweit tausende Modelle, die teils mit wenigen Gleichungen und teils mit über tausend Gleichungen arbeiten. Viele davon sind auf bestimmte Länder zugeschnitten.

Wir haben nun also folgende Aufgabe: Es ist ein einfacher Anfangszustand vorgegeben durch die Größen **Y** und **C**, die wir in Bild 4.2.1 sehen. Da es keine weiteren Geldströme gibt, ist **Y = C**. Das Einkommen Y wird also voll für den Konsum ausgegeben. Nun ist zu berechnen, was sich tut, wenn ein Geldstrom **Investitionen I** dazukommt. Die Rechnung ergibt, dass das der Volkswirtschaft einen überraschend starken Auftrieb gibt, was zu dem Namen Multiplikatorprozess geführt hat. Ohne die Größen **G** und **Ex-Im** ergibt sich aus den Gleichungen (4.2.1) und (4.2.2) oder aus Bild 4.2.1 die Gleichung:

(4.3.1) $Y = C + I$

Eine weitere Vorgabe sagt, wie „elastisch" das System ist, mit andern Worten, wie die Größen auf eine Änderung anderer Größen reagieren. In der folgenden Berechnung reagieren die Konsumausgaben C der Verbraucher auf deren Einkommen Y. Die Verbraucher geben umso mehr Geld aus, je mehr sie einnehmen. Diese Reaktion beschreibt die Gleichung:

(4.3.2) $C = c_0 + c_1 * (Y-T)$

In [1] ist das die Gleichung (3.3). $(Y - T)$ ist das verfügbare Einkommen, also das um die **Steuern T** reduzierte Y. Es ist nun noch notwendig, die Größen c_0 und c_1 richtig zu wählen. Mit der Ermittlung solcher Größen beschäftigt sich die **Ökonometrie**. Sie stellt mit Hilfe statistischer Erhebungen fest, wie der „Hase" bisher so lief. In den folgenden Fallbeispielen geht es aber nicht um Realitätsnähe, sondern um gute Verständlichkeit. Daher werden für c_0 und c_1 **einfache Zahlen** angenommen, und es wird **ohne Steuern T** gerechnet. Also:

$T = 0$, $c_0 = 1000$ Euro/Monat und $c_1 = 0{,}5$

1 Zeitabschnitt = 1 Monat

134

Die Größen in der Gleichung sind ja Geldströme. Sie haben die Dimension Geldeinheit pro Zeiteinheit. Wir wählen die Dimension Euro/Monat und für die schrittweise Berechnung 1 Zeitabschnitt = 1 Monat. Damit wird aus Gleichung (4.3.2):

(4.3.3) $C = 1000$ Euro/ Monat $+ 0{,}5 * Y$

Die Gleichung (4.3.3) ist die Gleichung der **grünen Linie** in Bild 4.3.1. Sie sagt z. B.: Beim Einkommen Y = 2000 Euro/Monat werden gerade auch 2000 Euro/Monat für den Konsum ausgegeben, also keine Ersparnisse gebildet. Steigt Y, steigt auch C. Bei Y = 3000 Euro/Monat ist C = 2500 Euro/Monat. Man gibt hier nicht mehr das ganze Einkommen für den Konsum aus, sondern spart einen Teil davon.

Damit ist auch die **braune Linie** der **Ersparnisse S** in Bild 4.3.1 festgelegt. Die Ersparnisse S sind immer die Differenz aus dem Einkommen Y und den Konsumausgaben C. Sie sind rechts von Y = 2000 Euro/Monat positiv und links von Y = 2000 Euro/Monat negativ. Die Verbraucher vergrößern also ihre in Bild 4.2.1 links unten eingezeichneten **Geldvorräte**, wenn ihr Einkommen Y größer als 2000 Euro/Monat ist, und sie reduzieren sie, wenn ihr Einkommen Y kleiner als 2000 Euro/Monat ist. Bei Y = 0 würden in unserem Beispiel 1000 Euro/Monat ausgegeben, die voll den Geldvorräten entnommen würden. Negative Ersparnisse werden auch **Entsparnisse** genannt.

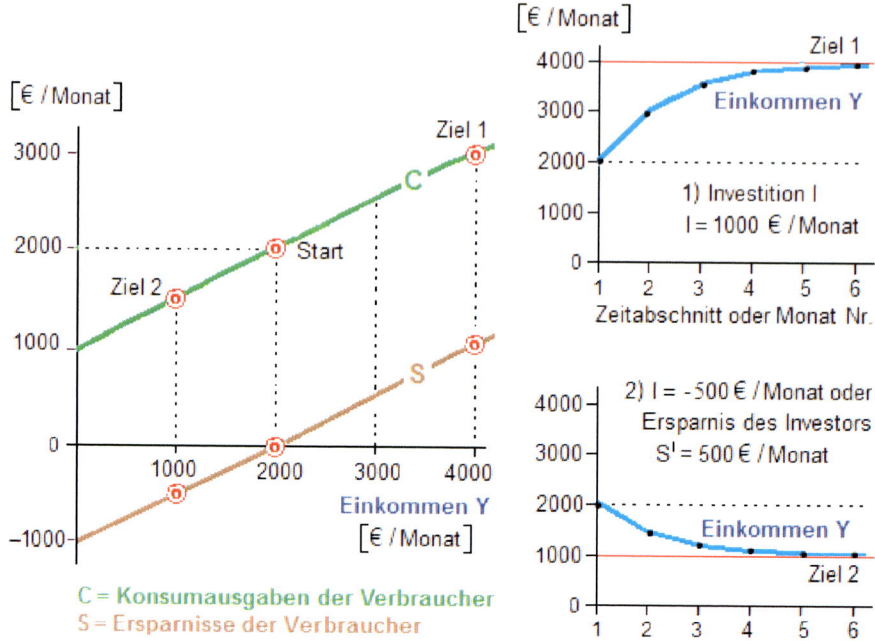

Bild 24, Kennzahl 4.3.1:
Fallbeispiel 1und 2 zum Multiplikatorprozess

Ex ante und ex post

Nun kompliziert sich die Sache noch dadurch, dass die Verbraucher auf ihr Einkommen Y verzögert reagieren. Sie passen beispielsweise ihre Konsumausgaben C des zweiten Zeitabschnitts dem Einkommen Y des ersten Zeitabschnitts an. Sie kennen es ja erst am Ende des Zeitabschnitts. Man spricht von **ex post**, wenn **nachträglich** auf etwas reagiert wird. Eine andere Möglichkeit wäre, vorausschauende Überlegungen anzustellen. Man könnte z. B. sagen, Y ist bisher gewachsen, also wird es auch am Ende des Monats wieder mehr sein als am Anfang des Monats. Man spricht von **ex ante**, wenn schon auf die Erwartungen (auf die erwartete Situation) reagiert wird. Natürlich können auch Investoren, Aktienkäufer und der Staat ex post und ex ante agieren. Hier reagieren die Verbraucher ex post.

136

Die neu dazukommende Investition I dagegen ist **autonom**, das heißt, sie reagiert gar nicht, sondern bleibt immer gleich.

Fallbeispiel 1

Die eingangs schon erwähnte Aufgabe lautet nun:

Gegeben ist der Anfangszu-stand mit	C = 2000 Euro/Monat	Y = 2000 Euro/Monat
Neu hinzu kommt die Investition	I = 1000 Euro/Monat	

Am Anfang, im ersten Monat, ist das Einkommen Y = 2000 Euro/Monat. Man ist am Punkt „Start" in Bild 4.3.1. Nun werden im zweiten Monat zusätzlich zu den Konsumgütern auch noch Investitionsgüter im Wert von **I = 1000 Euro pro Monat** produziert. Die Verbraucher haben mehr Arbeit und dadurch ein um 1000 Euro pro Monat höheres Einkommen. Am Ende des zweiten Monats erhalten sie also gemäß Gleichung 4.3.1 ein Einkommen Y von 3000 Euro. In Bild 4.3.1 rechts oben sehen wir, dass das Y der ersten beiden Monate 2000 bzw. 3000 Euro beträgt.

Die Verbraucher können nun den Mehrverdienst voll sparen oder voll für zusätzlichen Konsum ausgeben. Sie wählen aber einen Mittelweg, der durch die Gleichung 4.3.3 beschrieben wird oder durch die grüne und die braune Linie in Bild 4.3.1. Daher werden von den 3000 Euro 500 Euro gespart und 2500 Euro ausgegeben. Zusammen mit der Investition ist daher ihr Einkommen des dritten Monats 3500 Euro. In Bild 4.3.1 rechts oben sehen wir das und ebenso das Einkommen der nächsten Monate. Mit Hilfe der Gleichungen 4.3.1 und 4.3.3 kann man die Werte fortlaufend berechnen und in eine Tabelle eintragen.

Die Rechnung ergibt dann auch, dass man auf das **Ziel 1** zugeht, mit Y = 4000 Euro pro Monat, das in Bild 4.3.1 links und rechts zu sehen ist. Rechts im Bild deutet sich aber schon an, dass bei der Rechnung der Abstand zum Ziel 1 immer kleiner, aber nie gleich null wird. Nach 6 Monaten kann man allerdings den Abstand vernachlässigen und sagen, man ist am Ziel 1.

Will man es besonders genau machen, kann man auch weiter rechnen. Man sieht dann, dass sich der Abstand zu Y = 4000 Euro pro Monat in jedem Monat halbiert, aber nie null wird. Man spricht da von einer asymptotischen Annäherung. Hat man sich zum Abbruch der Rechnung entschlossen, ist man praktisch am Ziel 1 und damit im neuen **Ruhezustand**, wo jeder Zeitabschnitt wie der vorherige ist.

Durch die Investitionen wird hier allerdings der Produktionsapparat ständig vergrößert oder modernisiert. Außerdem vergrößern sich die im Bild 4.2.1 eingezeichneten Geldvorräte der Verbraucher monatlich um 1000 Euro. Der Investor gibt jeden Monat 1000 Euro aus, doch dafür gehören ihm die Wertsteigerungen am Produktionsapparat. Die Wertsteigerungen werden von den Verbrauchern erarbeitet.

Wir können uns noch kurz dem Gütermarkt zuwenden. Während sich im Bild 1.8.1 rechts das Angebot vergrößerte (zu größeren Mengen hin verschob), vergrößerte sich beim Multiplikatorprozess die Nachfrage. Das zeigt die gestrichelte grüne Linie in Bild 4.2.1 rechts unten. Der Vorgang wird **Multiplikatorprozess** genannt, weil sich durch die monatliche Geldzufuhr von **1000 Euro** das Einkommen Y von 2000 auf 4000 Euro, also um **2000 Euro** pro Monat, erhöht. In diesem Fallbeispiel ist also der **Multiplikator zwei**.

Tabelle 21, Kennzahl 4.3.1: Die Kreislaufbeliebigkeit				
	reale Seite		monetäre Seite	
„Wirtschaftsmotor" läuft schneller	mehr arbeiten		mehr Geld einnehmen	
	mehr konsumieren		mehr Geld ausgeben	
„Wirtschaftsmotor" läuft langsamer	weniger arbeiten		weniger Geld einnehmen	
	weniger konsumieren		weniger Geld ausgeben	

Man kann das damit erklären, dass neben der Geldzufuhr auch noch die „**Kreislaufbeliebigkeit**" eine Rolle spielt. Das bedeutet, die Verbraucher haben eine gewisse Freiheit, den „Wirtschaftsmotor" schneller oder langsamer laufen zu lassen. Denn wenn sie mehr Geld ausgeben, verdienen sie auch mehr Geld und umgekehrt. Es ist wie bei einem System von Röhren, durch das (in bestimmten Grenzen) mehr oder weniger Flüssigkeit fließen kann. Die Unternehmen stellen dann bei steigendem Y mehr Personal ein oder lassen Überstunden machen. Bei fallender Nachfrage gibt es Kurzarbeit oder wird Personal abgebaut. Mit Hilfe der Kreislaufbeliebigkeit kann man das Fallbeispiel 1 des Multiplikatorprozesses auf zwei Schritte reduzieren.

Tabelle 22, Kennzahl 4.3.2:
Schritte beim Multiplikatorprozess

	Ursache	Wirkung
1. Schritt	**Geldzufuhr** 1000 Euro/ Monat durch die Investition	Produktion und Einkommen wachsen um 1000 Euro/ Monat
2. Schritt	Reaktion im Rahmen der **Kreislaufbeliebigkeit**	Zunahme von Produktion und Einkommen um weitere 1000 Euro/ Monat

Der zweite Schritt besteht, wie wir gesehen haben, aus mehreren Einzelschritten. Die Verbraucher geben da immer wieder mehr Geld aus, weil sie mehr Geld eingenommen haben. Das ist zwar für die Verbraucher mit geringem Einkommen sinnvoll, dagegen für Großverdiener, die schon alles haben, weniger.

Fallbeispiel 2

Im zweiten Fallbeispiel gehen wir wieder vom selben Ausgangspunkt aus, also vom Punkt Start in Bild 4.3.1. Nun nehmen wir aber keine Zufuhr von Geld in Höhe von 1000 Euro pro Monat an, sondern einen **Entzug von Geld** in Höhe von **500 Euro pro Monat**. Die Dinge laufen dann ähnlich ab wie im Fallbeispiel 1, nur bewegt man sich in die entgegengesetzte Richtung. Es wird auch nur der halbe

Weg zurückgelegt, weil der Entzug von Geld halb so groß ist wie zuvor die Zufuhr von Geld.

Für den Entzug von Geld kann eine **Desinvestition** verantwortlich sein, also eine negative Investition. Da würde der Investor aus dem Fallbeispiel 1 nicht Geld in den Produktionsapparat und damit in den Geldkreislauf einspeisen, sondern welches herausziehen. Wie in Kapitel 3.7 erläutert wurde, kann man desinvestieren, also Geld aus einem Unternehmen herausziehen, wenn man die Erträge alle behält und davon nichts für den Ausgleich der Abnutzung und der Alterung aufwendet. Wir wollen aber stattdessen eine **Ersparnis S* = 500 Euro pro Monat** annehmen, die dem Geldkreislauf entzogen wird. Das ist einfacher und hat dieselbe Wirkung.

Die Gleichung (4.3.1) muss daher ersetzt werden durch:

(4.3.4) $Y = C - S^*$ $S^* = 500$ Euro $=$ Ersparnis durch den vormaligen Investor.

Rechnet man die Veränderungen Monat für Monat durch, nähert man sich immer mehr dem **Ziel 2** in Bild 4.3.1, also dem Zustand mit $Y = 1000$ Euro pro Monat, $C = 1500$ Euro pro Monat und $S = -500$ Euro pro Monat. Die Ersparnis S der Verbraucher ist hier negativ. Sie entnehmen also Geld aus ihrem Geldvorrat. Negative Ersparnisse werden auch **Entsparnisse** genannt. Auch hier haben wir wieder einen Multiplikator 2, denn der Geldentzug von 500 Euro pro Monat bewirkt einen Rückgang des Einkommens Y oder der Produktion um 1000 Euro pro Monat.

Vereinfacht geht es in den folgenden Schritten vom Start zum Ziel:

Tabelle 23, Kennzahl 4.3.4: Schritte beim umgekehrten Multiplikatorprozess		
	Ursache	Wirkung
1. Schritt	**Geldentzug** 500 Euro/ Monat durch die Ersparnis S*	Produktion und Einkommen sinken um 500 Euro/ Monat
2. Schritt	Reaktion im Rahmen der **Kreislaufbeliebigkeit**	Abnahme von Produktion und Einkommen um weitere 500 Euro/ Monat

Zu den einzelnen Schritten: Im ersten Fallbeispiel stieg zunächst Y durch die Investition von 1000 Euro. Die Verbraucher fanden also 1000 Euro mehr in ihrer Lohntüte und gaben daher auch mehr Geld aus. So stieg Y von Monat zu Monat weiter. Mit wachsendem Y stieg aber das Sparen. So stieg Y langsamer, bis die Ersparnis gleich der Investition war und Y nicht mehr anstieg.

Im zweiten Fallbeispiel läuft es dazu symmetrisch und mit kleineren Schritten. Y wird erst einmal durch die Ersparnis S* des Investors um 500 Euro kleiner. Er gibt dieses Geld ab sofort nicht mehr für den Konsum aus, sondern lässt es in seinen Geldvorrat in Bild 4.3.2 fließen. Die Verbraucher finden 500 Euro weniger in ihrer Lohntüte und geben daher auch weniger Geld aus. So fällt Y von Monat zu Monat weiter. Die Verbraucher entnehmen aber auch von Monat zu Monat mehr Geld ihren Ersparnissen, um etwas mehr ausgeben zu können, als sie erhalten. Denn sie schmerzt ja der abnehmende Konsum. Dadurch fällt Y langsamer. Am Ziel 2 ist die Entsparnis S gleich der Ersparnis S* des Investors, sodass Y nicht mehr fällt.

Den Anfangs- und Endzustand des Fallbeispiels 2 zeigt Bild 4.3.2. Es entspricht dem Bild 4.2.1, wenn man dort den Geldstrom Investitionen I durch den (entgegengesetzten) Geldstrom Ersparnis S* ersetzt. Das Bild harmoniert mit früheren Bildern, etwa mit Bild 3.3.1, wenn man die Ersparnis S* in Vermögenseinkommen umbenennt.

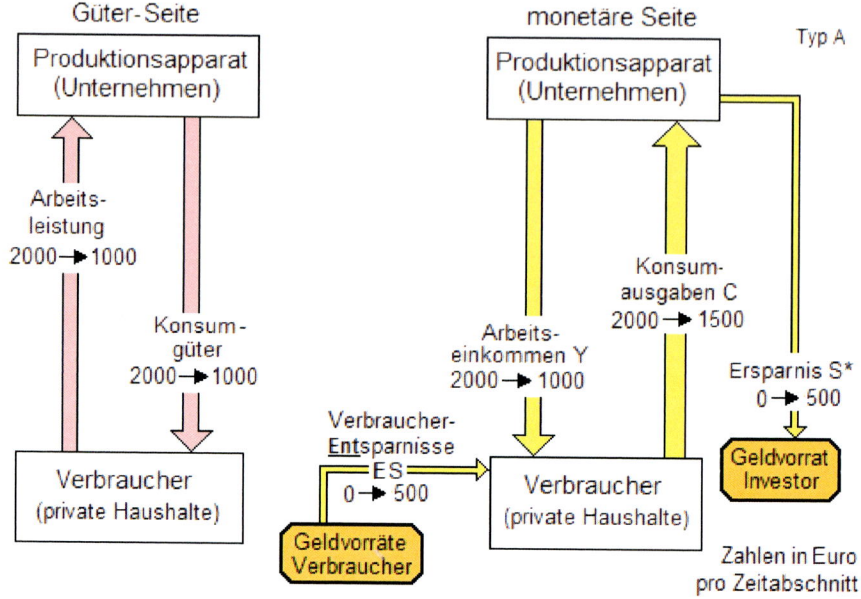

Bild 25, Kennzahl 4.3.2: Geld- und Güterströme beim umgekehrten Multiplikatorprozess

Der Ruhezustand des Fallbeispiels 2 (wo sich nichts mehr an den Geldströmen ändert) ist unerfreulich, weil Vieles abnahm, wie Bild 4.3.2 zeigt. Und die Verbraucher verlieren jeden Monat 500 Euro an den Investor. Die Vorgänge sind in der Realität weniger dramatisch als in den beiden Fallbeispielen mit den einfachen erfundenen Zahlen. Die Problematik ist aber vorhanden und tritt durch die Vereinfachung nur deutlicher hervor. Im Fallbeispiel 2 können die Geldvorräte von immer mehr Verbrauchern aufgebraucht sein, sie verschulden sich und scheiden schließlich aus dem Wirtschaftsleben aus. In armen Ländern ist diese Entwicklung schon weit fortgeschritten.

142

4.4 Das IS-LM-Modell

Die IS-Gleichung

Im Vorwort zu Blanchard und Illing [1] heißt es: „Das Buch verwendet ein einheitliches Modell, das die Implikationen der Gleichgewichtsbedingungen auf Güter-, Geld- und Finanzmärkten und dem Arbeitsmarkt untersucht." Als wichtigste Stützen werden dabei das IS-LM-Modell und das AS-AD-Modell genannt, die wir im Folgenden betrachten. Wir folgen dabei im Wesentlichen der Darstellung von Blanchard und Illing [1] in den Kapiteln 4 bis 7. Die folgende Tabelle soll schon einmal eine Übersicht über die auftauchenden Begriffe geben.

Tabelle 24, Kennzahl 4.4.1: IS-LM- und AS-AD-Modell, Übersicht		
Gütermarkt	Geld- und Finanzmarkt	
IS-Gleichung	LM-Gleichung	
IS-LM-Modell		
Gütermarkt + Finanzmarkt		Arbeitsmarkt
AS-Gleichung		AD-Gleichung
AS-AD-Modell		

Wir beginnen mit dem IS-LM-Modell. Seine erste Stütze ist die IS-Gleichung, die auf dem **Gleichgewicht auf dem Gütermarkt** beruht. Dieses wird gemäß Bild 4.2.1 ausgedrückt durch die Gleichsetzung der Güterproduktion = BIP = Y mit der Güternachfrage Z, also:

(4.4.1) $Y = Z$ **IS-Gleichung.**

Diese Gleichung wird in [1], Kapitel 5.1 IS-Gleichung genannt. Der Name rührt daher, dass die Gleichung auch als Bedingung interpretiert werden kann, dass die Investition I gleich der Ersparnis S ist. Setzt man für die Nachfrage Z ihre Bestandteile gemäß Bild 4.2.1 ein, lässt aber den Exportüberschuss weg, wird aus Gleichung (4.4.1):

(4.4.2) $Y = C(Y-T) + I(Y, i) + G$ **erweiterte IS-Gleichung.**

C = privater Konsum, G = Staatsausgaben (von engl. Government), I = Investitionen, i = Zinssatz, T = Steuern (von engl. taxes) und Y = Einkommen (= BIP).

Gleichung (4.4.2) wird in [1], Kapitel 5.1.2, erweiterte IS-Gleichung genannt. Wir nennen diese Gleichung eine **Quasi Gleichung**, weil sei Ausdrücke der Form X(A) und Y(A,B) enthält. Sie werden gelesen X von A bzw. Y von A und B und wollen sagen, X ist von A anhängig, Y ist von A und B anhängig. A(r) könnte somit z. B. bedeuten, die Oberfläche A der Kugel ist von ihrem Radius r abhängig. Eine Quasi-Gleichung kann man anschreiben, wenn man die genaue Gleichung noch nicht kennt, aber doch schon weiß, von welchen Größen die zu berechnende Größe abhängt. Die Aufgabe der Ökonometrie ist es, aus den Quasi-Gleichungen echte Gleichungen zu machen.

Die Konsumausgaben C sind hier vom Nettoeinkommen, also vom um die Steuern T reduzierten Y, abhängig. **I(Y,i)** bedeutet: Die Investitionen I sind abhängig vom Y und vom Zinssatz i.

Mit „Unterbau" wird aus Gleichung (4.4.2):

(4.4.3) $\underset{(+)\qquad\ (+,-)}{Y = C(Y-T) + I(Y, i) + G\ )}$ **IS-Gleichung mit Unterbau**

oder ohne Staat: $\underset{(+)\qquad\ (+,-)}{Y = C(Y)\ + I(Y, i)}$

144

Gleichung (4.4.3) nennen wir eine „Quasi Gleichung mit Unterbau".
Der Unterbau gibt den Abhängigkeiten eine Richtung. **C(Y-T)** mit
Unterbau bedeutet: Die Konsumausgaben C steigen mit dem Nettoeinkommen an. Sie sind also umso größer, je größer (Y-T) ist. **I(Y,i)**
mit Unterbau bedeutet zum einen, dass umso mehr investiert wird,
je größer das Y ist. Es bedeutet auch, dass I umso kleiner ist, je größer der Zinssatz i ist. Denn ein Unternehmen wird umso weniger
investieren wollen, je höher der Zins ist, der für einen Kredit bezahlt
werden muss. Bei den Investitionen I könnte man zusätzlich noch
eine erwartete Rendite berücksichtigen, die vom Gesundheitszu-
stand oder vom „Alter" der Wirtschaft abhängt. Es geht aber hier
nur darum, die Methode zu zeigen.

Ist in der Gleichung (4.3.3), rechte Seite (ohne G), Y gegeben, liegt
auch C(Y) fest, was bedeutet, dass auch I(Y,i) einen bestimmten
Wert haben muss. Damit wiederum ist auch i festgelegt. Also kann
man jedem Y ein i zuordnen, wobei Y wächst, wenn i abnimmt. Diese Tendenz zeigt die I-S-Kurve in Bild 4.4.1.

Die LM-Gleichung

Nun wird noch eine weitere Gleichung aufgestellt, die den **Finanzmarkt** betrifft. Bei Blanchard und Illing [1] wird hier von Finanz-
und Geldmarkt gesprochen. Aus dem Folgenden geht hervor, dass es
sich um einen Finanzmarkt handelt, den wir Finanzmarkt für Liquidität FL nennen, der uns schon in der Tabelle 3.8.2 begegnete. Dieser Markt ist in Bild 4.1.2 eingezeichnet. Auf diesem Finanzmarkt
spielt, wie auch auf dem Gütermarkt, der Zinssatz i eine Rolle.
Dadurch hängt der Finanzmarkt mit dem Gütermarkt zusammen.
Auf dem Finanzmarkt (für Liquidität) gibt es eine

Nachfrage nach Liquidität = L(i,Y) = (vereinfacht) Y * L(i).
$\qquad$ (-,+) $\qquad\qquad\qquad$ (-)

Hierzu: Die Wirtschaftsteilnehmer schätzen **Liquidität**, also Bargeld
und Sichtguthaben. Hat ein Unternehmen oder ein Verbraucher viel
Bargeld in der Kasse oder viel Geld auf dem Girokonto (einem sog.
Sichtguthaben), so kann man kaum etwa durch unerwartete Zah-
lungsausfälle in Schwierigkeiten kommen. Man verzichtet dann aber
auf Zinsen, die einem zufließen, wenn Geld für eine gewisse Zeit

festverzinslich angelegt wird. Nun ist es denkbar, dass die Wirtschaftsteilnehmer sich je nach Zinssatz i mehr oder weniger Liquidität halten und den Rest ihres Geldes „schlafen" lassen, also verzinslich anlegen. Die Theorie sagt aber, man hält sich nicht mehr oder weniger Liquidität, sondern die Nachfrage nach Liquidität ist mehr oder weniger groß, je nachdem, wie der Zinssatz i ist. Das drückt die obige Gleichung aus. Dort wird umso weniger Liquidität nachgefragt, je höher der Zinssatz i ist.

Die obige Gleichung sagt auch, dass umso mehr Liquidität nachgefragt wird, je größer das BIP oder Y ist. Die vereinfachte Form sagt, dass die Nachfrage nach Liquidität proportional Y ist, dass also bei doppelt so großem Y auch doppelt so viel flüssiges Geld nachgefragt wird.

Nun setzt man die Nachfrage nach Liquidität gleich dem **Angebot** an Liquidität. Das Angebot wird **M/P** bezeichnet. Damit erhält man die LM-Gleichung:

(4.4.4) $\qquad M/P = Y * L\,(i)$ **LM-Gleichung**
$\qquad\qquad\qquad\qquad\quad (\text{-}) \qquad$ **mit Unterbau**

oder umgestellt $\quad Y = M/P : L(i)$
$\qquad\qquad\qquad\qquad\quad (\text{-})$

Das ist die Gleichung (5.3) in [1]. Dort wird **L(i) = Liquiditätspräferenz** genannt. Die übrigen Zeichen stehen für:

M = nominale Geldmenge = Liquidität = M1 in Kapitel 3.8,
M/P = reale Geldmenge = reale gehaltene Liquidität,
P = Preisniveau, i = Zinssatz, Y = Einkommen = BIP.

Hierzu: Dividiert man M durch das Preisniveau P, erhält man die **reale Geldmenge = M/P** oder die reale Liquidität. Das ist leicht verständlich: Verdoppeln sich etwa die Preise, wird P also doppelt so groß, hat M nur noch die halbe Kaufkraft. Beim Geldangebot wird angenommen, dass das Bankensystem die Geldmenge M fest vorgibt. Im Diagramm Angebot und Nachfrage ist hier also das Angebot autark: Es ist unabhängig vom Zinssatz i. Machen wir uns Gedanken um die Einheiten, könnten sie so aussehen:

Größe	Y	M	P	$L(i)$
Einheit	Euro	Euro	reine Zahl	reine Zahl

Bei Jürgen Kromphardt [2] heißt es dazu: „Die Zentralbank ist hier der Geldmengenfixierer, der Veränderungen des Zinssatzes hinnimmt, die sich aus Veränderungen der Geldnachfrage ergeben." Das Bankensystem kann ja die Geldmenge M fixieren, indem es nur so viele Verträge abschließt, bei denen Liquidität zu schlafendem Geld wird, wie Verträge auslaufen. Es bleiben da trotzdem noch Fragen offen. Wir wollten aber nur die Herleitung der Gleichungen skizzenhaft darstellen.

IS- und LM-Kurve

Möglich ist im IS-LM-Modell nur, was mit der Gleichung (4.4.4) und mit der Gleichung (4.4.3) vereinbar ist. Das heißt, es müssen beide Märkte im Gleichgewicht sein. Zeichnet man mit Hilfe der Gleichungen Kurven, enthalten sie viele Punkte, die jeweils einem Zustand entsprechen, den die betreffende Gleichung zulässt. Der Schnittpunkt der Kurven zeigt dann den einzigen Zustand an, mit dem beide Gleichungen einverstanden sind. Blanchard und Illing [1] zeigen in Kapitel 5.3 folgendes Bild.

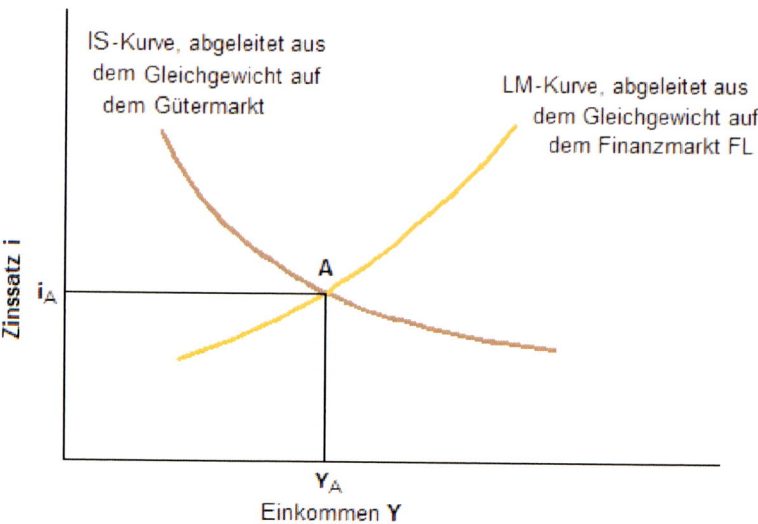

Bild 26, Kennzahl 4.4.1:
IS-Kurve und LM-Kurve im IS-LM-Modell

Bild 4.4.1 zeigt eine Ähnlichkeit mit Bild 1.8.1, in dem sich Güter-Angebot und Güter-Nachfrage begegnen. Bei der IS-Kurve fällt Y gemäß der IS-Gleichung (4.4.3) mit i. Bei der LM-Kurve steigt Y gemäß der LM-Gleichung (4.4.4) mit i an. Durch den Schnittpunkt A der beiden Kurven sind die Werte i_A und Y_A festgelegt. Dort sind also beide Märkte im Gleichgewicht. Um die Größen wirklich zu berechnen, müsste man die Quasi-Gleichungen durch normale Gleichungen ersetzen.

Anwendungen des IS-LM-Modells

Die LM-Gleichung (4.4.4) sagt uns, dass eine Vergrößerung der Geldmenge durch die Banken das Y vergrößert. Wird also M vergrößert, wird die LM-Kurve nach rechts verschoben. Das zeigt Bild 4.4.2. Es ergibt sich dann ein anderer Schnittpunkt mir der IS-Kurve, und man ist vom Zustand A zum Zustand A' gekommen. Es könnte also eine Vergrößerung vom M um 10 Prozent das Y um 5 Prozent vergrößern. In Europa und den USA wird durch Vergrößerung der Geldmenge versucht, das Y, also das BIP, zu vergrößern, allerdings mit mäßigem Erfolg.

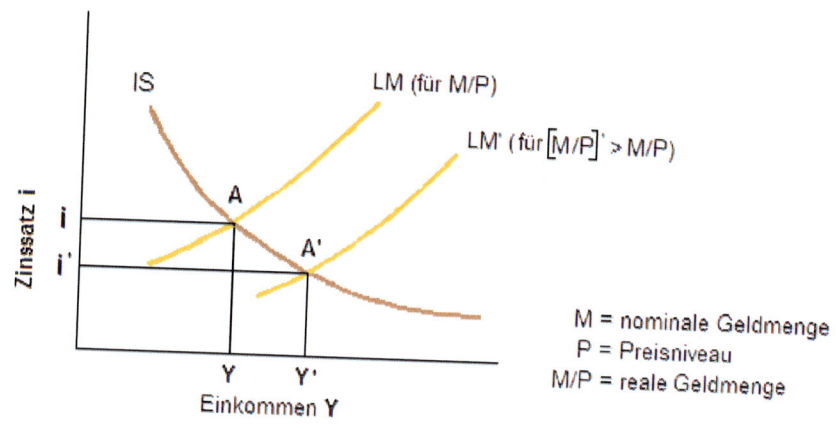

Bild 27, Kennzahl 4.4.2: Auswirkung einer Vergrößerung der Geldmenge im IS-LM-Modell

Eine Erhöhung der Staatsausgaben, also expansiver Fiskalpolitik, gilt ebenfalls als stimulierend für die Wirtschaft. In dem Fall, dass der Staat Kredite bei Banken aufnimmt und damit die Geldmenge erhöht wird, ist das dasselbe wie in Bild 4.4.1. Leiht sich der Staat (über Banken) Geld von andern Wirtschaftsteilnehmern, um es auszugeben, bleibt M gleich, und nach dem IS-LM-Modell ändert sich nichts.

Bei Jürgen Kromphardt [2] wird darauf hingewiesen, dass durch eine Erhöhung der Sparneigung der Verbraucher die IS-Kurve nach links verschoben wird, also zu kleineren Y-Werten. Das trifft zu, wenn das Wachsen der Ersparnisse nicht zum Wachsen der Investionen führt.

Man kann die LM-Kurve auch so zeichnen, dass sie (von links beginnend) aus einer waagrechten, einer schrägen und einer senkrechten Geraden besteht, und daran Überlegungen anknüpfen. Zur IS-Kurve heißt es im Buch von Peter Bofinger [6], dass sie auch einmal senkrecht verlaufen kann. Dazu steht unter 19.1.1: „Dies bedeutet, dass die Investoren so stark verunsichert sind, dass sie überhaupt nicht mehr auf Zinsänderungen reagieren." Das Einkommen oder die Wirtschaftsleitung Y hat also immer denselben (niedrigen) Wert hat, egal wie hoch oder niedrig der Zinssatz i ist.

Man kann diese Pathologie darauf zurückführen, dass ein bereits sehr großer Produktionsapparat Investitionen uninteressant macht. Das wird verstärkt durch die soziale Dissoziation, durch die ein Teil der Verbraucher gesättigt ist, der andere (größere) Teil aber nicht ausreichend Mittel hat, um genügend Nachfrage zu halten.

In [6] von Peter Bofinger wird hier von einer Investitionsfalle gesprochen, gegen die die Notenbank (über die Geldmenge) und (vor allem) die Fiskalpolitik mit niedrigeren Steuern und /oder höheren Staatsausgaben vorgehen können. In Japan sei dies allerdings den beiden Institutionen nicht gelungen, was wohl mit „gravierenden Strukturproblemen im Finanzsektor und einer großen Unsicherheit über die Wechselkursentwicklung" zusammenhänge. Japan ist ein reiches Land, hat aber eine sehr fortgeschrittene, also „gealterte" Volkswirtschaft. Wir meinen, hier kann der Staat der Wirtschaft nur durch sozialen Ausgleich helfen.

4.5 Das AS-AD-Modell

Im IS-LM-Modell wurde das Zusammenspiel von zwei Märkten betrachtet, nämlich des Gütermarktes und des Geld- oder Finanzmarktes. Nun kommt noch der **Arbeitsmarkt** dazu. Das Zusammenspiel der drei Märkte wird im AS-AD-Modell dargestellt.

Es kommen einige neue Variable dazu, so die Größen **W = Löhne** und **u = Arbeitslosenquote**. W steht für die (durchschnittliche) Höhe der Löhne oder das Lohnniveau und entspricht den Preisen P im IS-LM-Modell. Die Größe u ist der Anteil der arbeitslosen Erwerbspersonen an der Gesamtheit der Erwerbspersonen. Es spielen nun auch Lohnerhöhungen und von ihnen verursachte Preiserhöhungen eine Rolle. Über die Preise hängen das IS-LM-Modell und das AS-AD-Modell zusammen.

Die Vorgänge auf dem Arbeitsmarkt laufen langsamer ab als auf dem Güter- und dem Finanzmarkt. Man sagt, sie kommen mittelfristig an ihr Ziel, während die Vorgänge des Gütermarktes und des Finanzmarktes der kurzen Frist zugeordnet werden.

Das „Strohfeuer"
Folgender Ablauf ist beim Zusammenspiel der drei Märkte möglich: Die Zentralbank erhöht durch eine expansive Geldpolitik die Geldmenge M. Das führt gemäß dem IS-LM-Modell zu einer Erhöhung der Produktion Y. Dazu werden zusätzliche Arbeitskräfte eingestellt, und die Arbeitslosigkeit u sinkt. Die Arbeitnehmer haben nun eine starke Verhandlungsposition, und es gibt Lohnerhöhungen. Die Unternehmer erhöhen daraufhin die Preise P. Zum Ausgleich fordern die Arbeitnehmer erneut höhere Löhne W, und die Preise steigen erneut. Das steigende Preisniveau, also die Geldentwertung, wirkt aber wie eine Reduktion der Geldmenge M, sodass nach einiger Zeit die Erhöhung der Geldmenge M wieder verpufft ist.

Das Zurücksinken auf den alten Zustand vollzieht sich wie folgt: Das Zurücksinken der realen Geldmenge lässt die Produktion Y zurückgehen, wie die Erhöhung von M das Y ansteigen ließ. Dadurch werden wieder Arbeitskräfte entlassen. Das schwächt die Verhandlungsposition der Arbeitnehmer, da man ja vor Entlassungen Angst hat. Die Löhne und die Preise steigen dadurch langsamer und schließlich gar nicht mehr. Am Ende des Vorgangs ist die Arbeitslosigkeit u wieder auf ihren ursprünglichen Wert gestiegen und die Produktion Y auf ihren ursprünglichen Wert zurückgefallen. Diese ursprünglichen Werte werden natürliche Arbeitslosigkeit u_n und natürliche Produktion Y_n genannt.

Nach dieser Darstellung kann man durch die Erhöhung der Geldmenge die Wirtschaftsleistung Y nur vorübergehend erhöhen und die Arbeitslosigkeit nur vorübergehend senken, also nur ein „**Strohfeuer**" entzünden. Danach ist die Erhöhung der Geldmenge M durch die Erhöhung der Löhne und die nachfolgende Erhöhung der Preise wieder aufgezehrt. Wir können zustimmen, dass man so nur ein Strohfeuer erhält, meinen aber, dass es noch mehr und bessere Möglichkeiten gibt als die Erhöhung der Geldmenge, in die Wirtschaft einzugreifen.

Gegenwärtig wird in Europa die Geldmenge kräftig erhöht. Man hätte gerne, dass die Preise wegen der Deflationsgefahr etwas mehr steigen würden und ein gewisser Preisanstieg den Konsum und die Investitionen stimuliert. Doch die Preise wollen nicht so richtig. Auch die hohe Arbeitslosigkeit und das zu niedrige BIP in vielen Ländern machen Sorgen.

Gleichungen

Wir wollen nun noch schauen, welche Gleichungen diesen Vorgängen zugrunde liegen. Zur IS-Gleichung und zur LM-Gleichung kommt eine weitere Gleichung hinzu, die AD-Gleichung. Es werden nun aber die beiden Gleichungen des IS-LM-Modells in eine Gleichung überführt, die AD- Gleichung. Sie lautet bei Blanchard und Illing:

(4.5.1) $Y = F(M/P, G, T)$ oder ohne Staat $Y = F(M/P) =$ **AD-Gleichung**.
         $+$ $+$ $-$ $+$

Man kann ja aus zwei Gleichungen eine Gleichung machen, indem man eine Variable eliminiert. Hier ist offenbar der Zinssatz i eliminiert. Man kann aber die Gleichung (4.5.1) auch aus Überlegungen heraus anschreiben. Sie lauten, dass die reale Geldmenge M/P und die Staatsausgaben G förderlich für Y sind und die Steuern T das Y negativ beeinflussen. Die Gleichung (4.5.1) repräsentiert nun den Gütermarkt und den Finanzmarkt FL. Ihr Y wird auch **aggregierte Nachfrage** genannt.

Die Vorgänge auf dem Arbeitsmarkt gibt die AS-Gleichung wieder. Sie lautet:

(4.5.2) $\quad P = P^e * (1 + \mu) * F(u, z)$ $\qquad$ oder, mit $\quad u = 1 - Y/L$
$\qquad\qquad\qquad\qquad\;\;$ (-, +)

(4.5.3) $\quad P = P^e * (1 + \mu) * F(1-Y/L, z) \qquad$ = **AS-Gleichung**.

P = Preisniveau des nächsten Zeitabschnitts, u = Arbeitslosenquote
P^e = für den nächsten Zeitabschnitt erwartetes Preisniveau,
L = maximal mögliches Y (bei Vollbeschäftigung),
Y = BIP = Wirtschaftsleistung,
z = Sammelvariable für sonstige Einflüsse,
$(1 + \mu)$ = Faktor, um den die Preise höher gesetzt werden als die Löhne.

Das Y der AS-Gleichung wird **aggregiertes Angebot** genannt. Die Gleichung wird benutzt, um das Preisniveau P des jeweils nächsten Zeitabschnitts zu berechnen. P^e ist das Preisniveau, das für den nächsten Zeitabschnitt erwartet wird. z ist eine Sammelvariable, die alle andern Größen repräsentieren soll, die die Löhne auch noch beeinflussen können.

Die Gleichung u = 1–Y/L kommt so zustande: Y/L soll ein Maß dafür sein, welcher Teil aller Erwerbspersonen in Arbeit ist. Ist z. B. Y/L = 90 Prozent, also Y = 90 Prozent des maximal möglichen Y, dann ist nach dieser Gleichung die Arbeitslosigkeit u = 1 – 0,9 = 10 Prozent. Das klingt vernünftig.

Die Berechnung von Zeitabschnitt zu Zeitabschnitt bildet etwa folgenden Vorgang ab: Die Arbeitgeber setzen die Preise um einen Faktor $(1 + \mu)$ höher an als die aktuellen Löhne, damit sie beim Verkauf der Güter mehr einnehmen, als sie an Löhnen bezahlen. Die Arbeitnehmer stellen danach Lohnforderungen und richten sie an dem (für den nächsten Zeitabschnitt) erwarteten Preisniveau P^e aus. Gab es zuletzt eine Preissteigerung von 1 Prozent, ist auch das erwartete Preisniveau um 1 Prozent höher als das aktuelle Preisniveau. So bewegt sich die AS-Kurve nach oben, zum höheren Preisniveau P hin, bis der Anstieg schließlich (mittelfristig) zu Ruhe kommt. Es gibt dann immer wieder neue Schnittpunkte A mit der AD-Kurve. Bild 4,5,1 zeigt einen solchen Schnittpunkt. Die Buchstaben im Namen des AS-AD-Modells bedeuten AS = **A**ggregate **S**upply und AD = **A**ggregate **D**emand.

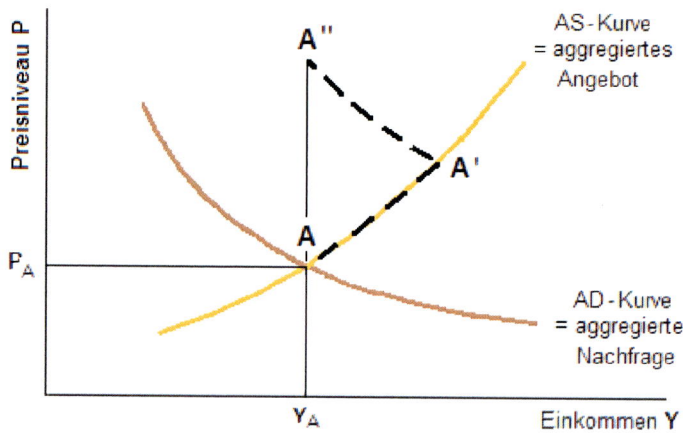

Bild 28, Kennzahl 4.5.1:
AS-Kurve und AD-Kurve im AS-AD-Modell

Fallbeispiele
Das erste Fallbeispiel betrifft die schon erwähnte expansive Geldpolitik. In Bild 4.5.1 bewegt man sich dabei vom Punkt A kurzfristig zum Punkt A'. Dabei steigt die Produktion vom natürlichen Wert Y_n (hier Y_A) zu einem höheren Wert am Punkt A'. Mittelfristig bewegt man sich danach zum Punkt A'', wobei man wieder beim ursprünglichen Wert von Y angekommen ist. Bei beiden Bewegungen steigt das Preisniveau an. Die Bewegung von A' nach A'' erfolgt auf einer AD- Kurve, die weiter oben verläuft. Expansive Geldpolitik kann

aber laut [1] nicht nur ein „Strohfeuer" entzünden, sondern auch die Wirtschaftsleistung Y auf ihr natürliches Niveau Y_n bringen, wenn sie darunter liegt. Eine Schwierigkeit besteht darin, dass man in der Realität das Y_n nicht kennt.

Im zweiten Fallbeispiel betreibt der Staat eine restriktive Fiskalpolitik. Er senkt die Staatsausgaben, wobei die Höhe der Steuern gleich bleibt. Diese Politik wird auch Austeritätspolitik genannt. In [1] ist ihre Wirkung so, dass (umgekehrt wie im ersten Fallbeispiel) das Y zunächst zurückgeht, mittelfristig aber zum natürlichen Niveau Y_n zurückkehrt. Den Entzug von Geld gleicht die Wirtschaft dadurch aus, dass das Preisniveau sinkt. Dazu heißt es weiter: Eine länger anhaltende Deflation sei, außer in Japan, nicht beobachtet worden. Das liege aber daran, dass in der Regel das oben genannte Sinken des Preisniveaus durch den ständig vorhandenen Anstieg des Preisniveaus überlagert werde. Dieses beruhe auf der laufenden Erhöhung der Geldmenge durch die Zentralbank.

Das dritte Fallbeispiel behandelt einen Ölpreisschock. Die Organisation der erdölexportierenden Länder, die OPEG, reduziert dabei die Fördermenge, sodass die Ölpreise steigen und damit das gesamte Preisniveau. Einen weltweiten Ölpreisschock gab es 2008 und schon einmal in den 70er Jahren. Es werden dann aber verschiedene mögliche Reaktionen der Wirtschaft angegeben, je nachdem, wie sich einzelne Wirtschaftsteilnehmer verhalten. Eine einfache Überlegung sagt: Gibt es weniger Öl, kann nicht mehr so viel wie bisher produziert werden, sodass Y ab- und die Arbeitslosigkeit zunimmt, oder es gibt in manchen Unternehmen Kurzarbeit. Es kommt aber auch noch darauf an, ob die Ölimporte durch Exporte ausgeglichen wurden / werden, ob man sich an die erdölexportierenden Länder verschuldet.

Fazit

Wir haben nun einige Blicke auf das IS-LM-Modell und das AS-AD-Modell geworfen, die bei Blanchard und Illing [1] als die wichtigsten Stützen der Theorie bezeichnet werden. Die Tabelle 4.5.1 zeigt, welche volkswirtschaftlichen Größen (Aggregate) dabei eine Rolle spielen und sich gegenseitig beeinflussen.

Tabelle 25, Kennzahl 4.5.1:
Aggregate des IS-LM-Modells und das AS-AD-Modells

Höhe des Zins-niveaus i	Ausgaben für Konsum C und Staatskonsum G	Ausgaben für Investitionen I
Vorliebe für Liquidität (Kassenbestand) L		
In der Wirtschaft vorhandene Geldmenge M		Zentralbank
Höhe der Löhne W	Höhe der Preise P	**BIP**

So können z. B. die Löhne die Preise beeinflussen, da Lohnerhöhungen oft Preiserhöhungen nach sich ziehen. Die Höhe des Zinsniveaus i beeinflusst die Investitionen und ebenso die Vorliebe für Liquidität. Denn bei einem hohen Zinsniveau verzichtet man auf Liquidität, legt also einen Teil seines Geldes verzinslich bei einer Bank an. Die Ausgaben für Konsum und für Investitionen ergeben (neben dem Exportüberschuss) das Bruttoinlandsprodukt BIP. Die in der Wirtschaft vorhandene Geldmenge M ist die Basis des BIP, denn ohne Geld geht nichts. M wird wiederum von der Höhe der Preise (negativ) beeinflusst. Denn steigen die Preise, ist das Geld nicht mehr so viel wert. Die Zentralbank muss dann die Geldmenge erhöhen. Ebenso natürlich, wenn das BIP gewachsen ist oder wachsen soll. Sie kann auch das Zinsniveau i beeinflussen.

Und was beeinflusst Ihre Konsumausgaben C, verehrte Verbraucher? Ja richtig, die Höhe der Löhne W oder des Einkommens, aber auch die Preise oder das Preisniveau P. Ihre Ersparnisse S werden in diesem Modell automatisch zu den Investitionen I. Der Staat beeinflusst hier die Wirtschaft über den Staatskonsum G. Außerdem kann er unser Einkommen durch die Steuern T (engl. taxes) reduzieren. Man kann die Summe der Aggregate mit einem Organismus ähnlich unserem Körper vergleichen oder mit einem Orchester, wo alle zusammen etwas produzieren und sich auch gegenseitig beeinflussen. Es fällt auf, dass der Staat hier viel weniger Einflussmöglichkeiten hat als in unserem Modell mit Geldströmen. Es gibt auch keine Unterscheidung Reiche und Rest der Verbraucher. Damit kommen die soziale Dissoziation und ihre Folgen im IS-LM-Modell und im AS-AD-Modell nicht vor. (Nur Arbeitgeber und Unternehmer bei der Gestaltung der Preise und der Löhne). Wir wenden uns nun wieder der Forderung zu, dass die in Bild 4.1.2 eingezeichneten Ersparnisse in den Geldkreislauf zurückgeführt werden, und zwar ohne dass sich dabei Ungleichgewichte anhäufen, wie etwa die Staatsverschuldung.

4.6 Die Volkswirtschaft ohne Staatsverschuldung und ohne Privatisierungen

Ein Arzt kann eine Diagnose stellen und dann für seinen Patienten eine Therapie auswählen. Er benötigt dafür Fachkenntnisse. Auch die Wirtschaft ist nicht gesund und benötigt fachkundige Hilfe. In einer Demokratie können die Bürger die Richtung der Politik bestimmen. Dafür benötigen sie möglichst gute Fachkenntnisse. Dazu verhilft die Betrachtung der Geldströme. Sie zeigen den Lauf des „Wirtschaftsmotors" und seine Probleme wie auf einem Röntgenbild.

In den Bildern 4.1.1 und 4.1.2 stellen die nach oben gehenden Geldströme die Nachfrage dar. Der stark entwickelte Produktionsapparat benötigt viel Nachfrage. Die Verbraucher bestimmen mit ihren Konsumausgaben weitgehend, wie viel produziert wird. Denn kaufen sie viel ein, wird auch Geld investiert, um den Produktionsapparat zu erhalten, zu vergrößern und zu modernisieren.

In einer hoch entwickelten Wirtschaft ist die Nachfrage der Engpass, in einer noch wenig entwickelten Wirtschaft das Angebot. Dort leiden die Menschen eher an Unterernährung, in einer hoch entwickelten „gealterten" Wirtschaft eher an Übergewicht.

Zwar ist die Wirtschaft in Bild 4.1.2 im Gleichgewicht. Doch dazu trägt der Staat durch die Keynes-Ausgaben bei, die er durch Kreditaufnahme (Verschuldung) und durch Verkäufe (Privatisierungen) finanziert. Das sind Vorgänge, die ungesund sind und nicht unbegrenzte Zeit weitergehen können. Sie dürfen aber nicht einfach gestrichen werden, da dann die Wirtschaft nicht mehr im Gleichgewicht wäre. Der Geldstrom Kreditaufnahme + Verkäufe muss vielmehr „umetikettiert" werden. Das heißt, der Staat muss Ersparnisse erhalten, ohne sich zu verschulden und ohne zu privatisieren. Die Überschüsse oder Ersparnisse, die keine anderweitige Verwendung finden, müssen also durch zusätzliche Steuern* in den Geldkreislauf zurückgeführt werden. Dadurch wird aus Bild 4.1.2 das Bild 4.6.1. Wir nennen diese zusätzlichen Steuern* **Steuern* K** oder

Keynes-Steuern. Sie sind in Bild 4.6.1 rot umrandet und stellen die einzige Änderung gegenüber Bild 4.1.2 dar.

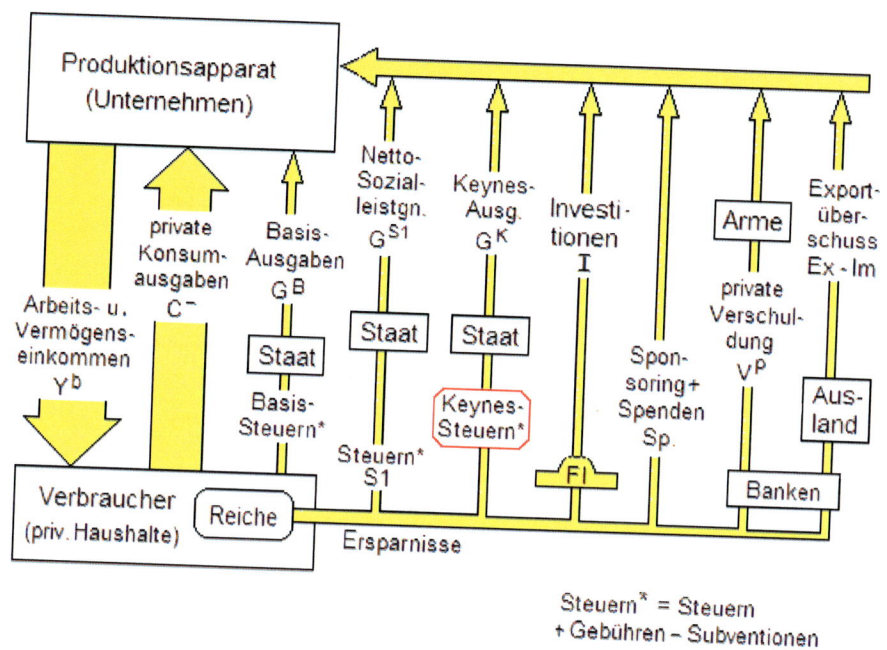

Bild 29, Kennzahl 4.6.1: Gleichgewicht durch Geldrück-führungen ohne Kreditaufnahme und Verkäufe

Die Steuern* K mögen den Reichen nicht recht sein. Aber sie sind wohl auch daran interessiert, dass die Wirtschaft in einen gesunden Zustand kommt, also nicht weiterhin Ungleichgewichte und damit Krisenpotential produziert. Eine wachsende Staatsverschuldung ist ungesund, und die Krise lauert dort, wo sich die Staatsverschuldung nicht weiter erhöhen lässt. Die Steuererhöhung, die die Keynes-Steuer* darstellt, kann schrittweise erfolgen. Es kann sein, dass schon nach dem ersten Schritt die Reichen ihren Konsum steigern und damit die Ersparnisse reduzieren, sodass die Wirtschaft stabil ist. Die Gefahr der Steuerhinterziehung und des Kapitalabflusses vergrößert sich nun zwar. Wir wollen darauf später noch zurückkommen.

159

Die Keynes-Steuern* können sich wie die Steuern* S1 aus vielen Steuerarten zusammensetzen. Insbesondere kann der Staat hohe Unternehmensgewinne und hohe private Einkommen, Vermögen und Erbschaften stärker als bisher besteuern. Wir können nun in Tabelle 4.6.1 diesen gegenüber Tabelle 4.1.4 aktualisierten Bericht abgeben:

Tabelle 26, Kennzahl 4.6.1: Bericht gemäß Bild 4.6.1

	Problem	gelöst	durch	s. Ka-Ka-pitel
1	Krisengefahr durch Leckage des Geldkreislaufs (Ersparnisse werden nicht zu Investitionen)	ja	Keynes-Aktivität, finanziert durch **Kreditaufnahme + Verkäufe** und soziale Aktivität, finanziert durch **Steuern***	4.1
2	Geldmangel durch niedrige Zinsen (man hält mehr Liquidität)	ja	**Geldvermehrung durch die Banken**	4.1
3	Staatsverarmung durch Kreditaufnahme und Verkäufe	ja	Kreditaufnahme + Verkäufe ersetzt durch die **Steuern* K**	4.6
4	Soziale Dissoziation in Form der privaten Verschuldung	nein		
5	Verschuldung und Verelendung armer Länder durch fehlendes Außenhandelsgleichgewicht	nein		
6	Sachzwang Wachstum, weil Ersparnisse zu Investitionen werden müssen, wachsende Umweltbelastung	nein		

Ergänzungen

Wird mehr gespart als investiert, gibt es ein „Leck" im Geldkreislauf. Der Staat kann den Geldverlust durch die Keynes-Ausgaben ausgleichen. Dadurch gibt es genügend Nachfrage, und die Arbeitsplätze werden gesichert. Hierfür benötigt der Staat Geld. Richtig ist es, wenn sich der Staat das Geld durch Steuern besorgt, die die Reichen bezahlen, welche die überschüssigen Ersparnisse bilden. Nur ein **Notbehelf** ist es, wenn sich der Staat das erforderliche Geld von den Reichen **leiht** oder „Tafelsilber" an die Reichen verkauft. Ebenfalls ein Notbehelf ist es, wenn der Staat das erforderliche Geld dadurch erhält, dass man die Geldmenge vergrößert.

Nach der Meinung vieler Ökonomen ist eine mäßige Staatsverschuldung nicht ungesund. Damit wird der Staat zu einem (im Normalfall) sicheren **Aufbewahrer** von Geld. Der Staat bewahrt das Geld zwar nicht wirklich auf, denn er gibt es ja wieder aus. Aber er ist doch so flüssig, dass er jederzeit Rückzahlungen leisten kann. Ähnlich ist es, wenn man Geld in ein Unternehmen steckt. Die meisten Gläubiger wollen ja ihr Geld vorerst nicht zurück, auch wegen der Zinsen.

Gegenwärtig gibt es so viel Geld, dass viele Anleger allein mit einer sicheren Aufbewahrung zufrieden sind. Wer Zinsen will, muss ein Risiko auf sich nehmen. Deutsche Staatsanleihen gelten als sicher. Staatsanleihen im europäischen Ausland werden gegenwärtig von der EZB gesichert durch das Versprechen, sie im Notfall aufzukaufen.

Bisher haben die Staaten fast ständig ihre Schulden erhöht. Die Staatsschulden wurden zum Teil auch in die Höhe getrieben, weil es angenehm ist, viel Geld auszugeben. Laut Keynes sollte der Staat seine Schulden wieder abbauen, wenn die Schwächeperiode der Wirtschaft vorüber ist. Dann sollten die Keynes-Ausgaben nicht mehr notwendig sein, und in einer wachsenden Wirtschaft würden die Steuern reichlich sprudeln.

Eine These ist: Der Staat kann zwar durch Mehrausgaben das BIP steigern, aber er entzündet damit nur ein Strohfeuer. Das heißt, hören die Mehrausgaben auf, ist es auch mit der Steigerung des BIP wieder vorbei. Das ist richtig, wenn man dem Staat nur zugesteht, mehr oder weniger großzügig mit Geld umzugehen. Es ist aber notwendig, dem Staat und damit uns allen mehr Hebel in die Hand zu geben. Damit wird eine gesunde und anpassungsfähige Wirtschaft erreicht. Sie kann dann mehr oder weniger oder gar nicht wachsen, je nachdem, wie es die Situation erfordert.

Der Staat muss die öffentlichen Güter produzieren, die wir benötigen. Er solle sie möglichst billig produzieren, daher der Ruf nach dem schlanken Staat. Der Staat hat aber auch noch die Aufgabe, die soziale Dissoziation einzudämmen und Krisen zu verhindern. Daher ist es unzureichend, nur von Steuern zu sprechen. Es gibt ja verschiedene Steuerarten und verschiedene Bevölkerungsschichten, die besteuert werden können. Wir stellen den Unterschied innerhalb der Bevölkerung dadurch dar, dass es in ihr ein Aggregat **Reiche** gibt. Reiche und Arme spielten schon in den Religionen eine wichtige Rolle.

Die offizielle Ökonomik sieht es mehr so, dass die Wirtschaft wachsen und Reichtum erzeugen muss, wobei dann von selbst für alle genügend abfällt. In vordemokratischen Zeiten stand das Volk unter dem Herrscher, seinem Beamtenapparat und dem Militär. Danach war das Bürgertum „oben", und die Lage der Menschen verbesserte sich. Aber es kam immer wieder zu Krisen. Man kann ihre Ursachen in einer **Alterung** der Wirtschaft sehen. Da ist es die Aufgabe des Staates, Krisen zu verhindern, statt nur als Feuerwehr aufzutreten, wenn es brennt.

Ersetzt der Staat die Kreditaufnahme durch Besteuerung der Reichen, kann man das eine **konsolidierte Keynes-Aktivität** nennen. Sie greift sanft in die Wirtschaft ein, denn sie beseitigt nicht den Anreiz, Vermögen aufzubauen. Das kann mit dem Geldstrom Investitionen in Bild 4.6.1 weiterhin geschehen. Auch der Anreiz, viel zu leisten, um viel Geld für den Konsum ausgeben zu können, bleibt.

4.7 Die Volkswirtschaft ohne Exportüberschuss und ohne zunehmende Armut

Die private Verschuldung
Wir haben in Bild 4.6.1 auch jetzt noch Ungleichgewichte, die anwachsen. Denn die Wirtschaft stabilisiert sich durch die Verschuldungen in den Nummern 4 und 5 des obigen Berichts, also durch die private Verschuldung und die Verschuldung anderer Länder. Bei der privaten Verschuldung V^p leihen sich, wie Bild 4.6.1 zeigt, arme private Haushalte (über Banken) Ersparnisse von reichen privaten Haushalten. Das Geld fließt dann in Form von Konsumausgaben zum Produktionsapparat. In Kapitel 1.4 stand einiges über die private Verschuldung in Deutschland und weltweit. In den USA war die Verschuldung über Kreditkarten zunächst eine tragende Säule der Konjunktur, dann aber einer der Auslöser der Finanz- und Wirtschaftskrise von 2008. Denn die private Verschuldung ist wie alle Verschuldungen eine „Blase", die platzt, wenn sie zu groß wird.

Man kann zwar niemandem verwehren, sich zu verschulden, z. B. beim Erwerb eines Hauses oder eines Fahrzeugs. In der Regel werden diese Schulden auch zurückgezahlt. Der Geldstrom private Verschuldung in Bild 4.6.1 aber erhöht ständig den Pegelstand der Verschuldung der privaten Haushalte. Das kann nicht unbegrenzt weitergehen. Es kann auch dazu führen, dass immer mehr Stromkonzerne ihren Strom nicht mehr bezahlt bekommen und Vermieter auf Mietforderungen sitzen bleiben.

Die Ursache für die Verschuldung kann persönlichere Art sein, z. B. Leichtsinn und Verschwendungssucht. Aber in Deutschland stagnieren die Löhne weitgehend, während die Mieten steigen. Der Strompreis für Kleinverbraucher ist hoch, weil Großverbraucher einen viel günstigeren Preis bezahlen. Die Politik hat auch die Mehrwertsteuer immer wieder heraufgesetzt und Hartz IV eingeführt. Soziale Kälte hat sich ausgebreitet.

Die Sozialsysteme

Kann man Fleiß und Ausdauer von allen Menschen erwarten, oder sind auch Fleiß und Freude an der Arbeit Begabungen, von denen der Eine mehr, der Andere weniger hat? Hier spielt auch die soziale Herkunft eine Rolle, die den Einen bevorzugt und den Andern benachteiligt. Und dem Geld ist es offenbar eigen, sich dort anzusammeln, wo schon viel Geld ist. Es gibt also viele Gründe dafür, dass Staaten ein Sozialsystem benötigen.

In Bild 4.7.1 ist die Wirkung eines Sozialsystems skizziert. In dem Kasten in der Mitte befindet sich, vereinfacht, das Spektrum der Bevölkerung. Links davon ist das Wohlbefinden eingezeichnet. Wir nehmen an, dass sich das Wohlbefinden ab einem bestimmten Reichtum nicht weiter steigert. Natürlich gibt es hier individuelle Unterschiede. Reiche können sich etwas gönnen oder sparsam leben. Ihr Glücksgefühl kann davon abhängen, um wie viel ihr Reichtum wieder gewachsen ist. Es kann ihnen auch ein Glücksgefühl geben, etwas für die Menschheit zu tun.

Den sozialen Ausgleich besorgt der gelbe Geldstrom. Die roten Flächen zeigen die Belastung durch Steuern (oben) und die sozialen Leistungen (unten). Die gestrichelten Linien deuten an, dass das Sozialsystem in Deutschland früher stärker ausgebildet war. Dahin sollten wir auch wieder kommen, in Deutschland und in andern Ländern. In Deutschland fehlt ein solidarisches Gesundheitssystem, in das alle Bürger gemäß ihrer Leistungsfähigkeit einzahlen. Ein Teil des Geldstroms in Bild 4.7.1 fließt auch am Staat vorbei durch private Wohltätigkeit direkt zu den Bedürftigen. Doch der Staat ist dafür verantwortlich, dass die soziale Dissoziation zumindest nicht weiter fortschreitet.

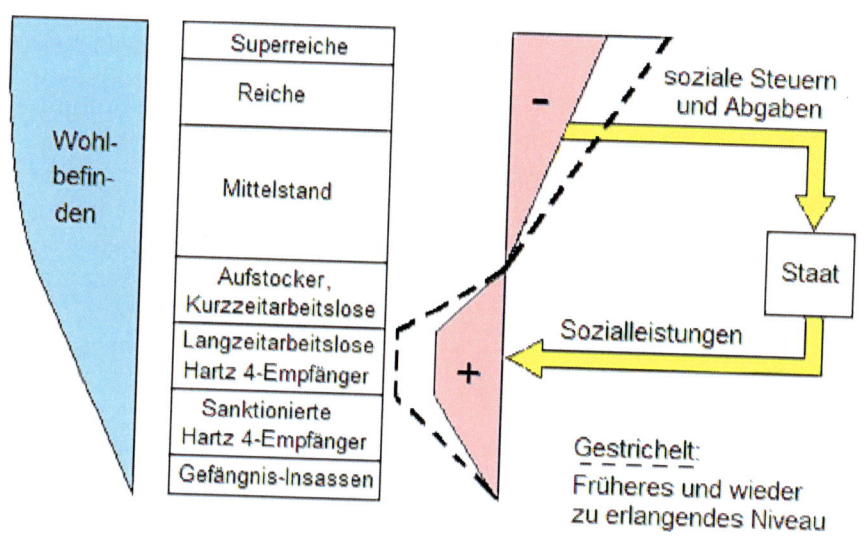

Bild 30, Kennzahl 4.7.1:
Das Sozialsystem in Deutschland, Skizze

Es wird oft gesagt, es sei nicht berechtigt, für Arbeitsunwillige eine **soziale Hängematte** aufzuhängen. Doch die blaue Fläche in Bild 4.7.1 „Wohlbefinden" deutet an, dass es genügend Anreize gibt, nach oben zu kommen. Arbeit zu haben ist in der Regel viel angenehmer als mit dem Gefühl dazusitzen, überflüssig zu sein. Ein Problem ist, dass man die Produkte mit immer weniger Arbeitskräften herstellen kann. Hier bietet sich die Verkürzung der Arbeitszeit an.

Es wird auch oft gesagt, die Sozialsysteme seien nicht mehr bezahlbar. Doch angesichts hoher Gewinne der Konzerne und stark wachsenden Reichtums bei einem Teil der Bevölkerung weltweit sollten sie bezahlbar sein. Auch die Versorgung der Rentner und Rentnerinnen sollte vor dem Hintergrund der steigenden Produktivität kein Problem sein.

Da ist nun aber die Fähigkeit der Konzerne, die Produktion oder auch nur den Firmensitz in ein Billiglohnland und Billigsteuerland zu verlegen. Hierzu eine Zeitungsmeldung der „Heilbronner Stimme" vom 31.08.2016 mit der Überschrift „Der Apfel ist angefressen": „Die EU-Kommission verdonnert den amerikanischen Computerkonzern Apple zu Nachzahlung von 13 Milliarden Euro Steuern plus Zinsen für 20 Jahre an den irischen Staat. Verfahren gegen Amazon und McDonald's zu Deals mit dem Fiskus von Luxemburg laufen noch." Es ist die Rede von illegalen Steuerabsprachen und davon, dass der US-Riese Apple sein gesamtes europäisches Geschäft von der Republik Irland aus gesteuert hat. Er soll auch auf einem Polster von Geldreserven in Höhe von 206 Milliarden Euro sitzen.

Es findet ein Steuersenkungswettbewerb unter den Staaten statt, um Konzerne anzulocken und der eigenen Wirtschaft einen Wettbewerbsvorteil zu verschaffen. Bild 4.7.3 zeigt, wie sehr sich hierbei einige Länder ins Zeug gelegt haben. Zwischen Irland und Apple hat es eine gesonderte Absprache gegeben. Der Staatengemeinschaft gehen allerdings durch diese Praxis unvorstellbare Summen verloren. Andere, ehrliche Unternehmen werden zu Verlierern. Hier ist die Politik in eine Falle gelaufen. Denn die Regierungen sehen „ihre" Konzerne als ihre *Champions* auf dem Weltmarkt an, die ihnen Exporterlöse und Arbeitsplätze sichern. Die irische Regierung will daher das Geld gar nicht. Kurios. Sie beklagt sich, dass Brüssel in ihre nationale Steuer-Souveränität eingreife.

Mehr Geld für Sozialarbeit auszugeben, mindert Schäden durch Kriminalität. In den USA begegnet man dem lieber durch Abschreckung durch die Todesstrafe. Auch die Zahl der Strafgefangenen ist dort vergleichsweise hoch. Um Kosten zu sparen, wurde ein Teil der Gefängnisse privatisiert. Dadurch sind auch die Gefängnisse abschreckend. Das hat aber die hohe Kriminalitätsrate, besonders in den verarmten Großstädten, nicht gemindert.

In den USA starben in den Gängen von Krankenhäusern oft Menschen, die keine Krankenversicherung hatten. 2010 wurde eine Reform des Gesundheitssystems verabschiedet, die einen gewissen Fortschritt darstellte. Aus der von den Demokraten vorgesehenen staatlichen Krankenversicherung neben den privaten Versicherungen wurde allerdings nach erbittertem Widerstand nur eine vom Staat regulierte und bezuschusste privatrechtliche Krankenversicherung. Immerhin wies 2012 der Oberste Gerichtshof der USA eine Klage gegen diese Gesundheitsreform ab.

Deckelung des Ungleichgewichts private Verschuldung

Eine Aufgabe, besser eine Minimalforderung ist es, die soziale Dissoziation zu stoppen. Die Armut soll also nicht weiter zunehmen. Ein Pfeiler der sozialen Dissoziation ist die **private Verschuldung.** Zur Vereinfachung beschränken wir uns auf diesen Pfeiler und fordern, dass die private Verschuldung nicht weiter zunehmen soll. Der Geldstrom private Verschuldung in Bild 4.1.2 darf aber nicht einfach gestrichen werden, da er ja die Wirtschaft im Gleichgewicht hält. Der Geldstrom muss daher „umetikettiert" werden. Die Ersparnisse, die die private Verschuldung finanzieren, müssen den Armen zukommen, ohne dass sie sich dafür verschulden. In Bild 4.7.2 wurde daher die privaten Verschuldung V^p (die Kreditaufnahme der Armen) durch die sozialen **Steuern* S2** ersetzt. Sie kommen ihnen zugute durch die Netto-Sozialleistungen G^{S2}. Die Überschüsse oder Ersparnisse, die keine anderweitige Verwendung finden, werden dadurch in den Geldkreislauf zurückgeführt. Sie sind in Bild 4.7.2 rot eingerahmt.

Der Staat hat viele Möglichkeiten, wie er diese **Sozialleistungen G^{S2}** gestalten kann. Letztlich werden sie alle zu Nachfrage, die dem Produktionsapparat zufließt und damit die Wirtschaft im Gleichgewicht hält. Und es muss noch einmal betont werden: Den Reichen wird dabei nur das Geld weggesteuert, dass sie weder für ihren Konsum noch für Investitionen auszugeben gedenken. Entschließen sie sich danach, lieber mehr zu konsumieren, hält auch das die Wirtschaft im Gleichgewicht, und Arbeitsplätze werden erhalten. Soziale Politik erhält Arbeitsplätze.

„Sozial ist, was Arbeitsplätze schafft", gilt nicht in jedem Fall. Werden Arbeitsplätze mit Löhnen geschaffen, von denen man kaum leben kann, ist das nicht sozial. Es erhöht zwar auf dem Weltmarkt die Konkurrenzfähigkeit des Landes. Aber ein damit erzielter Exportüberschuss bringt andere Länder in Arbeitslosigkeit, Verschuldung und ins Elend. – In dem Zwischenbericht gemäß Bild 4.7.2 können wir nun die Zeile 4 ausfüllen: Das Problem „Absturz der sozial Schwachen, gemessen an der privaten Verschuldung" ist gelöst.

Beendigung des Exportüberschusses

Wegen der schwachen Produktivität in armen Ländern haben billigere Güter aus Deutschland und andern Industrieländern dort einheimische Produkte verdrängt, sogar landwirtschaftliche Produkte, sodass dort Arbeitsplätze verloren gingen und Hunger entstand. Durch den Importüberschuss verschuldeten sich die armen Länder. Oft wird diesen Ländern dann Misswirtschaft vorgeworfen. Aber die existiert überall. Den Ausschlag gibt, welches Land hoch industrialisiert ist und welches nicht. Es ist wie bei einem Rennen zwischen einem Porsche und einer Pferdekutsche, bei dem man nachher dem Kutscher vorwirft, er habe verloren, weil es sich nicht genügend angestrengt hätte.

Wir wollen nun beim Exportüberschuss ähnlich vorgehen wie bei der privaten Verschuldung. Die Zielmarke ist hier das Außenhandelsgleichgewicht oder genauer das Gleichgewicht der Leistungsbilanz. Wie in Kapitel 3.4 dargestellt, verschuldet sich das Ausland dabei (über Banken) an die Reichen des Exportlandes. Man kann dabei einen Geldstrom ins Ausland und wieder zurück annehmen. Bei der Importfinanzierung durch Geldvermehrung verschulden sich die Importländer an das Bankensystem. Es ist verwandt mit unserem Aggregat Reiche.

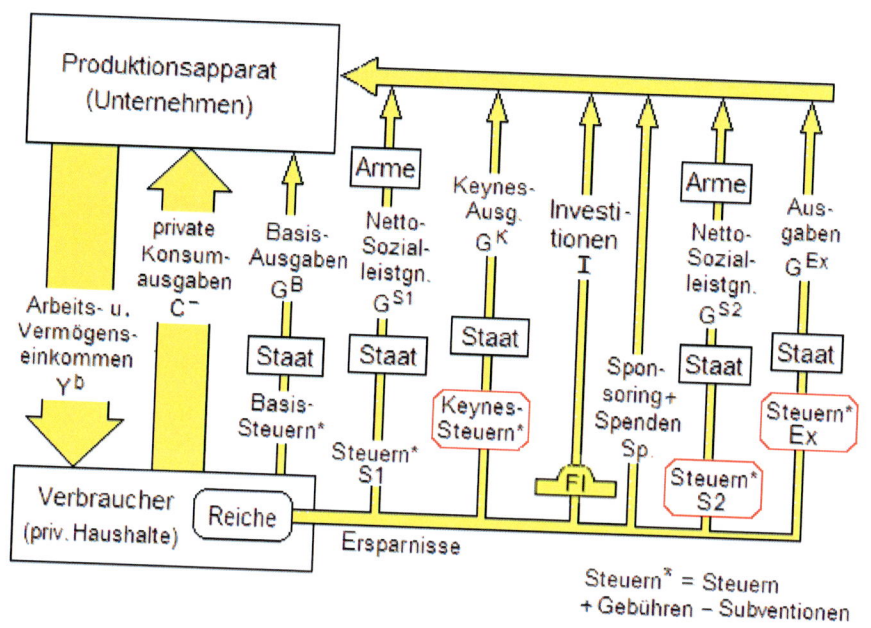

Bild 31, Kennzahl 4.7.2: Gleichgewicht ohne Staatsverarmung, private Verschuldung und Exportüberschuss

Durch den Exportüberschuss werden im Exportland Arbeitsplätze gesichert, aber auf Kosten des Importlandes, in dem Arbeitsplätze verloren gehen. Hohe Arbeitslosigkeit destabilisiert ein Land. Es sollte also der Exportüberschuss gestoppt werden, bevor die Importländer pleite sind, und bevor sie im Chaos versinken. Daher wird in Bild 4.7.2 der Strom der Ersparnisse, der ins Ausland fließt, durch Erhebung der **Steuern* Ex** zum Staat geführt. Sie sind im Bild rot umrandet und werden in Zeile 5 unseres Berichtes eingetragen. Es fließt nun dieses Geld in Bild 4.7.2 zum Staat. Dieser kann nun das Geld für dringende Aufgaben ausgeben, deren es auch in Deutschland genügend gibt. Das Geld fließt also in Form der **Ausgaben G^Ex** zum Produktionsapparat weiter.

Auf der Güterseite produziert der Produktionsapparat nun nicht mehr für das Ausland, sondern für das Inland. Der Staat kann mit diesem zusätzlichen Geld die Energiewende voranbringen, die Infrastruktur (marode Brücken) und die öffentliche Daseinsfürsorge verbessern, indem er unter anderem Zuschüsse für Krankenhäuser bereitstellt. Das Ausland bekommt nun zwar weniger Exportgüter, nur so viele, wie es durch seinen eigenen Export bezahlen kann. Aber dadurch entstehen dort zusätzliche Arbeitsplätze. Die dort produzierten Güter werden zunächst nicht so preisgünstig und hochwertig sein wie die importierten. Aber dafür können sie dort von Menschen gekauft werden, die vorher arbeitslos waren und kein Geld hatten.

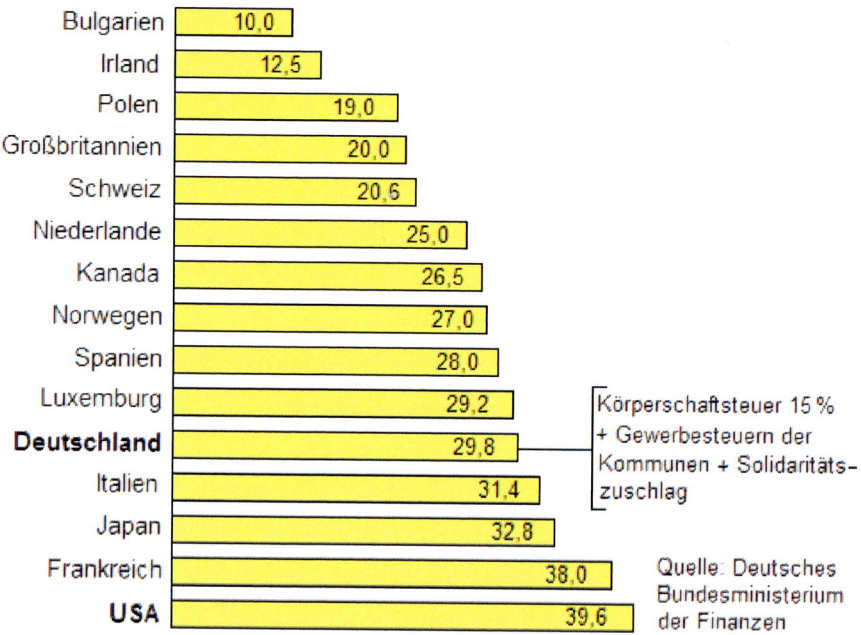

Bild 32, Kennzahl 4.7.3:
Unternehmenssteuern einiger Länder 2015 in Prozent

Außenhandelsgleichgewicht und Ethik im Umgang der Länder miteinander

Wir sahen hier, wie ein reiches Land seinen Exportüberschuss zurückfahren kann, ohne dass seine Wirtschaft in die Krise gerät. Das kann und muss nicht nach Art einer Punktlandung erreicht werden. Man muss dem Ziel aber genügend nahekommen. Ansonsten kommen immer wieder Staaten und Banken in Schieflage, und die Krise ist nicht weit.

Kompliziert wird die Aufgabe dadurch, dass uns exportstarke und exportschwache Länder gegenüberstehen. Es kann daher notwendig werden, einem Land gegenüber den Export, dem andern Land gegenüber den Import einzuschränken. Sehr hilfreich können internationale Vereinbarungen sein, etwa innerhalb der EU, mit dem Ziel, von der Überschuldung bedrohten Ländern gemeinsam zu helfen. Den Prinzipien des Marktes müssen hier die Prinzipien der **Brüderlichkeit** übergeordnet werden. Das liegt im Interesse aller. Denn auch den Gläubigern nützt es nichts, wenn ihre Forderungen immer größer werden, aber am Ende nicht eingetrieben werden können.

Notwendig ist also eine ethische Gesinnung, die soziale Verantwortung nicht nur innenpolitisch, sondern auch außenpolitisch übernimmt. Wir deuten das in der Tabelle 4.7.1 in Zeile 5 an durch „**Verzicht auf Vorherrschaft**". Sich nicht nur für die Armen des eigenen Landes verantwortlich zu fühlen, sondern auch für die Armut in anderen Ländern, ist **Ethik im Umgang der Länder miteinander**.

Als **Steuern* Ex** kann der Staat Steuern erheben, die den Export verteuern, sodass sich ein Außenhandelsgleichgewicht ergibt. Gegenwärtig ist es üblich, dass der Staat den Export mit allen Mitteln fördert. Möglichkeiten, die Ersparnisse allgemein und damit auch den Exportüberschuss zu reduzieren, bietet die Besteuerung großer Vermögen und Erbschaften. Mit diesem Geld kann der Staat Nachfrage halten, sodass der Produktionsapparat auch ohne Exportüberschuss ausgelastet ist.

Es ist aber klar, dass zusätzliche Steuern die Tendenz zur **Kapitalflucht** weiter erhöhen. Denn das Kapital wird gerne mit einem scheuen Reh verglichen, das schon beim geringsten Geräusch flieht. Das „Reh" ist aber dabei, sich ständig und rücksichtslos zu vergrößern. Daher müssen die Staaten den **Steuersenkungswettbewerb** untereinander beenden. Immer „schlankere" Staaten, die immer weniger Steuern erheben, gleichen Models, die sich krank hungern. Doch noch so viel Schlankheit nützt einem Staat nichts, wenn ein anderer Staat noch mehr auf schlank macht. Wir wollen unserem Bericht erst einmal die **Zeile 7** hinzufügen. Sie enthält die Gefahren der Kapitalflucht, der Steuerflucht und des Ausverkaufs der Staaten. Es wird noch notwendig sein, sich mit der Abwehr dieser Gefahren näher zu beschäftigen.

Tabelle 27, Kennzahl 4.7.1: Bericht gemäß Bild 4.7.2

	Problem	ge-löst	durch	s. Ka-pitel
1	Krisengefahr durch Leckage des Geldkreislaufs (Ersparnisse werden nicht zu Investitionen)	ja	Keynes-Aktivität, finanziert durch **Kreditaufnahme + Verkäufe** und soziale Aktivität, finanziert durch **Steuern***	4.1
2	Geldmangel durch niedrige Zinsen (man hält mehr Liquidität)	ja	**Geldvermehrung durch die Banken**	4.1
3	Staatsverarmung durch Kreditaufnahme und Verkäufe	ja	Kreditaufnahme + Verkäufe ersetzt durch die **Steuern* K**	4.6
4	Soziale Dissoziation in Form der privaten Verschuldung	ja	Besteuerung der Reichen durch die sozialen **Steuern* S2**	4.7
5	Verschuldung und Verelendung armer Länder durch fehlendes Außenhandelsgleichgewicht	ja	**Ethik im Umgang der Länder miteinander; Exportland:** Besteuerung der Reichen durch die **Steuern* Ex**, damit **Verzicht auf Vorherrschaft Importland** falls nötig: **Schutzzölle, Abwertung der Währung**	4.7
6	Sachzwang Wachstum, weil Ersparnisse zu Investitionen werden müssen, wachsende Umweltbelastung	nein		
7	Schädigung der Länder durch Kapitalflucht, Steuerflucht und Ausverkauf	nein		

Ergänzungen

Wettbewerb und Konkurrenzkampf sind eine natürliche und sinnvolle Herausforderung für die Unternehmen und auch für die Länder untereinander. Doch der Konkurrenzkampf auf dem Weltmarkt um möglichst viel Export ist mörderisch. Das Prinzip Markt ist als Grundlage gut, aber es muss etwas geben, was darüber steht. Man macht milliardenschwere Geschäfte mit hoch verschuldeten Ländern und sagt, machen wir das Geschäft nicht, machen es andere, z. B. die Chinesen. Es sind internationale Konventionen zu schließen, in denen auf wirtschaftliche Vorherrschaft und Wirtschaftsimperialismus ebenso verzichtet wird wie auf Eroberungskriege und Kolonialismus.

Es wäre schon viel gewonnen, wenn wirtschaftliche Großmächte wie Deutschland in Vorleistung gingen durch Fairness und die Einführung von Fair-Trade-Konventionen für ihren Einflussbereich. Aber man vertritt ja die Doktrin des freien Marktes, weil man mit ihr gut fährt und man sich keine Gedanken macht, wie es mit der eigenen Wirtschaft ohne Exportüberschuss weitergehen könnte. Stattdessen subventioniert man den Export massiv, etwa durch die Hermes-Bürgschaften: Zahlt der ausländische Abnehmer nicht, springt der deutsche Staat ein. Exportierende Unternehmen sind weitgehend von der Ökostromumlage befreit. Bei Auslandsreisen hilft die Regierung, Exportgeschäfte anzubahnen. Delegationen aus der Wirtschaft reisen mit. Fahrzeuge werden im Ausland so viel billiger verkauft, dass das Reimportieren nach Deutschland zu einem lohnenden Geschäft wurde.

Die Steuern* Ex und die sozialen Steuern* S2 in Bild 4.7.2 sind nun Säulen, die das wirtschaftliche Gleichgewicht mittragen. Auch hier kann der Staat nach dem Prinzip „trial and error" vorgehen. Man kann mit kleinen zusätzlichen Steuern beginnen und schauen, ob noch mehr davon nötig ist. Es kann sein, dass nun die Ersparnisse zurückgehen, etwa weil die Reichen jetzt mehr konsumieren oder mehr Geld für wohltätige Zwecke ausgeben.

Neben den Steuern* Ex gibt es weitere Möglichkeiten, zum Außenhandelsgleichgewicht zu kommen. Möglich sind **Schutzzölle** für die Gewerbe und die in der Entwicklung befindliche Industrie armer

Länder. Es ist falsch, diese Werkzeuge der Politik in die Ecke veralteter Bürokratie zu stellen. Leider wurden schon vielen armen Ländern Freihandelsabkommen aufgezwungen. Auf der andern Seite wurden Nahrungsmittel aus armen Ländern teilweise so stark durch Importzölle verteuert, dass sie innerhalb der EU keine Chance haben.

Die **Abwertung der Währung** eines armen Landes macht dessen Exporte für andere Länder billiger, begünstigt also den Export des armen Landes und reduziert den Export des reichen Landes, sodass es zu Außenhandelsgleichgewicht kommen kann. In den Bericht wurden daher in Zeile 5 auch noch diese beiden Werkzeuge der Politik eingetragen. Innerhalb der EU mit der einheitlichen Währung Euro haben die Länder diese Möglichkeit nicht mehr, was besonders für Deutschland einen großen Vorteil brachte.

Durch Absenkung der Sozialstandards, der Löhne und der Renten in den Importländern kann ebenfalls mehr Wettbewerbsfähigkeit, weniger Außenhandelsdefizit und Reduktion der Staatsverschuldung erreicht werden. Dazu gehört auch die Absenkung der Ausgaben für Bildung und im Gesundheitswesen. Das ist eine **innere Abwertung der Währung**, verbunden mit einer Sparpolitik des Staates. Diese Dinge werden den Ländern oft bei Verhandlungen aufgezwungen, wenn sie neue Kredite benötigen, um alte, fällige Kredite samt Zinsen zurückzahlen zu können. Das sind aber die Rezepte der Spalte 1 in Tabelle 4.9.1. Sie können, wenn sie rigoros angewandt werden, bei den Staatsschulden, dem Außenhandelsdefizit und bei der Bewertung durch die Ratingagenturen eine gewisse Besserung bringen, sodass die Befürworter dieser Politik von Erfolgen sprechen. Das geht aber auf Kosten zahlloser menschlicher Tragödien, auch extremer Jugendarbeitslosigkeit. Die Reichen des armen Landes bezahlen dabei weiterhin kaum Steuern und überweisen ihre Gewinne auf die Finanzmärkte.

Es müssten die armen Länder sogar ein Außenhandelsplus erzielen, um nur die Zinsen für ihre Schulden bezahlen zu können, ganz zu schweigen von einer Rückzahlung der Schulden. Dazu müssten die reichen Länder plötzlich Außenhandelsdefizite aufweisen! Um sich Linderung zu verschaffen, bezahlen viele Länder (außer mit ihrer

Armut) durch Ausverkauf von Land und Bodenschätzen. Papst Franziskus sprach auf einer Reise im Juli 2015 von neuen Formen des Kolonialismus. Die armen Länder würden von den Industrienationen zu bloßen Rohstofflieferanten und Zulieferern kostengünstiger Arbeit herabgewürdigt. Dies erzeuge eine Gewalt, die weder mit polizeilichen noch mit militärischen oder geheimdienstlichen Mitteln aufgehalten werden könne. Zu diesem neuen Kolonialismus zählte Franziskus auch einige sogenannte Freihandelsabkommen. Auch das Auferlegen von Sparprogrammen gehe immer nur zu Lasten der Arbeiter und der Armen. Die internationale Gemeinschaft hatte Zahlungen für die Erhaltung der Urwälder versprochen, ihr Versprechen aber nicht gehalten.

Der Stopp des Exportüberschusses kann eine teilweise Umstellung (Konversion) der Produktion im Exportland erfordern, z. B. von der Waffenproduktion auf Umwelttechnik, Energiewende und öffentlichen Nahverkehr. Dann fließen mehr Güter ins eigene Land. Es kann auch eine Drosselung der Produktion erforderlich werden. Damit könnte eine **Arbeitszeitverkürzung** in gewissen Branchen einhergehen bei gleichbleibendem Verdienst. Das ließe die großen Gewinne speziell der exportierenden Konzerne schrumpfen.

Allgemein sind **Lohnerhöhungen** (Erhöhung des Stundenlohns) im Exportland nützlich. Dann kommen die Arbeitnehmer stärker in den Genuss von Erhöhungen der Produktivität. Die EU-Kommission hat mehrfach in dieser Richtung an Deutschland appelliert. Massive Proteste französischer Landwirte gegen die niedrigen Löhne in der deutschen Landwirtschaft zielten in diese Richtung. Der Staat kann das durch die Festsetzung von **Mindestlöhnen** unterstützen. Durch sie kann sich das gesamte Lohnniveau heben. Sinken die Unternehmensgewinne, stehen weniger Ersparnisse zur Finanzierung des Exportüberschusses zur Verfügung. Gegen Lohnerhöhungen kann mit der Drohung operiert werden, die Produktion in Billiglohnländer zu verlagern. Damit beschäftigen wir uns auch noch beim Thema Kapitalflucht.

Lohnerhöhungen sind auch schwer durchsetzbar, weil weltweit eine prekäre Situation auf dem Arbeitsmarkt herrscht. Vielfach stehen die Arbeitenden vor der Alternative, Abstriche beim Reallohn in

Kauf zu nehmen oder ihren Arbeitsplatz zu verlieren. Arme Länder können auf dem Weltmarkt meist nur konkurrieren, wenn dort für Hungerlöhne gearbeitet wird. Es ist auch zu beachten, dass es Unternehmen gibt, die signifikante Lohnerhöhungen gut verkraften können, und andere, die das nicht können. Der Staat mit seinem Werkzeug Besteuerung kann hier gezielter vorgehen, indem er vom Gewinn der Unternehmen ausgeht.

Von einer Verkürzung der Arbeitszeit sind selbst die Arbeitnehmer wenig begeistert. Vielmehr liegt es im Trend, dass auch die Frauen im Berufsleben stehen und für die Kinder Kindertagesstätten zur Verfügung stehen. Das ist auf der einen Seite Gleichberechtigung und Selbstverwirklichung der Frauen. Oft zwingen auch die wirtschaftlichen Verhältnisse dazu (auch dass Rentner noch arbeiten). Manchmal sollen auch zwei Lokomotiven den Zug zum Eigenheim ziehen. Das alles entspricht ebenso wenig einer Arbeitszeitverkürzung wie die Rente mit 67 statt mit 65 Jahren. Doch es muss sich herumsprechen, dass auch mehr Freizeit eine Verbesserung der Lebensqualität darstellt.

4.8 Die Wirtschaft ohne Wachstum oder die konstante Wirtschaft

Manchmal fragt man sich, warum Wirtschaftswachstum, also Steigerung des Konsums und der Investitionen, zur Wirtschaft gehören sollen wie der Dotter zum Ei. Unser Schiff ist leck, und eine Erhöhung der Geschwindigkeit ist nicht unbedingt hilfreich. Der Mensch verursacht mit Hilfe seiner technischen Möglichkeiten viele Zerstörungen. In manchen chinesischen Städten kann man oft nicht mehr ohne Atemschutz aus dem Haus gehen. Der Klimawandel bringt Wetterextreme mit großen Überschwemmungen, Dürren und Waldbränden. Dazu kommen durch Fahrlässigkeit verursachte Katastrophen wie in Bophal, in Tschernobyl und die Ölpest im Golf von Mexiko. Strengere Regeln könnten hier helfen. Aber ihnen stehen oft der Durst nach Arbeitsplätzen, hohen Gewinnen und Wirtschaftswachstum entgegen.

Die Wirtschaft ist kein Säugling mehr, der gehätschelt werden muss, sondern kann jetzt in die Pflicht genommen und in geordnete Bahnen gebracht werden. Kleidung, die in Fernost in Sklavenarbeit gefertigt wurde, ist preisgünstig, doch schadet Unternehmen, die anständige Löhne bezahlen. Der Verbraucher oder der „König Kunde" kann hier einen gewissen Einfluss nehmen. Vor allem ist aber die Politik gefordert. Nicht zuletzt erhebt sich die Frage, wie lange und bis wohin die Wirtschaft noch wachsen soll.

Tabelle 28, Kennzahl 4.8.1: Mögliche Kausalketten für Ersparnisse, Investitionen und Wachstum			
Ersparnisse in junger Wirtschaft	→ Investitionen	→ Wachstum	gut
Ersparnisse in einer gealterten Wirtschaft	→ Investitionen	→ qualitatives Wachstum	gut
	→ Investitionen	→ materielles Wachstum	→ Umweltzerstörung
	→ Geldabflüsse	→ Rezession, Krise	→ Pleiten, Arbeitslosigkeit
	→ Steuern* I in Bild 4.8.1		gut

Die Tabelle 4.8.1 gibt eine Übersicht darüber, wie mit Ersparnissen umgegangen werden kann. Es können z. B. in einer gealterten Wirtschaft Investitionen zu materiellem Wachstum führen mit mehr Konsum und wachsendem Verbrauch von Ressourcen, aber auch zu qualitativem Wachstum mit besseren Fertigungsmethoden, mit deren Hilfe die Arbeitszeit verkürzt werden kann. In einer gealterten Wirtschaft besteht die Gefahr, dass die Politik den lawinenartig anwachsenden Ersparnissen (wie in Kapitel 7.1 beschrieben) rentable Anlagemöglichkeiten schaffen muss, um den Absturz in die Krise zu verhindern, auch wenn das unnötig oder gar schädlich ist. Es darf nicht sein, dass das Flugzeug Wirtschaft immer weiter steigen muss, um nicht abzustürzen.

Der Wirtschaft vieler armer Länder muss noch materielles Wachstum zugestanden werden. Soll das Ziel sein, dass jede Familie auf der Erde eine Eigentumswohnung, ein Fahrzeug und ähnliche Annehmlichkeiten hat? Das könnte die Umwelt wohl noch verkraften. Die Erdbevölkerung sollte dann aber nicht weiter wachsen. Es sieht so aus, dass Bevölkerungswachstum und Armut zusammengehören. Auch das ist ein Grund, die Armut zu bekämpfen. Dazu müssten aber zumindest die, die schon ein Ferienhaus, eine Luxuskarosse oder gar eine Luxusyacht haben, auf eine weitere Steigerung verzichten. Sie müssten höher besteuert werden oder freiwillig etwas geben. Es gibt ja neben materiellen auch noch andere, nicht materielle Ziele und Ideale.

Qualitatives, kulturelles und geistiges Wachstum ist unbegrenzt möglich. Ist ein Theater oder ein Kaufhaus veraltet und baufällig, spricht nichts dagegen, es durch ein neues mit vielen technischen Neuerungen zu ersetzen. Das kann durch Erfindungen und Weiterentwicklungen (Innovationen) erreicht werden. Die elektronische Datenverarbeitung (EDV) brachte qualitatives und materielles Wachstum. Es kann sein, dass noch ungeahnte Erfindungen kommen. Aber es ist auch möglich, dass es kaum mehr sinnvolle Erfindungen gibt, die Wirtschaftswachstum befördern. Bei manchen Neuerungen müssen wir uns schon jetzt fragen, ob sie mehr nutzen oder mehr schaden. Daher muss die Ökonomik damit umgehen können, dass die Wirtschaft irgendwann nicht mehr oder nur noch minimal wächst.

Gegenwärtig haben wir in weiten Teilen der Welt höchstens ein Miniwachstum. Diese Länder haben große soziale Probleme. Ihnen muss zu Wachstum verholfen werden. Wir müssen aber auch wissen, wie die **Wirtschaft ohne Wachstum** einwandfrei funktionieren, und wie man das Wachstum auf null bringen kann, wenn es notwendig ist. Dieses Wissen ist auch von Nutzen, wenn es darum geht, eine Wirtschaft mit schwachem Wachstum stabil zu halten, z. B. wenn es in Deutschland der Stopp der Exportüberschüsse erfordert.

Verschiedene „Sachzwänge" lassen das Wirtschaftswachstum erscheinen. Schaut man aber genauer hin, erkennt man diese Sachzwänge als nicht zwingend, wie die Tabelle 4.8.2 zeigt.

Tabelle 29, Kennzahl 4.8.2:
Argumente für die Notwendigkeit materiellen Wirtschaftswachstums und Gegenargumente

1. Die Bekämpfung der Armut und die Steigerung des Wohlstands.	Vor allem in den armen Ländern ist Wachstum noch berechtigt. In Bezug auf materielle Güter muss der Mensch aber eines Tages mit dem zufrieden sein, was er hat. Fortschritte in der Medizin und auf andern Gebieten des Wissens sind noch wünschenswert. Es muss auch daran gedacht werden, dass die produzierten Güter gerechter verteilt werden. Das Wachstum der Wirtschaft in den armen Ländern darf nicht das in den reichen Ländern kopieren, um der Umwelt eine Chance zu geben.
2. Durch den technischen Fortschritt produziert eine Arbeitskraft mehr Güter. Um unsere Arbeitsplätze zu erhalten, müssen wir mehr konsumieren.	Doch dagegen hilft nicht nur Wirtschaftswachstum, sondern auch **Arbeitszeitverkürzung**. Die Maschine kann unseren Lebensstandard nicht nur durch ein Plus an Konsum steigern, sondern auch durch ein Plus an Freizeit.
3. Es fallen unzählige Milliarden an Ersparnissen an. Sie müssen investiert werden, sonst ist die Wirtschaft nicht im Gleichgewicht. Investitionen aber bedeuten Wachstum.	Die Staaten können das Gleichgewicht auch durch angemessene Besteuerung der Reichen herstellen. Dabei wird investitionsbereites Geld in konsumbereites Geld verwandelt.

Fortsetzung Tabelle 29, Kennzahl 4.8.2:
Argumente für die Notwendigkeit materiellen Wirtschaftswachstums und Gegenargumente

4. Wird der Produktionsapparat nicht ständig modernisiert und seine Leistung gesteigert, kommt ein Land im Konkurrenzkampf mit andern Ländern unter die Räder.	Genau nach diesem Prinzip werden die schwächeren Länder an die Wand konkurriert und ins Elend gestürzt und Kriege um Rohstoffe geführt. Der 2015 stark angeschwollene Strom von Wirtschafts- und Kriegsflüchtlingen nach Europa ist eine der Folgen davon. Das Prinzip *Fressen oder gefressen werden* darf nicht weiterhin die Mutter des Wachstums sein. Die Wirtschaftspolitik muss mit Hilfe von **ethischen Maßstäben** den Marktmechanismen ihre Grenzen aufzeigen. Eine Menschheit, die technische Fortschritte gemacht hat, muss auch ethische Fortschritte machen, will sie nicht zugrunde gehen.

Eine populäre Forderung lautet, die Unternehmen möglichst schwach zu besteuern, auch bei der Erbschaftsteuer. Sie könnten sich dadurch am Markt behaupten, Gewinne machen, die Gewinne investieren, sich vergrößern sowie modernisieren und viele Arbeitsplätze anbieten. Aber das gilt nur für eine junge Volkswirtschaft. Eine schon gealterte Volkswirtschaft mit schon eher überdimensioniertem Produktionsapparat kommt aus dem Gleichgewicht, wenn sie sich selbst überlassen ist, wie Kapitel 3.6 gezeigt hat. Der Staat muss hier einen Teil der Gewinne durch Kredite oder besser durch Besteuerung an sich bringen und in den Geldkreislauf zurückführen. Die Menschheit muss lernen, den Wirtschaftsmotor auch bei konstanter Drehzahl im Gleichgewicht zu halten.

Es besteht also die Herausforderung, in unserem Modell einen **Zustand ohne Investitionen** darzustellen. Mit Investitionen sind Nettoinvestitionen gemeint, die den Produktionsapparat wachsen lassen.

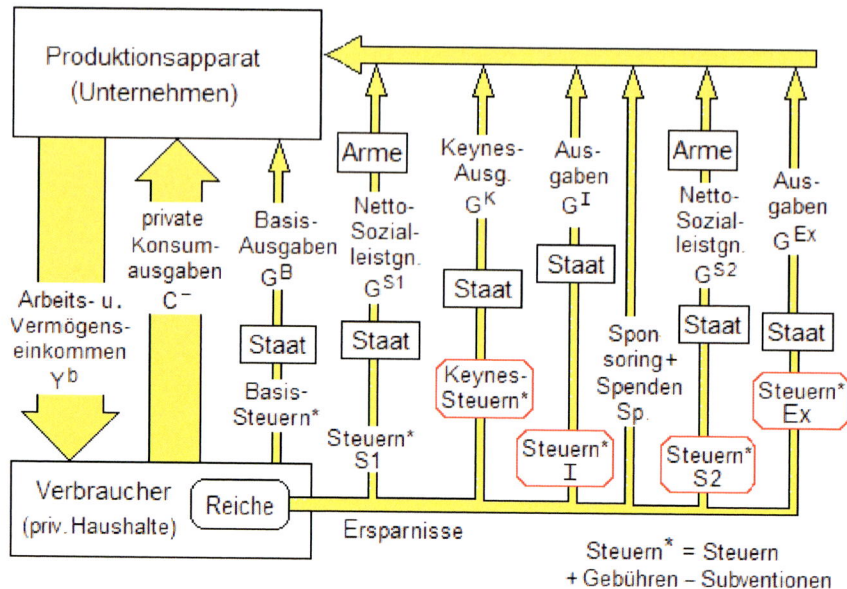

Bild 33, Kennzahl: 4.8.1:
Wirtschaft im stationären Gleichgewicht

Wir gehen also in Bild 4.8.1 wie in den vorhergehenden Kapiteln vor und etikettieren auch die Ersparnisse, die bisher zu Investitionen wurden, um. Der Geldstrom Investitionen wird dabei zum Geldstrom **Steuern* I** (mit I wie Investitionen). Dieses Geld steht nun dem Staat zur Verfügung. Er lässt das Geld in Form der Staatsausgaben G^I zum Produktionsapparat zurückfließen. Und wir tragen das in die Zeile 6 des Abschlussberichts ein.

Wir haben nun in Bild 4.8.1 eine Situation, die unbegrenzt lange Zeit bestehen kann, denn sie ist stationär. Die Gefahr durch abfließende Ersparnisse und anwachsende Verschuldungen ist beseitigt. Die Reichen haben hier nur noch die Möglichkeiten, Geld für ihren Konsum oder durch Sponsoring auszugeben bzw. in Form von Steuern dem Staat zukommen zu lassen. Sie haben es trotzdem noch sehr gut, denn sie haben weiterhin ihre hohen Einkommen; sie können ihren Konsum steigern und so ihre Steuern um denselben

Betrag reduzieren. Außerdem haben wir hier nur den Extremfall, dass gar kein Wachstum, auch kein qualitatives, vorhanden sein soll.

Andererseits gab es ja schon oft Rezessionen und Krisen, mit Null- oder gar Minuswachstum. Da kann Kapital von astronomischem Ausmaß „verbrannt" werden. Natürlich ist es für den Staat nicht leicht, alle Überschüsse (nicht verbrauchte Ersparnisse) abzuschöpfen. Aber er kann dabei stufenweise vorgehen, wie die Tabelle 4.8.3 zeigt.

Tabelle 30, Kennzahl 4.8.3: Soziale Steuertipps für den Staat
Hohe Arbeits- und Vermögenseinkommen sind genügend progressiv zu besteuern. Progression bedeutet: Je höher das Einkommen, desto höher der Prozentsatz der Besteuerung.
Wo sich trotzdem Reichtum zu sehr konzentriert, muss die Vermögensteuer eingreifen.
Bilden sich trotzdem zu große Vermögen, muss die Erbschaftsteuer eingreifen. Man kann die Vermögensteuer und die Erbschaftsteuer als nachträgliche Besteuerung von Einkommen verstehen.

4.9 Die übergeordneten Instanzen, die Finanzmärkte und der Weltmarkt

Internationale Insolidarität
Auf nationaler Ebene kümmert sich der Staat um die Schwächeren, leider mit abnehmender Tendenz. 1883 wurde in Deutschland von Kanzler Bismarck die **Sozialgesetzgebung** ins Leben gerufen. Das Markenzeichen des deutschen Wirtschaftsministers und späteren Bundeskanzlers Ludwig Erhardt war die **soziale Marktwirtschaft**. Sie gab einer aufstrebenden Wirtschaft Freiraum, wurde aber auch der sozialen Verantwortung des Staates gerecht. Unter Ludwig Erhardt ereignete sich das deutsche **Wirtschaftswunder** der Nach-

kriegszeit. Es gab dann aber auch wieder Probleme, als das Wirtschaftswachstum zurückging. Seither wurde das Soziale durch das Erstarken liberaler Vorstellungen abgebaut. Der Weltmarkt, dessen Einfluss mit der Globalisierung wächst, belohnt eben Länder mit niedrigen Sozialstandards und Löhnen, außerdem Länder mit hohem technischem Standard.

International fehlt das Soziale fast völlig. Da werden die schwächeren, also die weniger industrialisierten Länder, seit Beginn der Globalisierung verstärkt an die Wand gedrängt. Denn was die reichen Länder für die **Entwicklungshilfe** ausgeben (in Deutschland weniger als 0,5 % seines BIP), wird weit übertroffen von den Einnahmen aus ihrem **Exportüberschuss** (in Deutschland mehr als 6 % des BIP). Zwar werden für die Einnahmen aus dem Exportüberschuss Güter geliefert. Aber das nützt den Importländern wenig, wenn dadurch die eigene Produktion weg- und das Land in Arbeitslosigkeit und Verschuldung verfällt. Zudem besteht die Entwicklungshilfe nicht nur aus barem Geld. Zur Entwicklungshilfe dürfen auch Darlehen gerechnet werden, wenn sie gemäß den Richtlinien der OECD ein Zuschusselement von mindestens 25 % aufweisen.

Die Finanzmärkte
Eine zusätzliche Bedrohung und Auszehrung schwach industrialisierter Länder ergibt sich durch die Geld- und Kapitalflucht. Wir erwähnten schon in der linken Hälfte der Zeile 7 unseres Berichts die Gefahr der Schädigung der Länder durch Kapitalflucht, Steuerflucht und den Ausverkauf ihres Eigentums. Wir erinnern uns auch an das Zitat von Hans Tietmeyer aus Kapitel 1.3 aus dem Jahr 1996. Der damalige Chef der Deutschen Bundesbank sagte: „Die meisten Politiker sind sich noch nicht im Klaren darüber, wie sehr sie unter der Kontrolle der Finanzmärkte stehen und sogar von diesen beherrscht werden."

Was läuft auf den **Finanzmärkten** ab? Dort werden oft in Millisekunden astronomische Mengen von Geld über den Erdball geschickt. Jedes Land freut sich, wenn es **Geldzuflüsse** in Form von Investitionen von den Finanzmärkten erhält. Gelegentlich werden arme Länder durch Zuflüsse zu wirtschaftlicher Blüte gebracht. In Asien wurden dadurch Länder zu den bewunderten „Tigerstaaten".

In der Regel zogen dann aber die „Finanzhaie" der Kapitalmärkte ihr Geld mit möglichst hohem Gewinn wieder ab. Dem Kapitalzufluss folgte die **Kapitalflucht**. Das riss die Tigerstaaten aus dem Boom heraus in die Krise.

Die optimistische Vorstellung ist: Die Akteure der Finanzmärkte, die institutionellen Anleger, haben einen weltweiten Überblick und legen daher das Geld dort an (investieren es dort), wo man die höchste Rendite erhält. Das soll zugleich dort sein, wo es den größten Nutzen bringt. Es geht aber offenbar mehr um den Nutzen für die Anleger als für das Land. Der Milliardär, Finanzmarktstratege und Buchautor George Soros sagte einmal: „Statt wie ein Pendel haben die Finanzmärkte in letzter Zeit eher wie eine **Abrissbirne** funktioniert. Eine Wirtschaft nach der andern haben sie zusammenbrechen lassen." Damit beschäftigt sich auch das Buch von Jean Ziegler „Die neuen Herrscher der Welt und ihre globalen Widersacher" [11].

Abflüsse zu den internationalen Finanzmärkten finden ständig statt, weil dort Gewinne locken. Es können **Ersparnisse** über Banken dorthin fließen, seien es die von Kleinsparern, von Reichen aus Unternehmensgewinnen oder von Despoten, die sich den „Dienst" an ihrem Land täglich mit Millionen vergüten lassen. Reiche überweisen oft viel Geld auf ausländische Konten, um Steuern zu vermeiden. Das nimmt noch dramatisch zu, wenn die Wirtschaft ihres Landes in Gefahr ist, zusammenzubrechen. Dazu kommt Schwarzgeld von Drogenbossen. Auch durch die Privatisierung der Altersversicherung sammelt sich viel Geld an. Diese Gelder sind ebenfalls Ersparnisse, die zum Teil auf die Finanzmärkte fließen. Sie sollten sich stark vermehren, wurde zunächst versprochen. Diese Hoffnung erfüllte sich aber nicht.

Abflüsse zu den Finanzmärkten finden auch statt, wenn Unternehmen stillgelegt werden und die Produktion in ein anderes Land verlagert wird. Der Konzern XY verkauft dann Produktionsanlagen im Land A, erhält dafür Geld und kauft oder errichtet mit dem Erlös Produktionsanlagen im Land B, dem damit Geld zufließt. Damit sind Geld und Arbeitsplätze vom Land A in das Land B geflossen. Land B hat vermutlich niedrige Löhne und Sozialstandards und billige

Grundstücke geboten. Zudem hat der Konzern vermutlich hohe Subventionen dafür erhalten, dass er in Land B Arbeitsplätze schuf.

Ist es nicht möglich, die Produktionsanlagen, die man aufgibt, gut zu verkaufen, kann man sie auch durch Abnutzung zu Geld machen. Man macht dann keine Investitionen zum Ausgleich der Abnutzung und Alterung. Es fließen dann so lange erhöhte Gewinne, bis die Anlage Schrott ist.

Die internationalen Finanz*mächte*

Zu den **Finanzmärkten** gehören natürlich die **Akteure**, die dort ihren Finanzgeschäften nachgehen, und das **Kapital** (Geld, Aktien u. a.), mit dem sie arbeiten. Sie bilden zusammen ein Ganzes, das wir die internationalen Finanzmächte nennen wollen. Die drei Aggregate sind vergleichbar mit einer vorrückenden Armee, ihrer Ausrüstung, z. B. Panzer, und dem Gebiet, auf dem sie operieren. Bild 4.9.1 zeigt stellvertretend für alle Länder ein Land und Geldströme zwischen ihm und den internationalen Finanzmächten. Man muss sich zusätzlich noch Geldströme innerhalb des Aggregats Finanzmächte vorstellen. In zahllosen Bankentürmen arbeiten daran große Mengen an Personal. Eine der Aufgaben ist es, auf Kursänderungen am Aktienmarkt und auf Informationen von den Ratingagenturen zu reagieren, oft blitzschnell, um vor der Konkurrenz am Ball zu sein. Das kann per Mausklick erfolgen oder auch von Computerprogrammen veranlasst werden. Die Fonds z. B. stehen im harten Konkurrenzkampf untereinander. Großbanken stehen unter dem Erfolgsdruck, mit dem Investment-Banking und anderen riskanten Geschäften Milliardengewinne zu erwirtschaften, damit der Kurs ihrer Aktien oben bleibt.

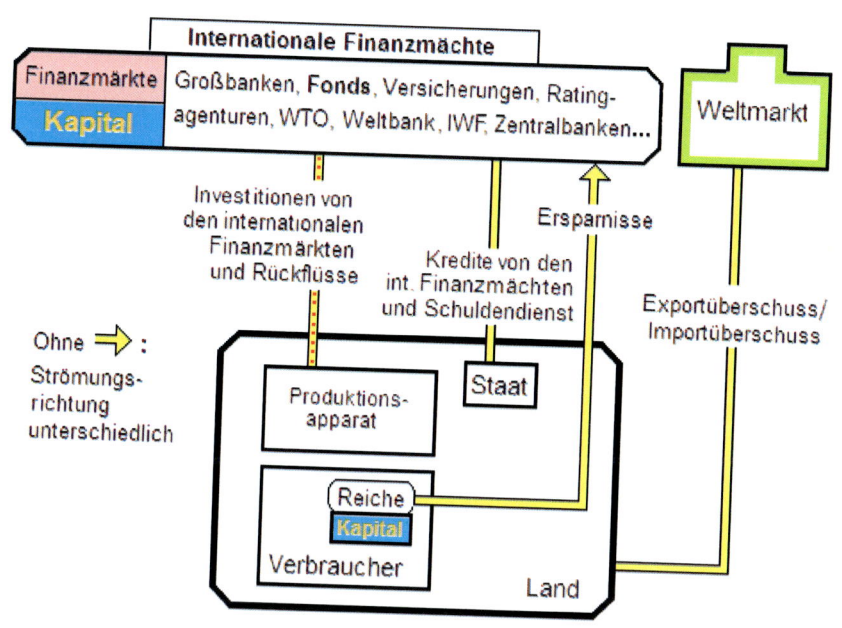

Bild 34, Kennzahl 4.9.1: Geldströme zwischen einem Land und den übergeordneten Instanzen

Gerne wird mit den Geldmassen der Finanzmärkte auch spekuliert. Ein Beispiel ist die Spekulation mit Nahrungsmitteln. Wetten aller Art werden angeboten, bei denen man wie in einem Spielcasino viel Geld gewinnen, aber auch oder verlieren kann. Ein anderes Arbeitsgebiet der Großbanken ist die Produktion von Derivaten, weshalb man ihre Gesamtheit auch als Finanzindustrie bezeichnet. Aus **Wikipedia** entnehmen wir hierzu: „**Derivate** sind handelsfähige Finanzinstrumente und dienen dem Transfer von Risiken. Die Marktrisiken des Basiswerts werden durch Vertragsgestaltung in den Derivate-Vertrag implementiert und können nunmehr separat gehandelt werden. Basiswerte für Derivatgeschäfte können Waren und Finanzwerte aller Art sein. Bei Finanztermingeschäften umfassen sie z. B. Staatsanleihen und Aktienindizes.“

Die Wirtschafts- und Finanzkrise 2008 ergab sich unter anderem daraus, dass solche Derivate plötzlich nichts mehr wert waren und

Banken, die sie besaßen, vom Staat gerettet werden mussten. Der Gründer von Microsoft, Bill Gates, schlug anlässlich dieser Krise einen TÜV für Banken vor. Die Forderung nach einer Regulierung der Finanzmärkte und einer Finanztransaktionssteuer (Tobin-Steuer) ist in aller Munde, doch man kommt nur schleppend voran. Bei der Tobin- Steuer fällt bei jeder Finanztransaktion ein winziger Bruchteil an den Staat ab. Die **Regulierung der Finanzmärkte** sieht unter anderem vor, dass Banken riskante Geschäfte nur in dem Umfang machen dürfen, wie es ihre Reserven erlauben. Die Forderung, das Prinzip der **Trennbanken** (wieder!) einzuführen, beinhaltet etwa, dass Universalbanken nicht (mit dem Geld der Kleinsparer) das riskante Geschäft von Investmentbanken machen dürfen.

Wir sehen in Bild 4.9.1 auch noch Kapital bei den Reichen des Landes. Wir haben Kapital definiert als Forderungen + Eigentumsansprüche. Dazu gehört auch das Geld, da es Forderungen gegen Banken darstellt. Kapital haben die Reichen aller Länder. Sie haben einen Teil ihres Kapitals an die Finanzmärkte übertragen. Das zeigt der Geldstrom „Ersparnisse".

Der Schuldendienst
Eine starke Abhängigkeit der verschuldeten Staaten, und das sind fast alle Staaten, von den Finanzmärkten besteht darin, dass die Staaten für ihre Anleihen den Schuldendienst in Bild 4.9.1 leisten müssen. Er besteht aus den regelmäßigen Zahlungen für **Zinsen** und **Tilgungen**. Die Staaten müssen dazu ständig neue Kredite aufnehmen. Der betreffende Geldstrom wurde daher ohne Richtungspfeil gezeichnet. In der Regel fließt dort aber mehr Geld nach unten als nach oben, da die Verschuldung der Staaten meist wächst.

Die Regierungen stehen unter dem Zwang, eine solche Politik zu machen, dass die Finanzmärkte ihnen noch Kredite zu erträglichen Zinsen bzw. überhaupt noch Kredite gewähren. Hier zeigt der Markt eines seiner unfreundlichsten Gesichter. Denn je höher ein Staat bereits verschuldet ist, also je ärmer er ist, desto höhere Zinssätze drücken ihn.

Weitere Akteure

Länder können auch Kredite von der Weltbank und vom IWF erhalten. Die **Weltbank** kann Kredite für die Entwicklung armer Länder zur Verfügung zu stellen. Der **Internationale Währungsfonds IWF** soll insbesondere Ländern Kredite zur Verfügung zu stellen, die in Zahlungsschwierigkeiten sind. Sie sollen aber später mit Zinsen zurückgezahlt werden. Auch diese Kredite soll der eben beschriebene Geldstrom in Bild 4.9.1 repräsentieren.

Die Weltbank und der IWF, beide mit Sitz in Washington, und die **Welthandelsorganisation WTO** mit Sitz in Genf sind internationale Organisationen, die sich global mit der Regelung von Handels- und Wirtschaftsbeziehungen beschäftigen.

Ratingagenturen geben Ländern und Unternehmen Noten, wie groß das Ausfallrisiko ist, wenn man ihnen Kredite gibt. Sie sind „private, gewinnorientierte Unternehmen, die gewerbsmäßig die Kreditwürdigkeit (Bonität) von Unternehmen sowie von Staaten und deren untergeordneten Gebietskörperschaften bewerten." Kann ein Staat den Schuldendienst nicht mehr leisten, erhält er auch keine Kredite mehr und gilt als zahlungsunfähig, also pleite. Seine Bürger stehen dann vor den Banken Schlange und kommen kaum mehr an ihr eigenes Geld. Hilfe kann dann innerhalb der EU durch einen Euro-**Rettungsschirm** kommen. Doch die Hilfe wird an Sparauflagen geknüpft, die den Staat und die Bevölkerung in große Nöte bringen.

Investitionen, Desinvestitionen und Politik

Der rot gepunktete Geldstrom Investitionen zwischen den Finanzmärkten und dem Produktionsapparat eines Landes wurde in Bild 4.9.1 ebenfalls ohne Richtungspfeil gezeichnet. Zwar wird auch hier Geld gegeben (geliehen), aber es soll ja in Form von Zinsen und Rückzahlungen sogar mehr Geld zurückkommen. Ist das nur durch neue Kredite möglich, steigt die Verschuldung, es steigen also die Eigentumsansprüche oder das Kapital, das sich auf den Finanzmärkten befindet.

Damit von den Finanzmärkten Investitionen kommen, muss die Politik das Land **„finanzmarkttauglich"** machen, was so etwa das Gegenteil von sozial und umweltschonend ist. Hoch industrialisierte

Länder haben mehr Chancen, Investitionen zu erhalten. Von den Finanzmärkten kommende Investitionen können den Charakter von Raubzügen annehmen, wenn in möglichst kurzer Zeit ein möglichst hoher Gewinn erzielt werden soll.

Man sprach schon von **Heuschrecken**, wenn Fonds mit Unternehmen und Unternehmensteilen Handel treiben. Man kauft dabei z. B. gesunde Unternehmen auf, indem man die Aktienmehrheit erwirbt. Der größte Teil der Kaufsumme wird dabei durch Kredite aufgebracht. Das Unternehmen wird dann häufig in mehrere Teile zerlegt, manche Teile auch stillgelegt. Die Belegschaft wird abgebaut, der Rest auf niedrigere Löhne gesetzt. Dann werden das Unternehmen oder die Unternehmensteile wieder verkauft, der Investition folgt also die Desinvestition. Die Schulden aus der Kreditaufnahme werden den verbleibenden Unternehmen aufgebürdet.

Das ist auch eine Art des Sozialabbaus und der Umverteilung von Arm nach Reich. Der SPD-Politiker Müntefering sprach hier von den „Schattenseiten des Kapitalismus". Das klingt hilflos. Die folgende Tabelle zeigt vereinfacht, welche Möglichkeiten die Politik hat.

Tabelle 31, Kennzahl 4.9.1:
Rezepte der Politik in Stichworten

Rezept K kapitalistisch	Mittel- weg	Rezept S sozial	Rezept S* Sozialis- tisch
Anfangs sehr er- folgreich. Heute nur noch für reiche Personen und Län- der. Die Mehrheit der Menschen und die Umwelt sind die Verlierer.	Nicht erfolg- reich: Man sitzt zwi- schen allen Stühlen.	Erfordert Stopp der Umverteilung nach oben, Reform des Weltmarktes und der Finanzmärkte, dazu Zusammenar- beit der Länder, Brüderlichkeit.	Alternative. Teile kön- nen Rezept S beige- mischt werden, etwa Ver- gesell- schaftung der Groß- unterneh- men.
Die Staaten werben Investitionen durch den Steuersen- kungswettbewerb an.		Die notwendige Be- steuerung ergibt sich aus Gleichge- wichtsbedingungen.	Gegen die höheren Stufen sind große Wi- derstände zu erwar- ten.
EU und USA: Geld- schwemme der No- tenbanken verhin- dert noch das Schlimmste.		Utopie und doch Minimalforderung. Möglich, wenn das Volk und die Medien dahinterstehen.	Die höchste Stufe kann mit den heutigen Menschen kaum er- folgreich sein.

Der Weltmarkt

Die übergeordneten Instanzen werden komplettiert durch den Weltmarkt. Wir sprechen hier nur von wirtschaftlichen Instanzen, sodass etwa die Vereinten Nationen nicht dazugehören. Organisationen wie ILO, OECD (in Europa) und APEC (in Asien) sind noch zu erwähnen. Sie sollen durch die drei Punkte in Bild 4.9.1 vertreten sein. Wir sahen in Bild 3.4.1, dass der Geldstrom Exportüberschuss durch den Weltmarkt fließt und dabei das importierende Land vom Exportland Geld erhielt. Das Geld floss dann zum Exportland zurück in Form von Exporterlösen, und es entstand eine Verschuldung des Importlandes. Man kann die Geldbewegungen auch weglassen und gleich eine Verschuldung entstehen lassen. Doch mit den Geldbewegungen ist der Vorgang anschaulicher.

Wir sehen daher auch in Bild 4.9.1 einen Geldstrom ohne Richtung. Er soll sagen: Ist das Land ein Importland (ein Land mit Importüberschuss bzw. negativer Leistungsbilanz), wird dem Land Geld entzogen. Ein Exportland erhält dagegen Geld vom Weltmarkt. Geldentzug kann verstanden werden als Verschuldung. Damit hat der Weltmarkt ebenso Macht über die Länder wie die Finanzmächte. Denn Länder können in die Schuldenfalle kommen, aus der sie umso schwerer wieder herauskommen, je tiefer sie drin sind. Sie werden dann allein von den Zinsen immer mehr nach unten gezogen.

Man fordert zwar von den außereuropäischen Ländern, dass sie ihre Urwälder und Tiere schützen, wie die Elefanten vor brutalen Wilderern. Doch der Weltmarkt diktiert ihnen Abbau der Staatsausgaben, auch Personalabbau, Abbau der sozialen Standards und Hungerlöhne, um konkurrenzfähiger zu werden. Da bringt ihnen der Ausverkauf der Naturschätze eine kleine Erleichterung. Ebenso der Drogenanbau z. B. in Afghanistan. Fließt der Erlös einer Drogenmafia zu, wird die ohnehin schon geschwächte Regierung durch Kriminalität und Bürgerkriege weiter geschwächt.

4.10 Solidarität statt Herrschaft des Weltmarkts und der Finanzmärkte

Die von den **Finanzmärkten** ausgehenden Gefahren lassen sich wie folgt zusammenfassen:

Die Länder sind von den internationalen Finanzmärkten abhängig, weil ständig Geld, besonders Ersparnisse, aus den Ländern dorthin abfließt. Kommt kein Geld zurück, wird die Wirtschaft des Landes ausgetrocknet. Verschuldete Staaten müssen wegen des Schuldendienstes von dort ständig neue Kredite erhalten.

Damit Geld von den Finanzmärkten zurückkommt, benötigt die Politik das Wohlwollen der Finanzmärkte. Sie muss ihr Land **finanzmarkttauglich** machen (Rezept K in Tabelle 4.9.1). Investitionen aus den Finanzmärkten kommen nur, wenn sie als sicher und gewinnträchtig gelten oder ein hoher Zinssatz akzeptiert wird. Ratingagenturen geben über die Bonität der Staaten Auskunft. Die Globalisierung mit ihren Sachzwängen und sozialen Verwerfungen führte in vielen Ländern zu Unzufriedenheit und Nationalismus sowie auch zum Austritt Großbritanniens aus der EU. Die Länder stehen in einem Wettbewerb untereinander und gegeneinander, der sie unter anderem in einen Steuersenkungswettbewerb und das Soziale sowie den Umweltschutz an den Rand treibt.

Wie kann der Gefahr begegnet werden? Wie können wir uns dem Prinzip „fressen *oder gefressen werden"* entziehen? Wie können wir vermeiden, durch Anpassung zum Bundesgenossen des großen Geldes zu werden, das sich ständig vermehren will und dadurch wie ein schwarzes Loch wirkt? Wie kann sich die Politik dem Sog entziehen, für Steuersenkungen für das große Geldes belohnt und für eine soziale und ökologische Politik bestraft zu werden? Wichtig ist schon einmal, das Problem zu erkennen, und die Ambition, dass man es lösen und nicht nach dem Rezept K in Tabelle 4.9.1 verfahren will.

Heute schaut die internationale Politik, wenn sie beispielsweise Beschlüsse zur Rettung hoch verschuldeter Staaten gefasst hat, gebannt auf die Börsen in Ostasien (die als erste öffnen), wie die Kurse im Allgemeinen und besonders die von Staatspapieren auf ihre Beschlüsse reagieren. Sie erhält von dort ihre Noten.

Eine Notlösung ist es, dass die Europäische Zentralbank EZB Anleihen armer europäischer Staaten dadurch aufwertet, dass sie sie im Notfall aufkauft. So wird aber nur Zeit gewonnen.

Die EZB betreibt damit **expansive Geldpolitik**, wie auch andere Zentralbanken, mit gewissen Risiken sowie Nachteilen und ohne durchschlagenden Erfolg. Sie ist mit billigem Geld, also niedrigen Zinsen verbunden, zum Ärger von Sparern und Lebensversicherungen, und wird auch von vielen Experten abgelehnt. Nach früheren Erfahrungen führt starke Geldvermehrung zur Inflation mit Schädigung unzähliger Geldbesitzer. Das tritt aber gegenwärtig nicht ein. Sogar eine leichte Geldentwertung, die angestrebt wurde, wurde nicht erreicht. Der Unterschied zu früheren Zeiten liegt wohl darin, dass heute riesige Produktionsapparate da sind, die die erhöhte Nachfrage (infolge der Erhöhung der Geldmenge) befriedigen können, ohne dass es zu Engpässen und damit zu Preiserhöhungen kommt. Die EZB rechtfertigt ihr Vorgehen mit dem Hinweis, dass damit Zeit gewonnen werde für die Politik. Nutzt nun die Politik die Zeit, um die richtigen Maßnahmen zu ergreifen?

Zwischen Staaten wurden und werden **Freihandelsabkommen** abgeschlossen. Eine ihrer Auswirkungen ist, dass weniger entwickelte Länder Industrieländern ihre Märkte öffnen. Die **Investitionsschutzklauseln** in den Freihandelsabkommen sollen Investitionen in den Ländern dadurch absichern, dass international agierende Unternehmen Regierungen auf Schadenersatz verklagen können, wenn sie Gesetze erlassen, die die Rendite der Investitionen gefährden. Investitionsschutz ist richtig. Er darf aber nicht verabsolutiert, also über alles andere gestellt werden. Länder können geneigt sein, dem trotzdem zuzustimmen, um nicht von Investitionen ausgeschlossen zu werden. Das ist aber Übergabe weiterer Macht vom Staat an die Märkte.

Die Herrschaft des Weltmarkts wird dadurch begründet: Die Länder mit Importüberschuss werden vom Weltmarkt finanziell ausgesaugt. Daher unterwirft sich jeder Staat seinen Gesetzen und versucht, dorthin so viel zu exportieren wie nur irgend möglich. Das bedeutet, andere Länder durch billige Güter auszukonkurrieren, wobei soziale Standards und Umweltstandards hinderlich sind. Die Lösung des Problems heißt hier Außenhandelsgleichgewicht. Dazu ist internationale Verantwortung für den Schwächeren, also wiederum internationale Solidarität, notwendig.

Es ist vor allem ein Bewusstsein notwendig, dass es eine große Gefahr für uns alle gibt und etwas dagegen getan werden kann. Es waltet hier kein unabwendbares Schicksal. Wir erleben die Folgen einer falschen Entwicklung, und es muss gegengesteuert werden. Gegen die Abflüsse von Geld helfen **Kapitalverkehrskontrollen.** Man kann dadurch die finanzielle Ausblutung durch Geldübertragung auf ausländische Bankkonten verhindern. Auch Unternehmen können dadurch nicht so einfach ihre Produktion in das Land mit den niedersten Sozialstandards verlagern. Kapitalverkehrskontrollen können einzelne Länder in die wirtschaftliche Isolation führen. Einfacher ist es, wenn sich dazu möglichst viele Länder zusammenschließen. Voraussetzung dafür ist **Ethik und Verantwortungsbewusstsein statt nationalem Egoismus.** Denn die stärkeren Länder verzichten dabei auf Vorteile. Wirtschaftsimperialismus muss durch Konventionen geächtet werden wie Kolonialismus und Eroberungskriege.

Es ist auch zu verhindern, dass so viele Überschüsse bei Reichen entstehen, die auf die Finanzmärkte fließen wollen. Dazu verhilft eine bessere Besteuerung der hohen Einkommen und der großen Vermögen. Das birgt zwar die Gefahr, dass das „scheue Reh" Kapital flieht und der Schuss nach hinten losgeht. So sagte einst der SPD-Politiker Peer Steinbrück anlässlich der Herabsetzung der Kapitalertragsteuer, ihm seien 25 Prozent von etwas lieber als 40 Prozent von nichts. Ein großer Fortschritt wäre es dagegen, wenn sich alle EU-Länder auf eine gemeinsame Höhe der Besteuerung verständigen würden.

Jedes Land innerhalb der Europäischen Union verfolgt seine eigenen Interessen. Dadurch erwies sich die EU oft als wenig handlungsfähig, so in der Flüchtlingsfrage. Daher wurde schon vorgeschlagen, die EU straffer zu organisieren und in eine **politische Union** zu verwandeln, nach dem Vorbild der Vereinigten Staaten von Amerika. Oder es sollten die Risiken der Staatsverschuldungen gemeinsam getragen werden, etwa durch Eurobonds. Das hätte aber nicht automatisch zur Folge, dass der „Wirtschaftsmotor" besser funktionieren würde, wie sich am Beispiel der USA zeigt. Es würde zwar mehr Macht entstehen, aber die kann auch missbraucht werden. Erst recht gilt das für eine Weltregierung.

Von unten, von den Bürgern kommende Initiativen haben in kleinen Einheiten mehr Chancen. Und Menschen identifizieren sich gern mit ihrer Familie, ihrem Unternehmen und ihrer Stadt und deren Fußballmannschaft. Um diese Energien nutzbar zu machen, wurde das Prinzip der **Subsidiarität** erfunden. Es befürwortet die Eigenständigkeit und Eigenverantwortung der kleineren Sozialgebilde. Zuständigkeiten sollen nur so weit nach oben abgegeben werden, wie das notwendig ist. Es ist ja nicht falsch, wenn jedes Land seine eigenen Interessen verfolgt. Die Länder sollten aber von gemeinsamen Idealen und Erkenntnissen getragen werden. Eine kurze Formel könnte lauten: Nicht mehr Machtkonzentration, sondern mehr Ethik.

Dass weltweite Bankensystem muss der Politik Einblick in Geldströme gewähren, die der Steuerhinterziehung und anderen dunklen Geschäften dienen, statt sie unter dem Deckmantel des Bankgeheimnisses zu verbergen, um kräftig daran zu verdienen. In den USA sind schon starke Tendenzen vorhanden, auf nicht-kooperative Banken Druck auszuüben. Es wurde auch schon vorgeschlagen, notfalls die Geldströme von und zu Steuerparadiesen wie den Kaimaninseln zu unterbinden. Von SPD-geführten Bundesländern wurden schon Disketten aufgekauft, die zur Entlarvung von massivem Steuerbetrug führten. Andere Parteien hielten das nicht für opportun. Wir ergänzen nun also unseren Bericht durch die **Zeile 7**.

Tabelle 32, Kennzahl 4.10.1: Abschlussbericht gemäß Bild 4.8.1			
Problem	Gelöst	durch	siehe Kapitel
1 Krisengefahr durch Leckage des Geldkreislaufs (Ersparnisse werden nicht zu Investitionen)	ja	Keynes-Aktivität, finanziert durch **Kreditaufnahme + Verkäufe** und soziale Aktivität, finanziert durch **Steuern***	4.1
2 Geldmangel durch niedrige Zinsen (man hält mehr Liquidität)	ja	**Geldvermehrung durch die Banken**	4.1
3 Staatsverarmung durch Kreditaufnahme und Verkäufe	ja	Kreditaufnahme + Verkäufe ersetzt durch die **Steuern* K**	4.6
4 Soziale Dissoziation in Form der privaten Verschuldung	ja	Besteuerung der Reichen durch die sozialen **Steuern* S2**	4.7
5 Verschuldung und Verelendung armer Länder durch fehlendes Außenhandelsgleichgewicht	ja	**Ethik im Umgang der Länder miteinander; Exportland:** Besteuerung der Reichen durch die **Steuern* Ex**, damit **Verzicht auf Vorherrschaft Importland** falls nötig: **Schutzzölle, Abwertung der Währung**	4.7
6 Sachzwang Wachstum, weil Ersparnisse zu Investitionen werden müssen, wachsende Umweltbelastung	ja	Besteuerung der Reichen durch die **Steuern* I**	4.8
7 Schädigung der Länder durch Kapitalflucht, Steuerflucht und Ausverkauf	ja	**Kapitalverkehrsbeschränkungen, internationale Zusammenarbeit, gerechte Besteuerung**	4.10
8 Nr. 1 bis 7 plus Politikverdrossenheit, Demokratieabbau und Umweltzerstörung	ja	**Ethik und Verantwortungsbewusstsein statt nationalem Egoismus. Aufgeklärte Bürger, Druck von unten gegen Lobbyismus. Gewerkschaften weltweit, ILO. Schuldenerlass.**	4.10

Zur Vervollständigung des Berichts wollen wir noch eine **Superzeile 8** hinzufügen. Seine endgültige Form zeigt die Tabelle 4.10.1. Die Zeile 8 besagt: Alle bereits erwähnten Probleme und einige weitere benötigen zu ihrer Lösung Ethik und Verantwortungsbewusstsein. Aufgeklärte Bürger und ihr Druck von unten müssen ein Gegengewicht zum Lobbyismus bilden. Der Druck von unten muss von geeigneten Organisationen artikuliert und unterstützt werden.

Auch die Gewerkschaften müssen ein weltweites Netz bilden und Geburtshilfe für Gewerkschaften in armen Ländern leisten. Die **ILO**, die **Internationale Arbeits-Organisation,** hat zur weltweiten Verbesserung der Arbeitsbedingungen ein umfangreiches Regelwerk erarbeitet. Doch sie hat, im Gegensatz zur WTO (World Trade Organisation) und zur Weltbank, kaum Machtbefugnisse. Hoch verschuldete arme Länder benötigen einen zumindest teilweisen Schuldenerlass.

Zu den Zielen der Gewerkschaften gehört auch die **Verkürzung der Arbeitszeit**. Angesichts der gegenwärtigen Knappheit der Arbeitsplätze handelt es sich dabei auch darum, einer gerechten Verteilung der vorhandenen Arbeit möglichst nahezukommen. Und auch darum, die menschliche Arbeitskraft zu verknappen, sodass ihr Preis wieder steigt.

Ethik und Verantwortungsbewusstsein beinhalten auch Friedfertigkeit und internationalere Solidarität. Nach einer Anekdote standen in zwei verschiedenen Räumen zwei Tafeln mit köstlichen Speisen. Davor saßen Menschen, an deren Armen sehr lange Löffel befestigt waren. Sie konnten dadurch nichts von ihrem Teller essen. Im einen Raum litten die Leute entsetzlich darunter. Im andern Raum fütterten sie sich gegenseitig.

Es gab in der Geschichte viele „Ursachen" für Kriege, Kolonialismus und Unterdrückung. Sie brachten den Siegern wie den Besiegten viel Blutvergießen, dazu den Siegern Zuwächse an Macht und Reichtum. Überfluss, Dekadenz oder gar Größenwahn ließen oft die Machtgebilde wieder untergehen. Es gab auch viele Kriege zwischen Deutschland, Frankreich und England. Anscheinend hat erst die EU diese Praxis beendet, denn sie bekam dafür den Friedensnobelpreis.

Gibt es in diesen Ländern immer noch so viele Kampfhähne, dass man unterstellt, die europäischen Bruderkriege wären ohne die EU weitergegangen? Dafür spricht, dass zwischen der EU und Russland gefährliche Spannungen bestehen. Offenbar lebt hier die Praxis weiter, Fehler oder Regelverstöße des Andern bestrafen zu wollen, eigene Fehler oder Regelverstöße aber zu vertuschen.

Tabelle 33, Kennzahl 4.10.2:
Rüstungsausgaben der 7 weltweiten Spitzenreiter nach Angaben des Friedensforschungsinstituts SIPRI

	2013		2014	
	Ausgaben (Mrd.US$)	Anteil am BIP	Ausgaben (Mrd.US$)	Anteil am BIP
USA	640,0	3,8 %	610,0	3,5 %
China	188,0	2,0 %	216,0	2,1 %
Russland	87,8	4,1 %	84,5	4,5 %
Saudi-Arabien	67,0	9,3 %	80,8	10,4 %
Frankreich	61,2	2,2 %	62,3	2,2 %
Großbritannien	57,9	2,3 %	60,5	2,2 %
Deutschland	48,8	1,4 %	46,5	1,2 %
. . . .				
Die Daten für China und Russland sind Schätzungen				

In Tabelle 4.10.2 steht Russland zwar auf Platz 3, doch seine Rüstungsausgaben werden allein von denen der drei NATO-Mitglieder Frankreich, Großbritannien und Deutschland weit übertroffen. Dazu kommt noch das NATO-Mitglied USA als einsamer Spitzenreiter.

Die Rüstungsausgaben betreffen die Ausrüstung und den Unterhalt der eigenen Streitkräfte. Manche Staaten kaufen dafür Rüstungsgüter hinzu, andere Staaten produzieren noch zusätzlich Rüstungsgüter, um sie zu exportieren. Saudi-Arabien kauft extrem viel Rüstung ein, besonders aus den USA, und liefert dafür Öl. Ohne Ölimporte wäre die US-Wirtschaft tot. Präsident Obama hat gegen Ende seiner Amtszeit eine neue Kampagne für erneuerbare Energien und damit auch zur Rettung des Klimas gestartet. Ein früheres Umsteuern wäre noch besser gewesen. Wegen Öl wurde wohl schon mancher Krieg geführt.

Albert Einstein, der Vater der Relativitätstheorie und Träger des Nobelpreises für Physik 1921, warnte bereits: „Die Rüstungsindustrie und ihre Lobby sind eine der größten Gefährdungen der Menschheit." Die Rüstungsproduzenten weisen gerne darauf hin, dass sie Arbeitsplätze bieten, und die gingen durch eine Abrüstung verloren. Doch würde der Staat das Geld für andere Dinge ausgeben, würde das auch Arbeitsplätze schaffen. Die produzierten Waffen werden an vielen Orten auch eingesetzt. Zudem stellt das Arsenal an Nuklearwaffen ein Pulverfass für den ganzen Planeten dar.

Nach einer Meldung der Zeitschrift Publik Forum Nr. 14 / 2016 haben Bürgermeister von 1407 US-amerikanischen Städten gegen die Entscheidung der Regierung protestiert, in den nächsten dreißig Jahren eine Billion US-Dollar für weitere Rüstungsprojekte auszugeben. Die finanziellen Ressourcen sollten lieber für die Verbesserung der Infrastruktur, für öffentlichen Verkehrsmittel sowie die Entwicklung nachhaltiger Energiequellen verwendet werden, und um bezahlbaren Wohnraum und Arbeitsplätze zu schaffen mit Löhnen, von denen man leben kann.

5. Zahlen der deutschen Volkswirtschaft

5.1 Die Volkswirtschaftliche Gesamtrechnung

Die Kapitel 5.1 bis 5.4 sind für das Verständnis der übrigen Kapitel nicht erforderlich, dienen aber zur Untermauerung und Vertiefung.

Aggregation oder Unterteilung der Wirtschaft in Sektoren
Bei der Erstellung eines Modells wird die Wirtschaft in Aggregate oder Sektoren unterteilt. Unser Modell der Wirtschaft enthält die Aggregate oder Sektoren **Produktionsapparat**, **Verbraucher**, **Staat** und **Ausland**. Bei den Verbrauchern gibt es noch den Untersektor **Reiche.** Die offizielle Untergliederung enthält den Untersektor Reiche nicht. Aus Stobbe, Volkswirtschaftliches Rechnungswesen [3] entnehmen wir das folgende Kontensystem mit wesentlich mehr Sektoren. Es entspricht nicht ganz dem neuesten Stand, der noch etwas komplizierter ist. Wir wollen hier aber die etwas einfachere Form darstellen. Die übrige Welt bzw. das Ausland sehen wir in der letzten Zeile.

Tabelle 34, Kennzahl 5.1.1:
Volkswirtschaftliches Kontensystem

	Sektoren						
	1. Unternehmen			2. Staat		3. Private Haushalte	
	11. Produktionsunternehmen	12. Kreditinstitute	13. Versicherungen	21. Gebietskörperschaften	22. Sozialversicherungen	31. Priv. Haushalte im engeren Sinn	32. Priv. Org. ohne Erwerbszweck

0. Zusammengefasstes Güterkonto

1. Produktionskonten						
11-1	12-1	13-1	21-1	22-1	31-1	32-1
2. Einkommensentstehungskonten						
11-2	12-2	13-2	21-2	22-2	31-2	32-2
3. Einkommensverteilungskonten						
11-3	12-3	13-3	21-3	22-3	3-3	
4. Einkommensumverteilungskonten						
11-4	12-4	13-4	21-4	22-4	3-4	
5. Einkommensverwendungskonten						
11-5	12-5	13-5	21-5	22-5	3-5	
6. Vermögensänderungskonten						
11-6	12-6	13-6	21-6	22-6	3-6	
7. Finanzierungskonten						
11-7	12-7	13-7	21-7	22-7	3-7	
8. Zusammengefasstes Konto der übrigen Welt						

Die **Akteure** 1, 2 und 3 in den oberen Zeilen sind jeweils noch unterteilt. Der Sektor 32 heißt „Privaten Organisationen ohne Erwerbszweck". Das sind vor allem die gemeinnützigen Vereine. Geht man in dem Kontensystem nach unten, sieht man die **Aktionen** oder Vorgänge. Dabei können Güter produziert worden sein (Zeile 0), oder es kann einen Austausch zwischen den Akteuren gegeben haben.

Entstehung, Verwendung und Verteilung des Bruttoinlandsprodukts

Das Statistische Bundesamt der Bundesrepublik Deutschland liefert viele Zahlen der deutschen Volkswirtschaft und auch anderer Länder, z. B. auf der Internetseite destatis.de und in dem jährlich erscheinenden Statistischen Jahrbuch für die Bundesrepublik Deutschland [9]. Das Kapitel 12 der Ausgabe 2015 zeigt die Volkswirtschaftlichen Gesamtrechnungen. Wir wollen uns dort auf die einfache Übersicht „Auf einen Blick, Kennzahlen 2014, Stand Mai 2015" beschränken. Sie hat wesentlich weniger Sektoren als die Tabelle 5.1.1.

Tabelle 35, Kennzahl 5.1.2: „Auf einen Blick"

Kennzahlen für Deutschland 2014 in jeweiligen Preisen in Milliarden Euro

Entstehung des BIP	Mrd. €	Verwendung des BIP	Mrd. €	Verteilung des BIP	Mrd. €
Bruttowert-schöpfung	**2611,3**	**Konsum-ausgaben**	**2166,6**	**Volksein-kommen**	**2181,4**
Land- und Forstwirtschaft, Fischerei	19,6	private Konsum-ausgaben	1604,3	Arbeitneh-merentgelt incl. Arbeit-geberbeitrag	1482,0
Produzierendes Gewerbe ohne Baugewerbe	677,1	Konsum-ausgaben des Staates	562,3	Unterneh-mens- und Vermögens-einkommen	699,5
Baugewerbe	124,4				
Handel, Ver-kehr, Gastge-werbe	404,1	+		+	
Information und Kommunikation	122,2	**Bruttoin-vestitionen**	**550,6**	**Produktions- und Import-abgaben an den Staat ab-züglich Sub-ventionen vom Staat**	**287,4**
Finanz- und Versicherungs-dienstleister	104,8	Bruttoan-lageinvesti-tionen	581,3		
Grundstücks- und Woh-nungswesen	290,1	Vorratsän-derungen	-30,6		
Unternehmens-dienstleister	284,1			+	
Öffentliche Dienstleister, Erziehung, Gesundheit	477,2	+		**Abschrei-bungen**	**513,0**
Sonstige Dienstleister	107,6	**Außen-beitrag**	**186,5**		
+		Exporte	1325,0	Θ	
Gütersteuern abzüglich Subventionen	**292,5**	-Importe	1138,5	Primäreinkom-men aus der üb-rigen Welt, Saldo	78,0
Bruttoin-landsprodukt	**2903,8**		**2903,8**		**2903,8**

Hier wird das Bruttoinlandsprodukt BIP im Wert von 2903,8 Milliarden Euro auf drei Arten aufgegliedert. Dazu schreibt das Statistische Bundesamt: „Deutsche Wirtschaft 2014 in solider Verfassung. Bruttoinlandsprodukt stieg auf 2904 Milliarden. Staat erzielt Finanzierungsüberschuss. Fast 70 % der Wertschöpfung entstand in Dienstleistungsbereichen. Inländischer Konsum stützt Konjunktur. Arbeitnehmerentgelte legten kräftig zu."

Die Konjunktur wird am Bruttoinlandsprodukt BIP gemessen. Es stieg gegenüber 2013 von 2809,5 Milliarden auf 2903,8 Milliarden Euro. Mit diesem Anstieg um 94,3 Milliarden ist das BIP nominal um 3,4 % und **real um 1,6 % gewachsen**. „Real" bedeutet preisbereinigt. Ein Teil des Anstiegs um 3,4 % beruht also nur darauf, dass die hierfür maßgeblichen Preise (um etwa 1,8 %) gestiegen sind. Die deutsche Wirtschaft ist aber vor allem in solider Verfassung, also gesund, durch den Exportüberschuss. Der ist aber für andere Länder Importüberschuss und damit ungesund. Als der Export in der Wirtschaftskrise 2008 einbrach, „kranke" Länder also den deutschen Exportüberschuss nicht mehr abnehmen konnten, war auch die deutsche Wirtschaft krank. Da musste der Staat die deutsche Wirtschaft stabilisieren. Er stützte die Nachfrage durch Bezahlung von Kurzarbeitsgeld und Abwrackprämie.

Der Finanzierungsüberschuss des Staates beruht, wie wir noch sehen werden, nur auf Privatisierungen, also auf Verkäufen von Eigentum des Staates. Die Zunahme der Arbeitnehmerentgelte ist zu begrüßen. Sie wird aber von Kritikern als zu schwach bezeichnet. Durch die Lohnerhöhungen wurden die Nachfrage und damit die Konjunktur zwar gestützt, denn der private Konsum (in Spalte 2) stieg nominal um etwa 2,5 % auf 1604,3 Milliarden, also um etwa 40 Milliarden. Aber der Außenbeitrag, also der Exportüberschuss, betrug 186,5 Milliarden. Um Außenhandelsgleichgewicht zu haben, hätte also der private Konsum noch um 186,5 Milliarden größer sein müssen (bei sonst unveränderten Werten). Bekanntlich erhöht Exportüberschuss die Verschuldung anderer Länder, kann also nicht unbegrenzt weitergehen.

Die Tabelle 5.1.3 zeigt eine Auswahl aus der Tabelle 5.1.2 und ihre Umrechnung auf eine 4-köpfige Familie. Dabei wurde zur Vereinfachung auf- und abgerundet und auch eine abgerundete Bevölkerungszahl von 80 Millionen zugrunde gelegt.

Tabelle 36, Kennzahl 5.1.3: Größenordnungen 2014

	Deutschland gesamt		auf eine 4-köpfige Familie entfallen	
	Mrd. €/Jahr	Mrd. €	€/Jahr	€
Bruttoinlandsprodukt BIP	2.900		145.000	
Arbeitnehmerentgelt	1.500		75.000	
Unternehmens- und Vermögenseinkommen	700		35.000	
private Konsumausgaben	1.600		80.000	
Staatskonsum	560		28.000	
Exportüberschuss	190		9.500	
Bruttoinvestitionen	550		27.500	
Abschreibungen	500		25.000	
Nettoinvestitionen	50		2.500	
Privatvermögen		10.000		500.000
Staatsverschuldung		2.000		100.000

5.2 Geldströme der Volkswirtschaftlichen Gesamtrechnung

Die Tabelle 5.1.2 zeigt Einkommen und Konsumausgaben, also Geldmengen, und auch produzierte Güter. Auch hierfür sind Geldmengen angegeben. Es ist das Geld, das beim Verkauf der Güter eingenommen wurde (oder bei Produktion auf Vorrat noch eingenommen wird). Da der Zeitraum ein Jahr ist, kann man die Geldmengen als Geldströme verstehen, wie wir sie aus unseren Bildern kennen. Wir wollen versuchen, die zur Tabelle 5.1.2 gehörenden Geldströme in einem Bild darzustellen.

Wie wir schon sahen, kann man sich alle Geldbewegungen vereinfacht als Bewegungen von Bargeld vorstellen. Tatsächlich sind

Geldströme Ströme von Forderungen gegen Banken. Die Geldströme „transportieren" die Güterströme. Wir konzentrieren uns wieder auf die Geldströme. Das Bild 5.2.1 zeigt die Geldströme des deutschen Bruttoinlandsprodukts 2014, wie sie sich aus der Tabelle 5.1.2 ergeben. Damit erscheint die Volkswirtschaft wie ein Organismus mit seinem Blutkreislauf.

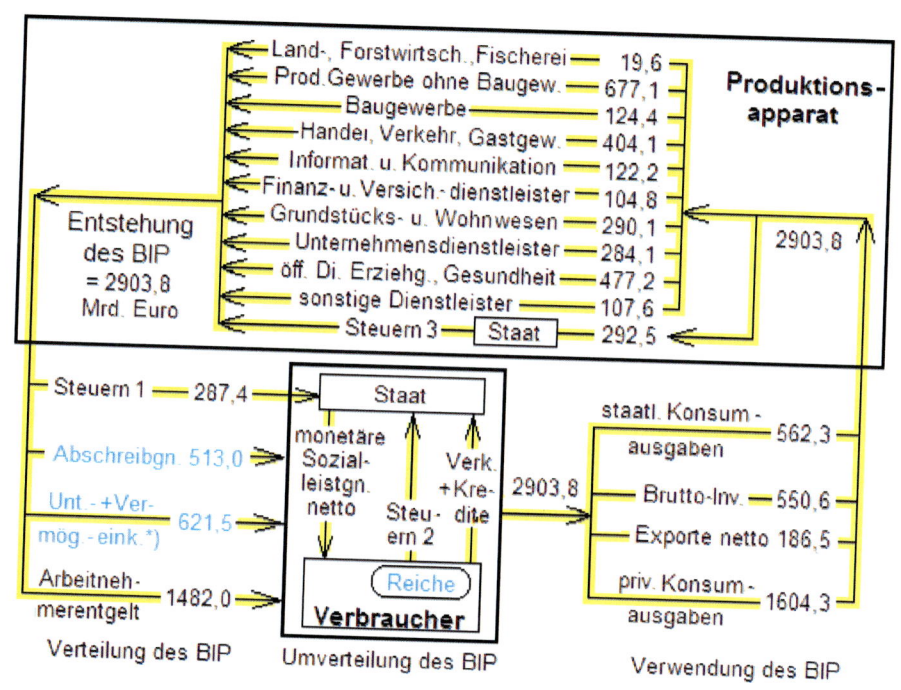

Bild 35, Kennzahl 5.2.1: Deutsches BIP 2014

Dem Produktionsapparat entströmt links oben im Bild der Geldstrom BIP = 2903,8 Milliarden Euro pro Jahr. Er gliedert sich gemäß **Spalte 3 „Verteilung des BIP"** der Tabelle 5.1.2 auf in folgende Teile:

1. Das Arbeitnehmerentgelt.

2. Die Unternehmens- und Vermögenseinkommen *), die den Reichen zufließen. Der Zusatz *) will sagen, dass der Betrag um die „Primäreinkommen aus der übrigen Welt" gekürzt ist. Sie sind auch

(vorwiegend) Vermögenseinkommen, die aber nicht vom deutschen Produktionsapparat geleistet werden. (Zur Vervollständigung könnte man noch einen Geldstrom einzeichnen, der vom Ausland kommend zu den Reichen fließt.)

3. Die „Abschreibungen" sind Geld, das die Eigentümer des Produktionsapparats erhalten und welches sie in der Regel dafür ausgeben, um die Abnutzung und Alterung des Produktionsapparats auszugleichen, wie in Kapitel 3.7 *Investitionen und Abschreibungen* beschrieben wurde. Man könnte diesen Geldstrom auch zu den Unternehmens- und Vermögenseinkommen dazunehmen und dann die Summe „Brutto-U.-V.-Einkommen" nennen.

4. Die Steuern 1 (die Produktions- und Importabgaben abzüglich Subventionen aus Spalte 3) fließen dem Staat zu. Hierzu gehören die Gewerbesteuer und die Grundsteuer. Der Produktionsapparat profitiert ja von den öffentlichen Gütern, die der Staat bereitstellt. Daher verlangt der Staat hier auch ein „Arbeitseinkommen".

Die in **Spalte 2 „Verwendung des BIP"** aufgeführten Posten führen rechts in Bild 5.2.1 den Geldstrom wieder zum Produktionsapparat zurück. Damit gibt es einen Geldkreislauf. Die Teile dieses Geldstroms sind:

1. Die privaten Konsumausgaben.

2. Die Exporte netto oder der Exportüberschuss. Hier erhält der Produktionsapparat Geld vom Ausland. Wie in Kapitel 3.4 dargestellt wurde, muss man den Vorgang eigentlich etwa erweitern. Dann fließen Ersparnisse der Reichen des exportierenden Landes in das importierende Land. Die Reichen haben ja ein hohes Einkommen und leisten für einen Teil davon Konsumverzicht, was den Exportüberschuss ermöglicht.

3. Die Brutto-Investitionen. Man kann sie noch aufgliedern in den Geldstrom Abschreibungen (aus Spalte 3) und den Geldstrom Netto-Investitionen. Die Abschreibungen erhalten die Unternehmer für den Ausgleich von Abnutzung und Alterung des Produktionsapparats. Die Netto-Investitionen sind Ersparnisse der Reichen. Durch

sie wird der Produktionsapparat vergrößert und damit auch das Vermögen der Reichen. In der Spalte 2 der Tabelle 5.1.2 sind die Brutto-Investitionen anders aufgegliedert. Ein Teil von ihnen sind die Vorratsänderungen. Da sie hier negativ sind, sind die gesamten Brutto-Investitionen etwas kleiner als die Brutto-Anlageinvestitionen.

4. Die staatlichen Konsumausgaben. Auch der Staat kauft ja beim Produktionsapparat ein, etwa die Dienstwagen der Politiker.

Die Umverteilung des BIP. Nun fällt auf, dass der Staat hier mehr für seinen Konsum ausgibt, als er durch die Steuern 1 einnimmt. Dazu erhebt sich die Frage, wie aus den Geldströmen links (Verteilung des BIP) die Geldströme rechts (Verwendung des BIP) entstehen. Hierfür sorgen Vorgänge, die wir Umverteilung des BIP nennen. Die Umverteilung sehen wir unten in Bild 5.2.1. Dort erhält der Staat weitere Steuern, die Steuern 2, von den Verbrauchern, z. B. die Einkommen-, Vermögen- und die Erbschaftssteuer. Zudem erhält der Staat Geld durch Verkäufe und Kreditaufnahme. Außerdem gibt der Staat Geld ab durch die monetären Sozialleistungen. Dazu steht noch Näheres in den Kapiteln 6.3 und 6.4. Gäbe es die Nettosozialleistungen nicht, wären die privaten Konsumausgaben kleiner, aber der Staat könnte mehr Geld für den Staatskonsum ausgeben.

Durch die Umverteilung fließen Steuergelder zum Beispiel als Zuschüsse zu den Sozialversicherungen. Diese Umverteilung ist notwendig, um dem Auseinandergehen der Schere zwischen Arm und Reich entgegenzuwirken. Jene wurde in den letzten Jahrzehnten abgebaut, obwohl man sie im Gegenteil hätte verstärken müssen.

Die **Spalte 1 Entstehung des BIP** der Tabelle 5.1.2 zeigt, welche Teile des Produktionsapparats wie stark am BIP beteiligt sind, und liefert den oberen Teil von Bild 5.2.1. Ein Vergleich mit früheren Jahren zeigt, dass die Bruttowertschöpfung im Sektor Land- und Forstwirtschaft, Fischerei zurückging, entgegen dem allgemeinen Wachstum. Das kann an kleineren Mengen, aber auch an niedrigeren Erzeugerpreisen liegen.

Wie man im Bild sieht, tragen die **Steuern 3** auch zum BIP bei. Es sind die **Gütersteuern** abzüglich der Subventionen links unten in der Tabelle 5.1.2. Der Grund dafür ist, dass die erzeugten Güter durch die Gütersteuern, z. B. die Mehrwertsteuer, verteuert werden. Man berücksichtigt dabei, dass auch der Staat zur Produktion der Güter beiträgt, indem er unter anderem Rechtssicherheit und andere öffentliche Güter bereitstellt. Man hätte statt „Gütersteuern abzüglich Subventionen" auch schreiben können „Dienstleistungen des Staates". Hier ist also der Staat ein Unternehmen, dem ein Teil der Konsumausgaben und andern Ausgaben zufließt.

5.3 Der deutsche Armuts- und Reichtumsbericht

Laut einem von der „Wirtschaftswoche" am 9. August 2014 veröffentlichten Dividenden-Ranking strichen die VW-Großaktionärsfamilien Porsche und Piech (zusammen) in 2014 335 Millionen Euro an Dividende ein. Das war eine Steigerung um rund zehn Prozent im Vergleich zum Vorjahr. Die 50 größten Anteilseigner in Deutschland kassieren laut dem Bericht rund 4,7 Milliarden Euro an Ausschüttungen, etwa eine Milliarde Euro mehr als 2013. Hier stehen wenigen Menschen gewaltige Geldmengen zur Verfügung. Sie werden zum größten Teil nicht für den Konsum ausgegeben, sondern gespart. Wenn sich Möglichkeiten ergeben, die Gewinne aussichtsreich zu investieren, kehrt das Geld in die Wirtschaft zurück. Das gilt als wünschenswert und Wirtschaftswachstum erzeugend. Doch die Breite dieses Geldstroms macht eine vollständige Rückführung zunehmend problematisch, weil in einer gealterten Wirtschaft so gewaltige Investitionen gar nicht mehr nötig und daher oft unrentabel sowie riskant sind.

Neben diesem Reichtum gibt es viel Armut: weltweit, aber auch in Deutschland. Gibt es großen Reichtum neben massenhafter Armut, liegt **soziale Dissoziation** vor. Dissoziation bedeutet Trennung oder Zerfall. Damit ist die Würde des Menschen bedroht. Besonders Kinderarmut und Altersarmut sind im Vormarsch. Viele Arbeitsplätze werden prekär, also unsicher, und sie sichern den Lebensunterhalt nicht mehr. Jenseits des Reichtums findet ein harter Wettlauf ums Geld statt. Es müssen sich Heime und Krankenhäuser rentieren und Profit erwirtschaften, weshalb dem Pflegepersonal für weniger Lohn mehr Leistung abverlangt wird. Ärzte sollen im Akkord operieren. Oft soll sogar operiert werden, nur dass die Klinik mehr Einnahmen hat. In den Familien gibt es Probleme, wenn das Geld nicht reicht.

Die Menschen stehen wie auf einer schiefen Ebene, auf der sich alles darum dreht, nicht nach unten und möglichst nach oben zu kommen. Da die Politik alles dem Markt überlässt, sollte man eigentlich ständig die vielen Angebote für Strom, Gas, Telefon, Hausratsversicherung, Haftpflicht und private Altersversorgung vergleichen und die erforderlichen Anbieterwechsel vornehmen, um nicht ausgenommen zu werden. Im Internet kann man in viele Fallen tappen und Geld loswerden. Anlagebetrüger und Kredithaie lauern dem ehrlichen Bürger auf. Am besten sollte man auch ständig die Tankstellen beobachten, um den besten Moment zum Tanken zu erwischen. Hat man Geld übrig, kann die Wahl der richtigen Geldanlage schlaflose Nächte bereiten. Zwar wurden den Banken Auflagen zu Beratungsgesprächen für Geldanlagen gemacht, aber die Bank hat eben einen großen Wissensvorsprung. Der wird nicht immer fair eingesetzt. Eine Meldung der „Heilbronner Stimme" vom 17. September 2016 lautete: „Tiefschlag für die Deutsche Bank: Die US-Justiz will das Institut wegen krummer Geschäfte mit faulen Hypothekenpapieren auf 14 Milliarden Dollar verklagen."

Die Behörden, die die Aufsicht führen sollten, sind oft unterbesetzt. Der schlanke, sparsame Staat ist modern. Liberalisierung, freier Markt und Mut zur Eigenverantwortung der mündigen Bürger werden großgeschrieben. Der Staat zieht sich vornehm zurück. Man wird mit Werbung im Briefkasten und in den Medien überschüttet und oft auch getäuscht. Die Wirtschaftskriminalität reicht von der Erleichterung älterer Leute mit dem Enkeltrick bis zu Cum/Cum- und Cum/Ex-Geschäften und Manipulation des LIBOR Zinssatzes durch Großbanken. Automobilfirmen tricksen bei den Abgaswerten mit Betrugssoftware.

Verschuldung greift um sich. Auch der Staat ist hoch verschuldet. Auf der andern Seite des großen Geldmangels steht märchenhafter

Reichtum. Die Bildung und Vermehrung von Kapital, so nützlich sie anfangs war, erzeugt einen Sog, durch den immer mehr Geld dorthin gezogen wird, wo schon viel Geld ist. Egal, ob wir den Sprit an der Tankstelle, unsere Stromrechnung oder sonst etwas bezahlen, immer bezahlen wir damit einen wachsenden Anteil an Vermögenseinkommen für wenige. Es gibt wenige reiche Gewinner und viele Verlierer. Das bedroht auch die Wirtschaft, die ja von der Massenkaufkraft lebt.

Diese Situation bestätigt der deutsche Armuts- und Reichtumsbericht von 2012, s. Bild 5.3.1. Er wird im Abstand von einigen Jahren herausgegeben. Der **unteren Hälfte der Haushalte** in Deutschland gehörte 2008 nur ein Prozent des Vermögens. 1998 waren es noch vier Prozent. Den reichsten 10 Prozent der privaten Haushalte gehörten 2008 53 Prozent des Vermögens. Die **mittlere Bevölkerungsschicht** hat in den zehn Jahren 5 % an die Oberschicht verloren. Inzwischen (seit 2008) haben sich die Verhältnisse noch verschärft. Das Gesamtvermögen ist von 2007 bis 2012 von 8,6 Billionen auf rund 10 Billionen € angewachsen, trotz der Finanzkrise 2008. 1992 lag das Gesamtvermögen noch bei 4,6 Billionen €. Die deutsche Staatsverschuldung betrug 2008 etwa 1,65 Billionen Euro, 2010 etwa 2 Billionen Euro. Durch die Staatsverschuldung ist die Gesamtheit der Bürger an die Reichen des Landes verschuldet.

Die **Armut** wird in Deutschland auf verschiedene Arten berechnet. Es wird dabei gerne vom Medianeinkommen (siehe Kapitel 1.2) ausgegangen. Man sagt, wer maximal 50 % des Medianeinkommens zur Verfügung hat, ist arm, wer maximal 60 % des Medianeinkommens zur Verfügung hat, ist armutsgefährdet. So ergibt sich, dass die Armut in Deutschland in der Größenordnung von **zehn Prozent** liegt. Diese relative Armut bedeutet, dass man von Vielem ausgeschlossen ist, was in dem betreffenden Land zur normalen Lebensführung gehört. Man kann dann auch nicht die Konjunktur (durch seine Nachfrage) angemessen stützen.

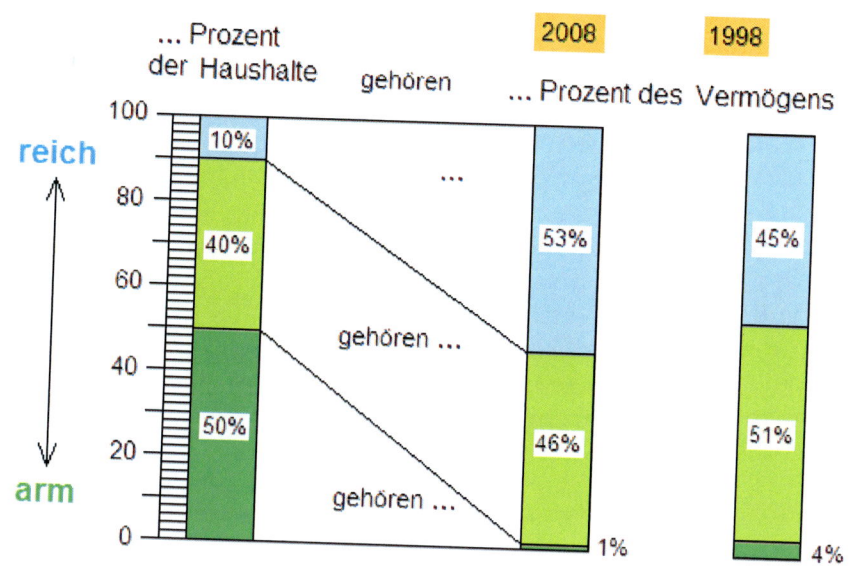

**Bild 36, Kennzahl 5.3.1: Vermögen in Deutschland laut Armuts-
und Reichtumsbericht 2012**

Zur Einkommensarmut kommen noch andere Dinge wie z. B. die
Verschuldung. Wegen geringer Einkommen mussten Viele ihre Er-
sparnisse auflösen und verloren Wohneigentum durch Verkauf oder
Pfändung. Reiche konnten ihr Eigentum an Geld, Immobilien und
Produktionsmitteln weiter vergrößern. Reichtum verschafft auch
Macht und Einfluss. So wurde in Deutschland erreicht, dass der
Spitzensteuersatz deutlich gesenkt, die Vermögensteuer abgeschafft
und die Erbschaftseuter so reformiert wurde, dass sie praktisch
keine Rolle mehr spielt. Das deutsche Bundesverfassungsgericht hat
eine ungerechtfertigte Bevorzugung von Firmenerben moniert. Zugleich wurde die Mehrwertsteuer kräftig erhöht, die für soziale Unterschiede „blind" ist. Die ausgleichende Wirkung der Besteuerung
wurde also fatal geschwächt.

Immer mehr Menschen sind auf kostenloses Essen in den „Tafeln" angewiesen. Ihr Vorsitzender Jochen Brühl forderte (im November 2016) die deutsche Politik auf, mehr gegen die soziale Spaltung zu tun und sich nicht auf der Arbeit der bundesweit 60.000 ehrenamtlichen Mitarbeiter der „Tafeln" auszuruhen. Bundesweit fehlen rund 250.000 bezahlbare Mietwohnungen. Vielerorts explodieren die Mietpreise. Es wurde zwar eine Mietpreisbremse eingeführt, deren Bremswirkung aber begrenzt ist. Der ICE-Unfall von Eschede ereignete sich, weil der größte Teil des Zuges vom Triebkopf getrennt wurde. Das geschah im Juni 1998 auf der Bahnstrecke Hannover-Hamburg. Es kamen 101 Menschen ums Leben, 88 wurden schwer verletzt, und es war das bislang schwerste Zugunglück in der Geschichte der Hochgeschwindigkeitszüge weltweit. Auch die soziale Spaltung ist eine Art Abtrennung des größten Teils des Zuges von seinem vorderen Teil.

5.4 Die deutsche Zahlungsbilanz

	Tabelle 37, Kennzahl 5.4.1: Deutsche Zahlungsbilanz Mittelwerte von 2012 bis 2014 in Mrd. Euro /Jahr			
I.	Leistungsbilanz	+150		
	Waren (Export minus Import von Waren)		+175	(1000 – 825)
	Dienstleistungen (vor allem Reiseverkehr)		- 25	
	Exportüberschuss			150
	Erwerbs- und Vermögens-einkommen aus dem Ausland		+30	
	Laufende Übertragungen		-30	
	darunter Nettoleistungen zum EU-Haushalt			-15
II.	Vermögensübertragungen	0		
III.	Kapitalbilanz	-155		
	Direktinvestitionen		-50	
	Wertpapiere (Aktien und An-leihen)		+50	
	Finanzderivate		-30	
	Übriger Kapitalverkehr		-123	
	Veränderung der Währungs-reserven (Zunahme erscheint negativ)		-2	
IV.	Saldo der Restposten	+5		

In Kapitel 3.4 sahen wir den grundsätzlichen Aufbau einer Zahlungsbilanz. Die Tabelle 5.4.1 zeigt Mittelwerte der deutschen Zahlungsbilanz über drei Jahre. Sie sind zur Vereinfachung gerundet. Kleinere Posten wurden weggelassen. Zu den fett gedruckte Zahlen: Sie sind jeweils die Summen der nicht fett gedruckten Zahlen, die darunter stehen. Die Zahlungsbilanz müsste eigentlich aussagen, dass wir einen Leistungsüberschuss von 150 Mrd. Euro erzielt haben und daher um 150 Mrd. Euro reicher wurden.

Die Statistik stellt aber fest, dass Deutschland um 155 Mrd. Euro reicher wurde. Die Ursache dafür ist, dass der Statistik beim Addieren Fehler unterlaufen sind, oder dass ihre Informationen unvollständig sind. Die Differenz von 5 Milliarden Euro wird daher „Saldo der Restposten" genannt oder auch „Saldo der statistisch nicht aufgliederbaren Transaktionen". Die Kapitalbilanz erhält aus buchungstechnischen Gründen ein negatives Vorzeichen.

Die nicht fett gedruckten Zahlen sind nähere Angaben zu den fett gedruckten Zahlen. Wir sehen, dass die Leistungsbilanz vor allem vom Exportüberschuss (hier 150 Milliarden Euro) bestimmt wird. Er wiederum wird vom Waren- und vom Dienstleistungsverkehr bestimmt. Der Exportüberschuss ist nicht nur sehr hoch, sondern hat auch eine ansteigende Tendenz, denn er lag 2014 bei 196 Milliarden Euro, also über dem mittleren Wert für 2012 bis 2014, der 150 Milliarden Euro beträgt.

Die Kapitalbilanz (hier: -155 Mrd. Euro pro Jahr), besagt, dass die Forderungen und Eigentumsansprüche, die man gegen das Ausland hat, größer wurden. Es wurde also Kapital „importiert". Die Forderungen richten sich häufig gegen den Staat eines Landes, der sich (über Banken) an das exportierende Land verschuldet hat. Der Kapitalimport führt zu zukünftigen Vermögenseinkommen aus dem Ausland.

Zu weiteren Posten in der Tabelle 5.1.3: Die Gründung eines Tochterunternehmens im Ausland ist eine **Direktinvestition**. Durch den Besitz ausländischer Wertpapiere hat man Eigentumsansprüche an das Ausland. Ähnliches gilt für die „Finanzderivate" und den „übrigen Kapitalverkehr" in Tabelle 5.4.1.

Zu dem enormen Exportüberschuss verhalfen Deutschland neben überlegener Technik, Tüchtigkeit und Sparfreudigkeit der Verbraucher auch stagnierende Reallöhne, prekäre Arbeitsverhältnisse und Steuersenkungen mit Sozialabbau durch Hartz IV. Die intensive Exportförderung durch die Politik kam dazu.

6. Der Staat in der Wirtschaft

6.1 Die Aufgaben des Staates

Bei Alfred Stobbe, Mikroökonomik [4] heißt es im fünften Kapitel: „Das menschliche Zusammenleben führt im wirtschaftlichen Bereich zu Problemen, die nicht von privaten Unternehmen gelöst und nicht über Märkte geregelt werden können, und das marktwirtschaftliche System lässt seinerseits Probleme entstehen." Unter „Eingriffe in die Allokation" werden als notwendige staatliche Aufgaben genannt: Bereitstellung öffentlicher Güter, staatlicher Paternalismus, z. B. Verbot von Rauschgiften, Korrekturen durch Steuern und Subventionen, Wettbewerbspolitik, wie Fusionskontrolle zur Verhinderung von Monopolen, Verbraucherschutz und Höchstpreise (aktuell die Mietpreisbremse).

Der Begriff Staat kann auf verschiedene Arten verstanden werden. Der maximale Staatsbegriff umfasst das Staatsgebiet, das Staatsvolk und die Staatsmacht. In der Ökonomik ist der Staat allerdings nur die **Staatsmacht** mit ihren drei Gewalten, der legislativen, der exekutiven und der judikativen (der gesetzgebenden, der ausführenden und der richterlichen) Gewalt.

Der Staat betätigt sich in der Wirtschaft unter anderem als großes Unternehmen. In seiner Eigenschaft als Unternehmen beschäftigt der Staat Beamte und Angestellte. Die Güter, die das Unternehmen Staat für die Verbraucher produziert, z. B. Straßenbau und Schulbildung, werden **öffentliche Güter** genannt. Die Verbraucher und die übrigen Unternehmen bezahlen die öffentlichen Güter im Normalfall mit ihren Steuern. Zur Produktion der öffentlichen Güter sollte auch die staatliche **Daseinsfürsorge** gehören. Das bedeutet, der Staat sorgt dafür, dass es auch in entlegenen Regionen ärztliche Versorgung, Krankenhäuser, Verkehrsverbindungen, Schulen und kulturelle Einrichtungen gibt. Aus der freien Enzyklopädie Wikipedia entnehmen wir die Tabelle 6.1.1.

Tabelle 38, Kennzahl 6.1.1: Aufgaben des Staates	
a)	Verwaltung der Gesellschaft, Gewährleistung von Sicherheit und Verteidigung, Aufrechterhaltung der öffentlichen Ordnung, Gesetzgebung, Aufrechterhaltung der öffentlichen Gesundheit, Umweltschutz, Forschung und Entwicklung, Infrastruktur und **Wirtschaftsförderung**
b)	Unterrichtswesen, Gesundheitswesen, soziale Sicherung, Sport und Erholung, Kultur, Wirtschaft und Politik sowie teilweise Bereitstellung von Wohnungen, Hausmüll- und Abwasserentsorgung, Betrieb von Verkehrsnetzen.

Zur Erfüllung aller dieser Aufgaben gibt der Staat Geld aus. Diese Ausgaben werden **Konsumausgaben** des Staates oder **Staatskonsum** genannt. Die Ausgaben unter a) zählen zum Individualkonsum, die unter b) zum Kollektivkonsum. Ist es richtig, hier von Konsumausgaben zu sprechen? Ist der Staat als ein **Verbraucher** anzusehen, der konsumiert? Dafür spricht, dass der Staat viele Angestellte und Beamte hat, die mit ihrem Geld beim Produktionsapparat einkaufen. Und der Staat unterstützt z. B. ärmere und alte Menschen finanziell, sodass sie sich etwas kaufen können. Zum Teil gibt der Staat auch Geld für die Erstellung von Verwaltungsgebäuden, Verkehrswegen u. Ä., also für Investitionen, aus. Man kann also zwischen staatlichen Konsumausgaben und staatlichen Investitionen unterscheiden. Daher ist es genauer, wenn man alles unter einen Hut bringen will, von Geld zu sprechen, das der Staat zur Erfüllung seiner Aufgaben ausgibt. Im Allgemeinen nennt man das aber Konsumausgaben des Staates.

Man kann fragen, wie viel die öffentlichen Güter wie Straßenbau, Schulbildung usw. eigentlich wert sind, die der Staat produziert. Man könnte den Wert der Schuldbildung daran messen, was private Schulen für ihre Dienste verlangen. Das wird aber nicht gemacht. Die offizielle Antwort ist, der Wert der öffentlichen Güter ist gleich dem Geld, das der Staat für ihre Herstellung aufwendet. Es ist allerdings möglich, dass ein Staat mit viel Geld nur wenig nützliche Dinge produziert und beispielsweise viel Geld für Rüstung und Kriege ausgibt. Dann ist das Preis-Leistungsverhältnis bei den öffentlichen

Gütern schlecht. Früher konnten Könige teure Schlösser für sich bauen lassen und sagen, der Staat bin ich. Heute dagegen haben wir die Demokratie und damit Möglichkeiten, uns gegen Missbrauch zu wehren.

Eine Aktivität des Staates ist die soziale Sicherung. Sie enthält die **Umverteilung** (von Geld von Reich nach Arm). Es kann dabei z. B. durch die Erbschaftsteuer eingenommenes Geld für den sozialen Wohnungsbau verwendet werden. Zur sozialen Sicherung gehören auch gesetzliche Mindestlöhne und die Mietpreisbremse. Mit allen diesen Maßnahmen wird dem seit jeher stattfindenden Auseinandergehen der Schere zwischen Arm und Reich entgegengewirkt.

Eine Umverteilung (von oben nach unten) ist auch der deutsche Länderfinanzausgleich, bei dem finanziell starke Bundesländer finanziell schwache Bundesländer unterstützen. Der Solidaritätszuschlag wurde 1991 nach der deutschen Wiedervereinigung eingeführt und unter anderem mit der notwendigen Unterstützung der neuen Bundesländer begründet. Auch zwischen dem deutschen Staat und anderen Staaten gibt es Umverteilung, z. B. die (viel zu schwache) Entwicklungshilfe. Ebenso gibt es Umverteilung innerhalb der EU, wobei reiche Länder mehr in eine gemeinsame Kasse einzahlen und arme Länder mehr aus dieser gemeinsamen Kasse erhalten.

6.2 Der Staatshaushalt

Man kann die Aktivitäten des Staates in der Tabelle 6.1.1 der **Güterseite** unserer Bilder zuordnen. Denn die Produktion von Dienstleistungen ist Produktion von Gütern. Der **monetären Seite** zuzuordnen ist der Staatshaushalt mit den Einnahmen und Ausgaben. Einmal im Jahr legt die Exekutive in Bund, Ländern und Kommunen ihren Haushaltsplan vor. Es gibt dann Diskussionen und eventuell Änderungen. Häufig sind die geplanten Einnahmen kleiner als die geplanten Ausgaben. Zum Ausgleich wird dann die Aufnahme eines Kredits geplant. Die tatsächlichen Zahlen, die sich im Lauf des Jahres ergeben, können von den geplanten Zahlen noch abweichen.

Die Tabelle 6.2.1 zeigt eine einfache Form des Haushalts der Bundesrepublik Deutschland für 2014. Hier sind alle Haushalte von Bund, Ländern, Landkreisen, Städten und Gemeinden zusammengefasst. Und es sind in diesem Haushalt schon viele einzelne Posten zu einem zusammengefasst. Die Zahlen stammen vom deutschen Statistischen Bundesamt. Die beiden Summen (unten) müssten gleich sein, stimmen aber wegen Auf- und Abrundungen nicht genau überein. Die Kreditaufnahme ist hier negativ, da die Einnahmen größer sind als die Ausgaben. Das bedeutet, dass ein kleiner Teil der Staatsschulden zurückgezahlt werden kann.

Tabelle 39, Kennzahl 6.2.1:
Deutscher Gesamt-Staatshaushalt 2014, vereinfacht

__Einnahmen__	Mrd. €	__Ausgaben__	Mrd. €
Verkäufe	99,4	Vorleistungen	135,0
Vermögenseinkommen	23,5	Arbeitnehmerentgelte	224,1
Steuern + Gebühren	659,2	geleistete Vermögens-einkommen	50,9
Sozialbeiträge (= laufende Transfers)	482,3	Subventionen	26,4
Sonstige laufende Transfers (z. B. EU)	18,8	Monetäre Sozialleistungen	451,4
Vermögenstransfers	11,5	Soziale Sachleistungen	239,8
Zwischen-Summe	1294,7	Sonstige laufende Transfers (z. B. EU)	63,4
		Vermögenstransfers	24,6
__Kreditaufnahme__	-18,6	Bruttoinvestitionen	62,2
Die Kreditaufnahme ist hier **negativ**.		Nettozugang an Vermögensgütern	-1,4
__Summe__	1276,1	__Summe__	1276,4

Wir wollen nun aus der Tabelle 6.2.1 drei Aktivitäten des Staates herleiten. Zu jeder Aktivität werden dann zwei gleich große Geldströme gehören, einer vom Staat weg (also eine Ausgabe) und einer zum Staat hin. Interessiert man sich nur für die Geldströme und ihre

Stärke, aber nicht für die Herleitung aus der Tabelle 6.2.1, kann man von hier **zum Kapitel 6.4 springen**.

Zu den Einnahmen

Die Haupteinnahmequelle sind Steuern + Gebühren. Durch die Höhe der Besteuerung kann der Staat Wirtschaftszweige stärken oder schwächen. So werden z. B. Grundnahrungsmittel schwächer besteuert als Tabakwaren. Gewinne, die wieder investiert werden, werden häufig von der Besteuerung befreit. Eine Gebühr ist etwa die Maut, die für die Benutzung von Verkehrswegen erhoben wird. Sozialbeiträge werden von der staatlichen Rentenversicherung erhoben. Sie ist eine Körperschaft des öffentlichen Rechts, die man auch als halb staatlich bezeichnet. Mit den Sozialbeiträgen werden hauptsächlich die monetären Sozialleistungen finanziert.

Umstritten sind die Verkäufe oder Privatisierungen im Wert von fast hundert Milliarden Euro. Dabei wird „Tafelsilber" des Staates zu Geld gemacht. Ohne die Verkäufe hätte der Staat mehr als 80 Milliarden Euro an Kredit aufnehmen müssen.

Zu den Ausgaben

Mit Hilfe der Arbeitnehmerentgelte werden vor allem die öffentlichen Güter produziert, wie das Unterrichtswesen (die Bildung) und die öffentliche Sicherheit. Mit den geleisteten Vermögenseinkommen werden Zinsen für Staatsschulden bezahlt. Eine Subvention liegt vor, wenn der Staat etwa Zuschüsse für umweltfreundliche Unternehmensgründungen oder für die Wärmeisolation von Gebäuden gibt. Wenig sinnvoll erscheint aus heutiger Sicht die damalige Subventionierung der Nutzung der Kernkraft. Denn für die Entsorgung des radioaktiven Mülls gibt es bis heute kein Rezept. Bei den beiden nächsten Posten, den monetären Sozialleistungen und den sozialen Sachleistungen, zahlt der Staat z. B. Renten aus oder baut Sozialwohnungen. Die sozialen Sachleistungen sind zwar Güter, erscheinen hier aber auch als Geldbetrag, denn der Staat muss hierfür ja Geld ausgeben. Beim Posten Vorleistungen lässt der Staat andere Unternehmen für sich arbeiten und beispielsweise Gutachten erstellen. Mit den Bruttoinvestitionen werden Straßen und Verwaltungsgebäude erstellt und Geld ausgegebenen, um ihre

Abnutzung auszugleichen. Mit den beiden Transfers wollen wir uns später noch beschäftigen.

Die „schwarze Null"

Muss der Staat keine weiteren Kredite aufnehmen, sagt man, der Staat schreibt keine roten Zahlen mehr. Er schreibt sogar „schwarze Zahlen", wenn er Kredite zurückzahlen kann. Das ist in Tabelle 6.2.1 der Fall. Eine „schwarze Null" liegt vor, wenn Einnahmen und Ausgaben gleich groß sind. Diese an sich sinnvolle Zielmarke hat der deutsche Staat also sogar übertroffen. Dazu trugen bei: relativ hohe Steuereinnahmen durch Exportüberschuss und Selbstanzeigen von Steuersündern, das niedrige Zinsniveau für die Staatsschulden sowie die Sparpolitik, durch die manche Aufgabe liegen blieb. Vor allem aber trugen dazu die **Verkäufe** bei. Sie verkleinerten das Staatsvermögen um 99,4 Milliarden Euro. Etwas abgemildert wird das durch die Nettoinvestitionen, die im Posten Bruttoinvestitionen enthalten sind. Einige Transfers (links und rechts in der Tabelle) können die Situation auch noch etwas verändern. Es ist aber klar, dass der deutsche Staat (Bund, Länder und Kommunen zusammen genommen) auch 2014 ärmer wurde, trotz vieler günstiger Umstände. Angesichts des großen Reichtums eines kleinen Teils der Bevölkerung zeigt sich auch hier wieder, dass der private Reichtum zu schwach besteuert wurde.

Weitere Vereinfachung

In der Tabelle 6.2.2 ist der Staatshaushalt weiter vereinfacht. Dabei wurde die Abkürzung eingeführt.

(6.2.1)   **Steuern*** = Steuern + Gebühren – Subventionen.

Tabelle 40, Kennzahl 6.2.2:
Deutscher Staatshaushalt 2014, weiter vereinfacht

Einnahmen	Mrd. €	Ausgaben	Mrd. €
Verkäufe netto	80	Vorleistungen	176
Steuern* = Steuern + Gebühren – Subventionen	632	Arbeitnehmer- entgelte	224
		Sozialleistungen netto	266
Kreditaufnahme	-19	geleist. Vermögens- einkommen netto	27
Summe	693	Summe	693

Damit ergaben sich die Steuern* zu 632 Mrd. €. Sodann wurden die Bruttoinvestitionen grob aufgeteilt in 1/3 Nettoinvestitionen und 2/3 Erhaltungsinvestitionen. Die Nettoinvestitionen wurden von den Verkäufen abgezogen, die Erhaltungsinvestitionen zu den Vorleistungen dazugezählt. Denn sowohl bei den Erhaltungsinvestitionen als auch bei den Vorleistungen fließt Geld vom „Unternehmen" Staat zu andern Unternehmen. Der „Nettozugang an Vermögensgütern" wird, da er negativ ist, als Verkauf angesehen und zu den Verkäufen addiert.

Die eingenommenen Vermögenseinkommen wurden von den geleisteten Vermögenseinkommen abgezogen. Die beiden **Sozialleistungen** rechts wurden zunächst addiert und von ihrer Summe die Sozialbeiträge abgezogen. Dann wurden die drei Transfers zusammengefasst und zu den Sozialleistungen dazugenommen. Denn sie dienen zumindest teilweise auch sozialen Zwecken. Das Ergebnis wird **Sozialleistungen netto** genannt. Zwei weitere Posten wurden unverändert übernommen.

6.3 Die drei Aktivitäten des Staates

Stellen wir uns vor, eine Anzahl Menschen gründet einen Staat. Als Erstes wird dann wohl beschlossen, dass der Staat die Bürger schützt und Ordnung schafft. Die Übernahme dieser Aufgaben nennen wir die Basisaktivität. Dann werden wohl eines Tages die Gefahr der sozialen Dissoziation sowie ähnliche Bedrohungen erkannt und die soziale Aktivität des Staates beschlossen. Schließlich wird man bemerken, dass es beim Lauf des „Wirtschaftsmotors" Probleme gibt, z. B. überschäumende Konjunktur und dann wieder Krisen, und man wird die Keynes-Aktivität einführen.

Wir wollen nun aus der Tabelle 6.2.2 die drei Aktivitäten des Staates ableiten. Jeder Aktivität werden Zuflüsse zur Staatskasse und gleich hohe Abflüsse zugeordnet, siehe Tabelle 6.3.1. Die Stärke der Aktivitäten ergibt sich wie folgt. Die Stärke der **sozialen Aktivität** (266 ME) wird bestimmt durch die Netto-Sozialleistungen. Die Stärke der **Keynes-Aktivität** (61 ME) wird bestimmt durch die Summe aus den Verkäufen und der (hier negativen) Kreditaufnahme. Von der Gesamt- Summe der Ausgaben von 693 ME bleiben nun noch 366 Mrd. Euro übrig. Sie werden der **Basis-Aktivität** zugeordnet.

Tabelle 41, Kennzahl 6.3.1: Vereinfachter deutscher Staatshaushalt 2014, auf drei Aktivitäten aufgeteilt

	Zuflüsse	Mrd €	Abflüsse	Mrd €	Mrd €
			Vorleistungen	151	
			Arbeitnehmer-entgelte	192	
			geleist. Vermög.-einkommen netto	23	
Basis-Aktivität	Basis-Steuern*	366	Summe		366
Soziale Aktivität	Steuern* S1	266	Netto-Sozialleistungen		266
			Vorleistungen (11)	25	
			Arbeitnehmer-entgelte (6)	32	
			geleist. Vermög.-einkommen netto	4	
Keynes-Aktivität	Verkäufe + Kreditauf-nahme	61	Summe		61
	Summe	693			693

Die Basis- und die soziale Aktivität müssen durch die Steuern* finanziert werden. Die Steuern* werden daher auf diese beiden Aktivitäten aufgeteilt. Die beiden Teile erhalten die Namen **Basis-Steuern*** und **Steuern* S1** (Steuern* sozial 1). Damit sind die farbigen Zeilen in Tabelle 6.3.1 ausgefüllt. Zuletzt erhebt sich noch die Frage, welche Abflüsse oder Ausgaben aus Tabelle 6.2.1 wir der Basis-Aktivität und welche der Keynes-Aktivität zuordnen wollen.

Wie Tabelle 6.3.1 zeigt, wurden die Abflüsse proportional aufgeteilt. Das heißt, jede Ausgabe wurde den beiden Aktivitäten im Verhältnis der Stärke der Basis-Aktivität zur Keynes-Aktivität zugeordnet. Dieses Verfahren liefert keine absolut genauen Zahlen. Das ist hier auch nicht nötig. Wichtig ist aber, dass wir Geldströme haben, die politisch interessant sind, und ihre ungefähre Stärke sehen.

6.4 Die Aktivitäten des Staates in Form von Geldströmen

Wir wollen nun die zu Tabelle 6.3.1 gehörigen Geldströme zeichnen. Die folgenden Bilder sind auch ohne die vorhergehenden Ausführungen verständlich.

Bild 6.4.1 links zeigt die Geldströme der **Basisaktivität** des Staates. Der Staat ist hier ein Unternehmen innerhalb des Produktionsapparats, das wie die anderen Unternehmen Arbeits- und Vermögenseinkommen leistet. Der Geldstrom Vorleistungen fließt, weil der Staat von andern Unternehmen Vorleistungen erhält und diese bezahlten muss. Die „Verkaufserlöse" des Unternehmens Staat sind die Basis- Steuern*.

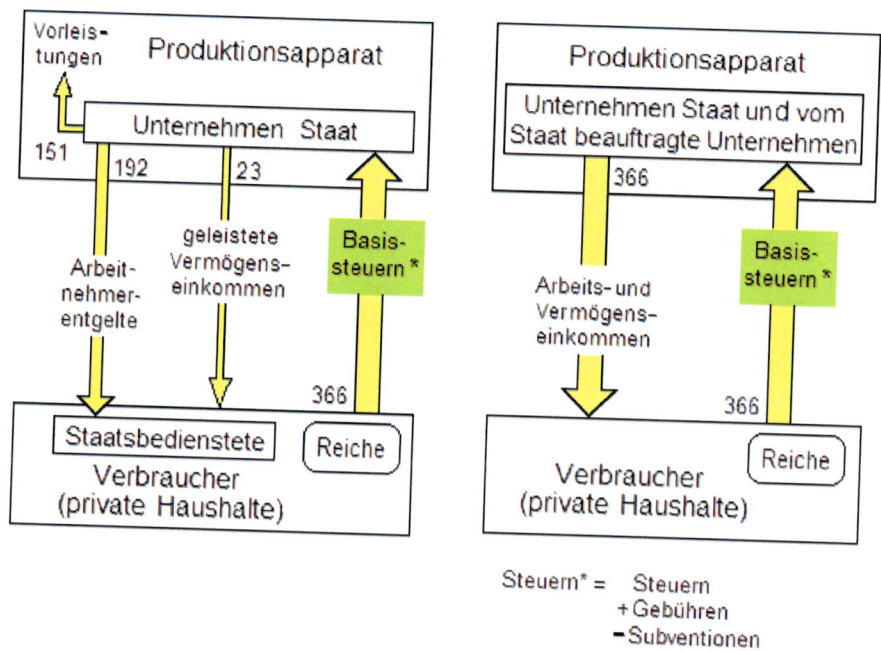

Steuern* =   Steuern
            + Gebühren
            − Subventionen

Bild 37, Kennzahl 6.4.1: Basisaktivität des Staates in zwei verschiedenen Darstellungen. Zahlen: Deutschland 2014 in Mrd. €

In den Bildern lassen wir die Steuern ausschließlich von den Verbrauchern ausgehen. Zwar werden Steuern auch von den Unternehmen des Produktionsapparats erhoben. Doch sie sind ja das Eigentum der Verbraucher bzw. eines Teils von ihnen. Damit belasten alle Steuern das Aggregat Verbraucher mit der Untermenge der Reichen. Dieses einfache Modell der Wirtschaft genügt hier, um die wesentlichen Zusammenhänge zu zeigen. Am Ende von Kapitel 3.3 wurde das noch näher begründet.

In Bild 6.4.1 links haben wir noch keinen geschlossenen Geldkreislauf. Doch der Geldstrom Vorleistungen fließt anschließend von den Unternehmen des Produktionsapparats zu den Verbrauchern: in Form von Arbeitnehmerentgelten und Vermögenseinkommen. Auf der rechten Bildhälfte sind das Unternehmen Staat und die vom Staat beauftragten Unternehmen zu einem Aggregat zusammengefasst. Man sieht, dass die Basissteuern* in vollem Umfang zu Arbeits- und Vermögenseinkommen werden.

Bild 6.4.2 links zeigt die Geldströme der **Sozialen Aktivität S1** des Staates. Der Staat führt mit diesen Geldströmen nur eine **Umverteilung** durch. Denn die Netto-Sozialleistungen erhalten vorwiegend bedürftige Personen und Familien mit Kindern. Die Steuern* S1 (soziale Steuern* 1) werden vorwiegend von Reichen, vom Mittelstand und von Ledigen bezahlt, z. B. wegen der Steuerprogression. Soziale Aktivität ist auch die Bezahlung von Sozialhelfern und die Schaffung von Zugang zu Kultur und die Förderung der Kunst. Dazu dienen Zuschüsse (Subventionen) an Theater und ähnliche Aktivitäten.

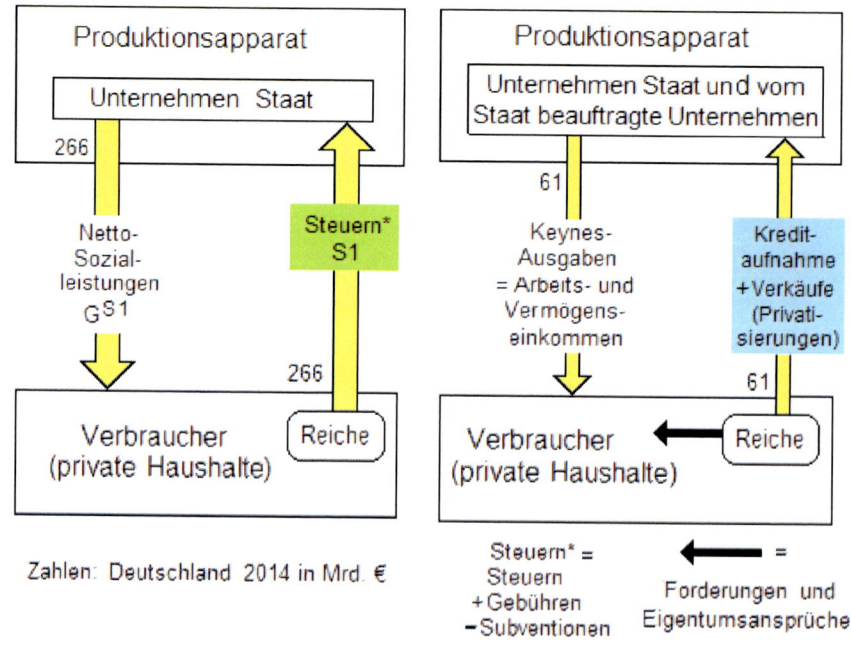

Bild 38, Kennzahl 6.4.2: Soziale Aktivität (links) und Keynes-Aktivität (rechts) des Staates. Zahlen: Deutschland 2014 in Mrd. €

Die durch Kreditaufnahme und Verkäufe (Privatisierungen) in Bild 6.4.2 rechts finanzierte Aktivität des Staates nennen wird **Keynes–Aktivität**. Die Zahlen zu den Geldströmen stammen aus der Tabelle 6.3.1, wobei wiederum Arbeits- und Vermögenseinkommen und Vorleistungen zu dem abwärts gerichteten Geldstrom zusammengefasst werden. Denn das Geld, das der Staat an von ihm beauftragte Unternehmen bezahlt, wird dort zu Arbeits- und Vermögenseinkommen.

Bei den Keynes-Ausgaben kommt es nicht so sehr darauf an, ob sie direkt zum Produktionsapparat oder über die Verbraucher dorthin fließen. Der Staat kann z. B. mehr in die Infrastruktur investieren oder das Personal in den kommunalen Krankenhäusern besser bezahlen. Von dort fließt das Geld auch wieder zum Produktionsapparat. Die Wirkung der Keynes-Aktivität ist in jedem Fall, Ersparnisse der Reichen in den Geldkreislauf zurückzubringen.

Wir gehen hier davon aus, dass sich der Staat das Geld (meist über Banken) von Reichen leiht, die mehr Einnahmen haben, als sie für Konsum und Investitionen ausgeben. Durch die Staatsverschuldung erhalten die Reichen **Forderungen** an den **Staat** und damit an die Gesamtheit der Verbraucher. Das symbolisiert der schwarze Pfeil.

Wird die Keynes-Aktivität nicht durch Kreditaufnahme des Staates finanziert, sondern dadurch, dass der Staat „Tafelsilber" verkauft (staatliche Unternehmen privatisiert), entstehen keine Forderungen an den Staat und damit an die Allgemeinheit. Aber die Allgemeinheit verliert dabei Eigentumsansprüche.

Der Staat kann auch von Banken solche Kredite erhalten, bei denen die Banken die Geldmenge vergrößern. In diesem Fall geht der schwarze Pfeil nicht von den Reichen, sondern von den Banken aus. Die Geldmenge kann aber nicht unbegrenzt vergrößert werden.

6.5 Aspekte der Privatisierung

Privatisierung ist „in". Warum auch nicht? Die mündigen Bürger und die privaten Unternehmen können doch Vieles selbst in die Hand nehmen, was bisher der Staat erledigte. Doch es hat auch Nachteile, wenn z. B. mit dem **Cross Border Leasing** die kommunale Wasserversorgung in die USA verkauft wird. Der wegen geringer Steuereinnahmen klammen Kommune kommen die Einnahmen aus der Privatisierung gelegen. Und womöglich waren die Wasserwerke bisher ein Zuschussunternehmen. Der private Investor wird nun wohl das Unternehmen straffen und auch Arbeitsplätze abbauen. Das verbliebene Personal steht dann stärker unter Stress. Der Investor kann auch den Preis für das Wasser kräftig erhöhen. Oft werden notwendige Reparaturen und Erneuerungen lange hinausgezögert, um Kosten zu sparen. Das kann dazu führen, dass zeitweilig kein Wasser mehr fließt.

Durch das Cross Border Leasing wurden kommunale Wasserversorgungsunternehmen verkauft und dann vom Käufer gemietet (geleast). Die Konditionen waren günstig, weil die Investoren dadurch in den USA Steuern sparten. Der Deal wurde aber in den USA als Scheingeschäft mit dem Ziel der Steuerersparnis erkannt. Der Steuervorteil fiel weg, und für die Kommunen und Städte wurde das Geschäft ein finanzielles Desaster. Denn Anwaltskanzleien hatten hunderte Seiten lange Verträge ausgearbeitet, durch die die Gewinne der Investoren gegen alles abgesichert waren.

Bei der Privatisierung werden staatliche Aktivität durch private Aktivität und staatliche Arbeitsplätze durch private Arbeitsplätze ersetzt. Und es wird staatliches Eigentum verkauft. Der Staat kann so die Kreditaufnahme reduzieren, vermeiden oder gar Schulden abbauen. Da Privatisierungen auch Nachteile haben, kam es schon vor, dass dieselben Unternehmen mehrmals privatisiert, verstaatlicht und wieder privatisiert wurden.

In den USA wurden Gefängnisse privatisiert. Ein großer Teil der Aufgaben des Militärs und der Polizei wurde an private Unternehmen vergeben. Das private Sicherheits- und Militärunternehmen Blackwater, 2007 in Academi umbenannt, ist das größte davon.

Es nennt sich militärischer Dienstleister für Regierungsbehörden, Justiz und Bürger. Nach dem zweiten Irakkrieg (März bis Mai 2003) begingen Blackwater-Angestellte schwere Misshandlungen im Irak, einschließlich der Ermordung von Zivilisten.

Privatisierung ist der entgegengesetzte Vorgang der Verstaatlichung. Dafür besonders geeignete Objekte sind Verkehrsbetriebe, Unternehmen der Energie- und Wasserversorgung, Krankenhäuser und Sozialwohnungen. Die Käufer der staatlichen Unternehmen können private Unternehmen oder Privatpersonen, Inländer oder Ausländer sein. Bei Umwandlung in eine AG werden die Aktionäre die Eigentümer.

In Deutschland wurden auf der kommunalen Ebene viele Stadtwerke privatisiert oder teilprivatisiert. Dazu gehören die Berliner Wasserbetriebe, die MVV Energie, die Neckarwerke Stuttgart, die Stadtwerke Essen und die Stadtwerke Düsseldorf. Bedeutende private Anteilseigner an ehemals vollständig kommunalen Unternehmen sind RWE, Veolia, E.ON und EnBW. Gegen die Privatisierung der Berliner Wasserbetriebe gab es wachsenden Druck aus der Bevölkerung. Daraufhin hat das Land Berlin 2012 bzw. 2013 alle Anteile an dem Unternehmen wieder erworben.

Die Republik Südsudan hat 600.000 Hektar Ackerboden an ein texanisches Nahrungsmittelunternehmen verkauft für 3 Cent pro Hektar. Als 1990 die DDR der Bundesrepublik Deutschland beitrat, privatisierte die Treuhandanstalt viele Unternehmen, die bis dahin staatlich waren. Im Zuge einer noch heute anhaltenden Privatisierungswelle wurden die Deutsche Bundesbahn und die Deutsche Reichsbahn in die halb privatisierte Deutsche Bahn AG überführt. Die Bundesanstalt für Flugsicherung wurde zur Deutschen Flugsicherung GmbH. Im Rahmen der Postreform wurde die Deutsche Bundespost aufgeteilt in die Deutsche Post AG, die Deutsche Telekom AG und die Deutsche Postbank AG. Im Jahr 2000 fand die Versteigerung der deutschen UMTS-Lizenzen statt. Sie gingen an T-Mobile für 16,58 Milliarden DM (8,48 Milliarden Euro). Eine große Summe kam in die Staatskasse. Doch der Staat hätte stattdessen bis in alle Zukunft Lizenzgebühren für die Frequenzen einnehmen können, was nun nicht mehr möglich ist. 2002 erhielt die staatliche Sozialversicherung private Konkurrenz in Form der Riester-Rente.

Weitere privatisierte Unternehmen sind: die Lufthansa, VIAG, VEBA, IVG Immobilien, Volkswagen, der Bundesanzeiger, die Lübecker Hafengesellschaft, der Frankfurter und der Hamburger Flughafen. Die Deutsche Bundesdruckerei wurde privatisierte und nach schlimmen Erfahrungen mit dem Erwerber, einer „Heuschrecke", wieder verstaatlicht.

Es wird häufig argumentiert, die Privatwirtschaft könne ein Unternehmen besser (wirtschaftlicher) führen. In der Tat musste der Staat immer wieder z. B. Defizite der Deutschen Bundesbahn ausgleichen. Doch der defizitäre Betrieb der Bahn durch den Staat kann auch als Daseinsfürsorge für seine Bürger und die Wirtschaft verstanden werden. Für beide ist ein Schienennetz mit vielen Nebenstrecken von Vorteil. Zudem ist der Schienenverkehr umweltfreundlicher als der Straßenverkehr. Nach der Teilprivatisierung wird die Bahn schon wie ein Privatunternehmen geführt. Um in die Gewinnzone zu kommen, wurden viele Bahnhöfe verkauft und Nebenstrecken stillgelegt. Damit fielen die Vorteile für die betroffenen Regionen weg.

Mit dem defizitären Betrieb von Verkehrsmitteln, Krankenhäusern, Kindergärten u. a. produziert der Staat wichtige öffentliche Güter, ähnlich wie mit dem von den Bundesländern getragenen Schulsystem. Die Mittel dafür kann sich der Staat durch Steuern beschaffen. Hier tragen gut verdienende Bürger und Unternehmen die Hauptlast, was sie aber gut verkraften können. Eine Gesinnung der Brüderlichkeit und Verantwortung für das Ganze kann dabei helfen. Zudem schafft der Staat durch die öffentlichen Güter die Grundlage für die hohen Einkommen und die großen Gewinne.

Die **Riesterrente** wurde in Deutschland als notwendige Antwort auf die „Alterung" der Gesellschaft angesehen. In der Tat wächst der prozentuale Anteil der Rentner an der Gesamtbevölkerung. Ein Rentner muss also von weniger Menschen ernährt werden als früher. Doch wegen der stark angestiegenen Produktivität kann man jetzt ein Vielfaches an Gütern produzieren. Diese Tatsache auf der

Güterseite wird auch durch Argumente auf der monetären Seite nicht aus der Welt geschafft. Dort würde eine solidarische Versicherung, in die alle nach ihren Möglichkeiten einzahlen, alle Probleme lösen.

Die Befürworter der privaten Altersvorsorge stellten enorme Leistungen im Alter in Aussicht, „wenn die wirtschaftliche Entwicklung wie bisher weitergeht". So stand es in den Prospekten der Versicherungswirtschaft. Bis dahin hatten sich Geldvermögen in der Tat in einigen Jahrzehnten kräftig verzinst. Der wirtschaftliche Boom ging aber so nicht weiter. Der Zins für angelegtes Geld sank auf nahezu null, außer für sehr risikoreiche Anlagen. Nun ist Altersarmut für Viele vorprogrammiert, obwohl der Staat die (private) Riesterrente stark subventioniert.

Bei der Privatisierung verliert die Allgemeinheit auch die Möglichkeit der Einflussnahme. Das führt häufig zu Qualitätsminderungen und Preissteigerungen, wie es beispielsweise die Stadt London bei der Wasserversorgung erleben musste. Gewiss gibt es auch Vorbehalte gegen den Staat. Den Politikern und den Beamten werden oft mangelnde Kompetenz, Geldverschwendung und Käuflichkeit vorgeworfen. Es darf aber nicht vergessen werden, dass der demokratische Staat heute den Menschen die Möglichkeit bietet, die Politik zu kontrollieren. Dazu benötigen wir engagierte Bürger und kritische Medien, die sich dem Gemeinwohl verpflichtet fühlen.

Die Tabelle 6.5.1 stellt einige Argumente und Gegenargumente zur Privatisierung gegenüber. Sie erhebt keinen Anspruch auf Perfektion, kann aber als Diskussionsgrundlage dienen.

Tabelle 42, Kennzahl 6.5.1: Privatisierung

	Argument pro	Argument kontra
1	Der Staat erzielt einen Verkaufserlös.	Der Staat verliert das Eigentum. Es geht dadurch von der Allgemeinheit an eine Minderheit der Bevölkerung über.
2	Vom Staat geführte Unternehmen sind oft Zuschussbetriebe.	Arbeitsplätze werden abgebaut. In Krankenhäusern stehen Ärzte und Pflegekräfte heute oft unter Zeitdruck. Es gibt sogar überflüssige Operationen, um den Ertrag zu steigern.
3	Straffere Organisation der Unternehmen, wenig Leerlauf.	Da private Unternehmen gewinnorientiert sind, steigen die Preise häufig, etwa bei der Wasserversorgung.
4	Der Staat wird „schlanker". Stellen für Beamte werden eingespart.	Der Staat verabschiedet sich aus der öffentlichen Daseinsfürsorge. In Privatunternehmen kann gestreikt werden. Durch Streiks z. B. bei der Bahn leiden Bürger und die übrige Wirtschaft. Bürger tragen das Risiko, dass ihre private Lebensversicherung pleitegeht.
5	Die Bahn wurde zu einem expandierenden Konzern, der Gewinne macht und europaweit Verkehrsbetriebe aufkauft.	Auch heute erhält die Bahn Geld vom Staat. Trotzdem wird das Schienennetz auf Verschleiß gefahren. Es gibt viele Verspätungen. Schalter und Bahnhöfe wurden geschlossen zu Lasten der Fahrgäste.
6	Die Beamten in staatlichen Einrichtungen sind oft stur und arbeiten langsam (Beamtenwitze).	Beamte können je nach Leistung befördert oder strafversetzt werden. In der „freien" Wirtschaft herrschen heute oft Stress und Burnout.

	Fortsetzung Tabelle 42, Kennzahl 6.5.1: Privatisierung	
7	Die Unternehmen stehen im Konkurrenzkampf. Der mündige Bürger kann auswählen und so die Qualität steigern und die Preise drücken.	Der Normalbürger ist damit oft überfordert. Die Unternehmen versuchen mit viel Aufwand, ihre Produkte besser erscheinen zu lassen, als sie sind. Ein Beispiel ist der Abgasskandal der Automobilindustrie.
8	Durch die Privatisierung kommen Ersparnisse der Reichen in den Geldkreislauf zurück.	Nicht investierte Ersparnisse müssen durch Besteuerung in den Geldkreislauf zurückgeführt werden.

In seinem Buch „Privatisierung in Deutschland" [14] kritisiert Werner Rügemer sehr engagiert die Privatisierungen allgemein und speziell in den neuen Bundesländern sowie die **Öffentlich-Privaten Partnerschaften ÖPP**. Letztere stellen eine Aufgabenteilung zwischen dem öffentlichen Sektor und privaten Unternehmen dar.

Hier eine überschlägige Kalkulation ohne, mit Privatisierung und mit ÖPP.

Tabelle 43, Kennzahl 6.5.2:
Vergleich zwischen staatlicher und privater Investition für ein Bauprojekt

1. Ohne Privatisierung	2. Mit Privatisierung	3. Mit ÖPP (Betreibermodell)
Der Staat baut ein Stück Autobahn zu 100.000 €. Er nimmt einen Kredit auf von 100.000 €.		Privat baut es und nimmt Kredit auf von 100.000 €.
	Der Staat verkauft (privatisiert) das Stück Autobahn für 100.000 €.	
Die Mauteinnahmen seien jährlich 20.000 €		
Der Staat nimmt jährlich brutto 20.000 € ein.	Privat nimmt jährlich brutto 20.000 € ein.	Privat nimmt jährlich brutto 20.000 € ein.
Bei dem gegenwärtigen Zinsniveau von etwa null Prozent ergibt das eine Brutto-Rendite von 20 Prozent pro Jahr. In Fall 1 erzielt der Staat den Gewinn, in den Fällen 2 und 3 der private Sektor.		

Das investierte Geld ist also bald wieder hereingeholt, und danach ist das Stück Autobahn eine Geldquelle. In der Tabelle sind die Dinge etwas vereinfacht. So ist zu hoffen, dass im Fall 3 der Staat auch etwas vom Gewinn bekommt. Man sieht aber, in welche Richtung der Hase läuft. Der Staat verschenkt viel Geld, weil ihn die Schuldenbremse daran hindert, selber der Investor zu sein.

7. Buntes Allerlei

Hier wird abschließend zu einer Art Stammtisch oder Talkshow mit dem Thema Wirtschaft eingeladen. Manches aus den vorhergehenden Kapiteln wird dabei noch verständlicher.

7.1 Die Explosion des Kapitals

Die folgende kurze Geschichte eines Cents, der sich unaufhörlich vermehrt, soll uns zeigen, wie tüchtig Kapital wachsen kann, aber auch, wie es zu einer Bedrohung werden kann.

Hätte jemand vor 2000 Jahren auf einer Bank nur einen Cent (1/100 Euro) einbezahlt, und dieser Cent hätte sich seither jährlich real mit drei Prozent verzinst, hätte sich ein unvorstellbares Kapital angehäuft. Wie man ausrechnen kann, hätte sich das Guthaben jährlich um den Faktor 1,03 vergrößert und somit etwa alle 23 ½ Jahre verdoppelt. Etwa alle 235 Jahre hätte es sich vertausendfacht. Heute würde somit das Guthaben etwas mehr als 4,7 mal 10 hoch 23 Euro betragen. In herkömmlicher Schreibweise ist das die Zahl 47 mit 22 Nullen oder 470 Trilliarden.

Würde man den Betrag in Produktionsmitteln anlegen, könnte damit das gesamte Festland der Erde mit Bürotürmen mit 2 Millionen Etagen oder mit ähnlich hohen Fabrikhallen überbaut werden. Alles würde in den Krallen dieses Riesenkapitals verdorren, siehe Bild 7.1.1.

Ermöglicht man dem heute vorhandenen schon gewaltigen Kapital eine ungebremste Vermehrung, droht der Erde und ihren Bewohnern ein ähnliches Schicksal. Es gilt ja als vorbildlich, wenn z. B. DAX-Unternehmen hohe Renditen erzielen, am besten im zweistelligen Bereich. Papst Franziskus mahnte: „Diese Wirtschaft tötet."

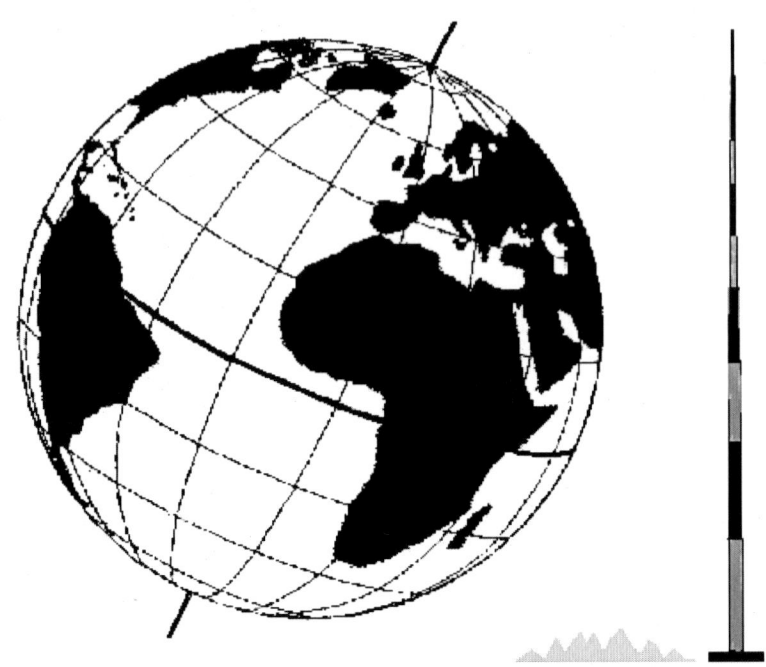

Bild 39, Kennzahl 7.1.1: Die verödetet Erde

Wir sehen: Die Kapitalbildung ist am Anfang nützlich, weil sie Fortschritt und Wohlstand ermöglicht. Läuft sie aber so weiter, wächst das Kapital wie eine Exponentialfunktion und ist vergleichbar mit der Kettenreaktion bei der Explosion einer Atombombe oder der lawinenartigen Vermehrung von Bakterien. Diese kann zum Tod eines Menschen oder als Seuche zum Tod vieler Menschen führen. Gestoppt werden können schädliche Bakterien durch den Mangel an Nahrung, durch unser Immunsystem oder durch Medikamente.

Laut dem Memorandum 2016 der Arbeitsgruppe Alternative Wirtschaftspolitik [13] „wird mit dem Investorenschutz in den Freihandelsabkommen faktisch so etwas wie ein Grundrecht auf Rendite geschaffen". Dafür werden die Rechte des Staates, der Umweltverbände und der Bevölkerung beschnitten. Mit der Fortführung der Kette Gewinne, Investitionen, mehr Konsum, neue Gewinne, neue Investitionen, erneut mehr Konsum wird ein Turm immer höher gebaut. Um ihn am Einstürzen zu hindern, muss sich die Politik immer mehr zum Büttel der Wirtschaft machen.

Kapital- und Wirtschaftswachstum gehen in einer Marktwirtschaft ungefähr Hand in Hand. Neben quantitativem gibt es zwar auch **qualitatives Wirtschaftswachstum**, das mit wenig oder null Verbrauch von Land und Rohstoffen auskommt, wenn das Recycling klappt. Dadurch ist ein gewisses Wirtschaftswachstum auch langfristig möglich, ohne Schaden anzurichten. Doch es kann seiner Natur gemäß nur bescheiden sein, also niemals die Basis eines explosiven Wachstums des Kapitals sein.

Der Konsum, der neben den Investitionen für Absatz sorgt, lässt sich nicht immer mehr ausweiten. Er ist die Engstelle für die gewaltigen Produktionskapazitäten. In Industrieländern wird der Absatz durch den Exportüberschuss ausgedehnt. Durch die Globalisierung kann man in die fernsten Länder exportieren. Doch Exportüberschuss schafft Verschuldung der importierenden Länder, und die lässt sich nicht ewig steigern. Denn es droht dann immer mehr der Staatsbankrott dieser Länder, und es müssen immer mehr Kniffe erfunden werden, um das Platzen der „Blase" und damit den Ausbruch einer Krise zu verhindern.

Wachstum sehen wir überall in der Natur. Aber wir sehen dort auch, dass das Wachsen irgendwann zu Ende ist, etwa bei den Bäumen. In der Vergangenheit nahm die Wirtschaft häufig Fahrt auf, fiel zurück durch eine Krise, nahm wieder Fahrt auf, lief wieder in eine Krise usw. Krisen bringen Leid und Elend für Viele, und ein Teil des Kapitals wird dabei „verbrannt". Besser ist es, der Staat bändigt die explodieren wollende Wirtschaft, damit die Wirtschaft dem Menschen dient und ihn nicht bedroht.

7.2 Angebotsökonomik und Keynesianismus

Wird die Produktion Y, also das Bruttoinlandsprodukt BIP, durch die Nachfrage oder durch das Angebot bestimmt? Wenn Sie meinen, Sie bestimmen die Menge der produzierten Güter durch die Höhe Ihrer Ausgaben, also durch Ihre Nachfrage, sind Sie Keynesianer oder Keynesianerin. Sie haben dann aber die Angebotsökonomen und Monetaristen gegen sich. Man kann die Angebotsökonomik als eher liberal, die Nachfrageökonomik als eher sozial bezeichnen. Vereinfacht kann man die Theorien so darstellen:

Tabelle 44, Kennzahl 7.2.1:
Angebotsökonomik (Monetarismus) und Keynesianismus
(Nachfrageökonomik), vereinfacht

Angebotsökonomik	Es wird so viel produziert, wie der Produktionsapparat und die Menge an Arbeitskräften es zulassen.
Begründung	Die Leute kaufen immer alles, was da ist. Denn wird z. B. doppelt so viel produziert, wird auch doppelt so viel Geld verdient und doppelt so viel gekauft. Bleibt doch ein Rest übrig, kann er verschenkt oder vernichtet werden. Der Produktionsapparat ist also immer ausgelastet und bestimmt damit die Menge der Güter, die produziert werden.
Nachfrageökonomik	Es wird so viel produziert, wie die Leute kaufen wollen oder können.
Begründung	Die Unternehmen versuchen, nur so viel zu produzieren, wie sie verkaufen können. Denn was darüber hinausgeht, bringt ihnen einen Verlust oder schmälert den Gewinn. Die Verbraucher geben nicht unbedingt ihr ganzes Einkommen wieder aus, sondern sparen einen Teil davon. Die Ersparnisse können zwar zu Investitionen werden, wodurch neue Produktionskapazität entsteht. Das geschieht aber nur so weit, wie neue Produktionskapazität Aussicht hat, ausgelastet zu sein.

Nach dem Zweiten Weltkrieg dominierten in den westlichen Marktwirtschaften zunächst keynesianische Konzepte, d. h. eine eher nachfrageorientierte Wirtschaftspolitik. Da die Konjunktur- und Wachstumseffekte schwächer waren, als erwartet, gewann die angebotsorientierte Wirtschaftspolitik in den 1970er Jahren an Bedeutung. Die bekanntesten Beispiele sind die USA (Reaganomics) und Großbritannien (Thatcherismus). Doch auch sie brachten keine befriedigenden Ergebnisse.

Die **Angebotsökonomik** trifft zu, wenn die Güter knapp sind, etwa nach einem Krieg, wenn Teile des Produktionsapparats zerstört sind. Da können wir nicht so viel kaufen, wie wir wollen. Heute ist aber anzunehmen, dass sich die Produktion der Nachfrage anpasst. Hier die Darstellung der Angebotsökonomik im Wirtschaftslexikon von Gabler [10], etwas verkürzt:

„Unter Angebotsökonomik versteht man ökonomische Lehrmeinungen, die die Bedeutung der Angebotsseite für das Wachstum und den Wohlstand einer Volkswirtschaft betonen. Vertreter der Angebotsökonomik befürworten daher wirtschaftspolitische Maßnahmen, die die Angebotsbedingungen verbessern, insbesondere die Zurückdrängung staatlicher Regulierung von den Märkten. Damit steht die Angebotsökonomik in deutlichem Gegensatz zur Betonung der Nachfrageseite im Keynesianismus. Unter Angebotsökonomik im engeren Sinn versteht man die ökonomische Lehre, die ausschließlich auf die Angebotsseite setzt. Dahinter steht der Glaube an das Saysche Theorem, wonach sich jedes Angebot stets seine eigene Nachfrage schafft, sodass letztlich das Güterangebot die Umsätze eines Marktes bestimmt. Die Angebotsökonomen befürworten folgende Maßnahmen:

a) Steuersatzsenkungen. Sie würden starke Leistungsanreize schaffen, die zu einem höheren Wachstum führen, sodass das Steueraufkommen trotz rückläufiger Steuersätze zunimmt.

b) Reduzierung der Staatsausgaben und Zurückhaltung des Staates, um der privaten Initiative und den Marktkräften mehr Spielraum zu verschaffen. Staatsausgaben und Steuern wirken leistungshemmend und demotivierend.

c) Budgetausgleich (also Ausgaben = Einnahmen des Staates) auf niedrigem Niveau. Staatliche Kreditaufnahme verdränge in genau gleichem Umfang private Kreditnachfrage vom Kapitalmarkt.

d) Deregulierung, also Abbau der Sozial-, Umverteilungs-, Umweltschutz- und Wettbewerbspolitik. Dadurch sollen die Marktkräfte entfesselt werden. Staatliche Interventionen stellen Marktunvollkommenheiten dar, die den Marktmechanismus stören.

Aufgrund der Maßnahmen ergeben sich nach Ansicht der Angebotsökonomik zunächst Gewinnerhöhungen, die zu größerer Produktivität und höherem Wachstum, schließlich aber auch zu steigenden Löhnen führen. Eine ungleichmäßigere Einkommensverteilung wird als Voraussetzung eines höheren Gesamtwohlstands angesehen. Nebenbei löst der Wachstumsschub auch das Inflationsproblem, weil es vorübergehend zu einem Überschussangebot und damit zu einem Druck auf die Preise kommt.

Kritik: Die Auffassung, dass sich durch eine Steuersatzsenkung eine Erhöhung des Steueraufkommens erreichen lässt, muss für die derzeit geltenden Steuersysteme zumindest für die kurze und mittlere Frist als widerlegt angesehen werden. Die Hypothesen bezüglich staatlicher Ausgabenkürzungen und staatlicher Kreditaufnahmen sind empirisch unbelegt. Bei den Vorschlägen zur Deregulierung werden einseitig die (unbestreitbar vorhandenen) negativen Wirkungen von Interventionen überbetont, die ökonomischen und gesellschaftlichen Vorteile (z. B. soziale Stabilität, Umweltschutz) bleiben dagegen unberücksichtigt.

Die Angebotsökonomik hatte großen Einfluss auf die Wirtschaftspolitik in den ersten Jahren der Reagan-Administration (Reaganomics). In Deutschland wurde eine gemäßigte Form der Angebotsökonomik durch den Sachverständigenrat zur Begutachtung der gesamtwirtschaftlichen Entwicklung (SVR) bis zum Auftreten der jüngsten weltweiten Rezession im Jahre 2007 propagiert." Soweit das Wirtschaftslexikon von Gabler.

Besonderes Gewicht legt die Angebotsökonomik auf die Forschung, die Entwicklung, die Bildung und die Geldpolitik. Zur **Geldpolitik:**

Für die Unternehmen ist ein stabiles Währungssystem wichtig. Aufgabe der Zentralbanken ist daher eine Sicherung der Preisniveaustabilität. Dies vertritt der **Monetarismus**. Oliver Blanchard und Gerhard Illing [1] schreiben: "Später traten die Monetaristen mit der Überzeugung auf den Plan, dass die Wirtschaftsprozesse immer noch wenig verstanden würden. Sie sahen nicht die Fiskalpolitik, also die Instrumente des Staates, sondern die **Geldpolitik** als das zentrale Instrument an, um die Wirtschaft im Gleichgewicht zu halten und ihr Wachstum zu gewährleisten."

Es könnte aber sein, dass die Darstellung mit den Geldströmen und dem zusätzlichen Aggregat „Reiche" die Wirtschaftsprozesse besser zu verstehen hilft und zeigt, dass doch die Sozialpolitik das Entscheidende ist.

Aus Wikipedia [18] entnehmen wir: „Die Angebotspolitik wird dafür kritisiert, einen Wettlauf um die niedrigsten Standards einzuleiten. Man versucht, die Lohn- und Preissteigerungen unter das Niveau des Produktivitätswachstums zu drücken. Das führt zu einer Nachfrageschwäche. Daher versucht jedes einzelne Land, über eine Steigerung der Wettbewerbsfähigkeit durch Lohnzurückhaltung Exportüberschüsse zu erwirtschaften, um die Arbeitslosigkeit zu vermindern, auf Kosten der anderen Länder, wo dadurch die Nachfrage noch weiter geschwächt und die Arbeitslosigkeit erhöht wird. Das Ergebnis sei eine globale Nachfrageschwäche und ein schwaches Wirtschaftswachstum, das weit unter dem Potentialwachstum liege."

Der Friedensschluss laut Blanchard und Illing [1]: „In den letzten Jahren gaben 90 % aller Ökonomen ihre Position als Keynesianer oder Anti-Keynesianer auf. Stattdessen arbeiteten sie an einer Synthese aus allem, was ihnen aus älteren und neueren Theorien brauchbar erschien. Das Ergebnis, man könnte es **Neoklassik** nennen, wird in seiner allgemeinsten Form von allen, mit der Ausnahme von vielleicht 5 % rechts- und linksextremen Autoren, akzeptiert."
An anderer Stelle steht dort (etwas verkürzt):

„1. Kurzfristig bestimmt die **Nachfrage** die Produktion und ihre Schwankungen (durch Boom oder Rezession), und Geld- und Fiskalpolitik sind geeignet, diese Schwankungen abzumildern.

2. Mittelfristig, über 10 Jahre hinweg, kehrt die Wirtschaft von selbst auf das Niveau zurück, das durch Kapitalbestand, Arbeitsangebot und technisches Wissen bestimmt ist, also durch die **Angebotsseite**.

3. Langfristig, über mehr als 50 Jahre hinweg, wird die Produktion von der **Qualität der Regierung** bestimmt, die die Voraussetzungen für die Nr. 2 schafft, durch ein gutes Bildungssystem, ein verlässliches Rechtssystem, eine hohe Sparrate und die Garantie, Eigentumsrechte durchzusetzen."

In den vorhergehenden Kapiteln kamen wir zu etwas anderen Aussagen. Sie lauten etwa, dass in einer gealterten Wirtschaft vorwiegend die soziale Dissoziation das Problem ist. Sie bewirkt, dass die Einen nicht mehr Geld ausgeben wollen, weil sie schon im Überfluss leben, und die Andern nicht mehr Geld ausgeben können. Dazu kam die Frage, ob es mit Investitionen und Wachstum ewig weitergehen sollte. Die Lebensqualität kann nicht nur durch eine Steigerung des Konsums verbessert werden, sondern auch durch eine Verkürzung der Arbeitszeit.

7.3 Fragen und Antworten

Strangulieren die Banken die Wirtschaft durch den Zins? Kritiker der Banken warnen davor, die Banken hätten durch den Zins (auf das von ihnen ohne Mühe geschöpftes Geld) eine Einnahmequelle, mit der sie letztendlich alle übrigen Wirtschaftsteilnehmer aussaugen und in den Ruin treiben könnten. Tatsächlich müssen die Kreditnehmer der Banken durch den Schuldendienst regelmäßige Raten (sog. Annuitäten) bezahlten, die aus Zins und Tilgung bestehen. So erhält eine Bank für jeden Kredit mehr Geld zurück, als sie dem Kreditnehmer gegeben hat. Oder sie bekommt das als Sicherheit verpfändete Objekt, wenn der Kreditnehmer zahlungsunfähig wurde.

Da es den Nichtbanken nicht möglich ist, den Banken mehr Geld zurückzuzahlen, als sie bekamen, können sie, so sagen die Kritiker, den Schuldendienst nur leisten, indem sie immer neue, noch höhere Kredite aufnehmen. Doch irgendwann wird man unter der Last der Schulden zusammenbrechen. So könnte das Bankensystem die Wirtschaft letztlich zugrunde richten und sich die gesamte übrige Wirtschaft (die Nichtbanken) über Bankrott und Pfändung einverleiben.

Was ist dazu zu sagen? Man unterscheidet zunächst zwischen dem **Nominalzins** und dem **Realzins**. Ist der Nominalzins 4 Prozent und die Geldentwertung 1 Prozent, haben wir einen Realzins von 3 Prozent. Der Realzins gilt als der Preis für die Überlassung von Geld, die etwas Ähnliches ist wie einer Dienstleistung. Es besteht ja auch das Risiko, dass ein Darlehen nicht zurückgezahlt werden kann. Man sagt auch, der Realzins hat auf dem Kapitalmarkt eine Preisfunktion. Gegenwärtig sind allerdings Nominalzins, Realzins und die Geldentwertung sehr niedrig. Zu anderen Zeiten brachten Zinsen erhebliche Vermögenseinkommen.

Das vorhandene Geld ist ein Teil des vorhandenen Kapitals. Auch das übrige Kapital wird, ähnlich wie das Geld, verzinst. Es bringt dem Eigentümer Vermögenseinkommen, z. B. Dividenden und Kursgewinne, aber auch gelegentlich Kursverluste, besonders bei Krisen.

Das gegenwärtige niedrige Zinsniveau wird von den Sparern, den Versicherungen und von anderen Seiten beklagt. Ersparnisse bringen kaum noch Zinsen. In manchen Fällen ist der Zins sogar negativ, das heißt, man muss für die Aufbewahrung von größeren Geldmengen etwas bezahlen. Die niedrigen Zinsen und Dividenden (im Vergleich zu den Kursen) haben aber mehr Vor- als Nachteile. Experten sagen, dass 90 Prozent der Bürger dabei gewinnen. Denn Zinsen zahlen nicht nur der Schuldner, sondern alle Käufer, weil Zinsen ein Kostenbestandteil seien, der über den Preis jeder Ware und Dienstleistung hereingeholt werden müsse.

Doch zurück zur gestellten Frage. Der Zins ist ja nicht tot, und er könnte auch wieder steigen. Besteht dann die Gefahr des Strangulierens der Wirtschaft durch die Banken? Die Antwort ist ein klares Jein. Zunächst ist festzustellen, dass andere Unternehmen genauso die Möglichkeit haben, immer mehr Geld an sich zu ziehen. Die Automobilindustrie zum Beispiel nimmt jährlich ungeheure Summen ein. Man wird hier gleich einwenden, es entstehen ja bei der Produktion auch Kosten, und die Gewinne erhalten die Aktionäre. Wir haben also einen Geldkreislauf mit Verkaufserlösen auf der einen und Arbeits- und Vermögenseinkommen auf der andern Seite. Dieser Kreislauf ist stabil, wenn die Wirtschaft richtig läuft. Das gilt auch für die Banken. Auch sie haben Kosten und leisten Arbeits- und Vermögenseinkommen. Allerdings besteht in beiden Fällen die Gefahr, dass zu hohe Einkommen, besonders Vermögenseinkommen, an zu wenigen Personen hängen bleiben. Das führt zur sozialen Spaltung, zur Wirtschaftskrise und zur Strangulation eines Teils der Wirtschaftteilnehmer.

Was versteht man unter rationalen Erwartungen und der Spieltheorie in der Wirtschaft? Rationale Erwartungen entstehen, wenn man aufgrund von rationalem Denken etwas erwartet. Das kann die Wirtschaft beeinflussen. So beeinflusst die Erwartung, welche Dividende eine Aktie bringen wird, ihren Kurswert. Die Höhe von Investitionen hängt davon ab, ob man ein Wachstum des BIP erwartet oder nicht. Rationale Erwartungen stützen sich gerne auf **Erfahrungen**. Die Betrachtung der Geldströme bietet eine gute Basis für rationale Erwartungen.

Blanchard und Illing verbinden in [1] in den Kapiteln 25 ff. die rationalen Erwartungen noch mit der Spieltheorie. Und es wird dort der Spieltheorie eine wachsende Bedeutung zugemessen. In der Spieltheorie wird das Verhältnis zwischen der Regierung einerseits und den Unternehmen und den Verbrauchern anderseits mit demjenigen zwischen Spielern verglichen, die gegeneinander spielen. Jeder würde die Absichten des Andern gerne kennen, aber jeder versucht auch, sich nicht in die Karten schauen zu lassen.

Zur Veranschaulichung dient in [1] das Verhältnis zwischen einer Regierung und potentiellen Flugzeugentführern. Die Regierung kann potentiellen Flugzeugentführern signalisieren, dass sie mit ihnen auf keinen Fall verhandeln würde. Das hat den Vorteil, dass eine Flugzeugentführung unwahrscheinlicher wird. Ereignet sich doch eine Flugzeugentführung, bietet das Verhandeln der Regierung mehr Möglichkeiten, um Schlimmeres zu verhindern. Der Nachteil dabei ist aber, dass es nun wohl öfter zu Flugzeugentführungen kommen wird. Denn man hat ja die Erfahrung gemacht (und daher die rationale Erwartung), dass verhandelt wird. Die Frage, was für den Staat besser ist, bleibt hier offen.

Blanchard und Illing empfehlen der Politik, nicht (überraschend) in die Wirtschaft einzugreifen, sodass die Unternehmen Planungssicherheit hätten. Doch der Staat muss der Bildung von Ungleichgewichten und „**Blasen**" entgegenwirken, deren Platzen eine Krise auslösen kann. Krisen kommen plötzlich und werfen erst recht Planungen über den Haufen. Blasen, auch Finanz- oder Spekulationsblasen genannt, sind spezielle Ungleichgewichte, bei denen die Preise zum Beispiel von Rohstoffen, Aktien oder Immobilien-Wertpapieren bei hohen Umsätzen weit über ihrem inneren Wert liegen.

Warum enthält das Umschlagbild eine Schere? Weil die „Schere" zwischen Arm und Reich immer weiter auseinandergeht. Die Schere ist in der griechischen Mythologie auch das Attribut der Schicksalsgöttin Atropos, die den Lebensfaden durchschneidet. Wirtschaftliche Interessen und Feindbilder führten schon oft zu todbringenden Kriegen, Wirtschaftskriegen und Wirtschaftsblockaden. Selbst der friedliche Wettbewerb der Länder auf dem Weltmarkt ist heute eine Art Krieg, der viele Opfer fordert. Die Schere mahnt daher auch, diese Übel durch Ethik, Völkerverständigung und Abrüstung zu überwinden.

Welche Verdienste hat sich Franklin Delano Roosevelt erworben? Er gehörte der Demokratischen Partei an und war von 1933 bis zu seinem Tod 1945 der 32. Präsident der Vereinigten Staaten. Die Weltwirtschaftskrise, die seit 1929 wütete, führte weltweit zu Kursstürzen an den Aktienmärkten, Arbeitslosigkeit, Elend und politischen Unruhen. Präsident Roosevelt trat in den USA der Krise mit seinem **New Deal-Programm** entgegen. Durch zahlreiche soziale Maßnahmen konnte der desolate Zustand der amerikanischen Wirtschaft überwunden werden. Das Programm enthielt einen Spitzen-steuersatz von über 90 Prozent, eine Spitzen-Erbschaftsteuer von 50 Prozent, hohe staatliche Investitionen, die Regulierung der Finanzmärkte und die Einführung von Sozialversicherungen. Dadurch konnte die Masse der Bürger wieder etwas kaufen, also Nachfrage halten, ebenso der Staat. Darüber hinaus waren die Unternehmen wieder in der Lage, Personal einzustellen.

Roosevelt hatte aber mit erbitterten Widerständen zu kämpfen. Der Oberste Gerichtshof, der von seinen Gegnern angerufen wurde, blockierte seine Maßnahmen zeitweilig mit dem Argument, sie verstießen gegen die freiheitliche amerikanische Verfassung. Doch anders als in Deutschland konnte damit in den USA die Demokratie während der Weltwirtschaftskrise bewahrt werden. Das New Deal-Programm beruhte auf dem Keynesianismus, also auf der Theorie des englischen Wirtschaftsnobelpreisträgers J. M. Keynes. Damit konnte Präsident Roosevelt die Weltwirtschaftskrise in den USA eindämmen und später überwinden, während Deutschland 1933 in den Nationalsozialismus umkippte, wo dann der Staat – wenn auch über Rüstungsprogramme, also moralisch verwerflich – als Nachfrager in der Wirtschaft vermehrt auftrat und somit einen ähnlichen Ansatz verfolgte.

Zur Roosevelts Außenpolitik: Seit 1937 führte Japan in China den Zweiten Japanisch-Chinesischen Krieg. Nach anfänglicher Neutralität unterstützten die USA China mit Materiallieferungen. Das führte zum japanischen Überfall auf Pearl Harbor im Dezember 1941, bei dem über 2.400 Amerikaner ums Leben kamen. Danach erklärte der US- Kongress dem Kaiserreich Japan den Krieg. Drei Tage später erklärte das mit Japan verbündete Deutschland den USA den Krieg. Angesichts des enormen Industriepotentials der USA wurde so das Blatt entscheidend zugunsten der Alliierten gewendet.

Später gab es in den USA wieder wirtschaftliche Schwierigkeiten, und die Angebotsökonomik gewann die Oberhand. Auf ihrer Basis gab es ab 1981 in den USA massive Steuersenkungen durch den Präsidenten Reagan, niedrige Arbeitslosenzahlen, aber auch eine historisch beispiellose Erhöhung der Staatsverschuldung. Die erhofften hohen Steuereinnahmen, mit denen die Staatsverschuldung wieder abgebaut werden sollte, traten nicht ein, denn die Wirtschaftsleistung wuchs nicht in dem erhofften Umfang.

Die US-Staatsverschuldung steigt bis heute weiter. Dazu kam ein ständiges hohes Außenhandelsdefizit. Beides hängt zusammen, denn dem Staat bleibt kaum etwas anderes übrig, als den Geldabfluss durch das Außenhandelsdefizit auszugleichen, indem er mehr Geld ausgibt, als er einnimmt. Der Staatsverschuldung steht ein gewaltiger privater Reichtum gegenüber, konzentriert auf einen kleinen Teil der Bevölkerung. Dieses Problem ist weltweit verbreitet. Überall droht die Krise und wird mehr Wachstum herbeigesehnt.

Kennen Sie das Saysche Theorem? Es besagt: Jede Produktion schafft sich selbst ihren Absatz. Theorem heißt übersetzt Lehrsatz. In einer jungen Wirtschaft hat dieses Theorem eine gewisse Berechtigung, denn man ist noch weit von einer Marktsättigung entfernt. Doch es werden heute z. B. in Supermärkten viele Lebensmittel weggeworfen, weil es keinen Absatz dafür gibt. Der niederländische Maler Vincent van Gogh starb arm, weil er von seinen vielen Bildern nur einen winzigen Teil verkaufen konnte. Heute ist jedes dieser Bilder ein Vermögen wert.

Eine Art Beweis für das Saysche Theorem lautet: Jede Produktion ist mit Kosten verbunden. Diese Kosten sind für die Verbraucher Einnahmen. Mit diesen Einnahmen sollten die Verbraucher die Produkte auch kaufen. Hier wird ein geschlossener Geldkreislauf angenommen. Doch es kann im Geldkreislauf auch Lecks geben. Geld kann daheim und auf Banken gehortet werden und auf die internationalen Finanzmärkte abfließen. Von dort kann es auch in Form von Investitionen zurückkommen, doch das muss es nicht.

Warum ist die folgende Aussage falsch? In [1] Seite 157 wird gegen das „deficit spending" des Staates Folgendes zitiert und zur Debatte gestellt: „Private Ersparnis finanziert entweder das staatliche Budgetdefizit oder private Investitionen. Man muss **kein Genie** sein, um zu erkennen, dass mit einem Abbau des Budgetdefizits ein größerer Anteil der privaten Ersparnis zur Finanzierung der Investitionen übrig bleibt, sodass die Investitionen steigen." Man erkennt hier die Saysche Vorstellung, dass Ersparnisse zu Investitionen werden müssen, wenn sie nicht zum Staat fließen. Doch die privaten

Ersparnisse werden nicht mehr in vollem Umfang zu Investitionen, wenn der Produktionsapparat schon sehr leistungsfähig ist und eine weitere Steigerung seiner Kapazität zur Fehlinvestition wird.

Was ist an der EU zu kritisieren? Viele Staaten haben zusammen mehr Chancen, sich gegen die Herrschaft der Finanzmärkte zu wehren. Doch leider versucht man sich innerhalb der Europäischen Union gegenseitig auszukonkurrieren: Löhne, Steuern und Umweltstandards werden niedrig gehalten, um Investoren anzulocken, also um an das auf den Finanzmärkten lagernde Geld zu kommen, was auch Arbeitsplätze schafft.

Leider konkurrieren auf dem europäischen Binnenmarkt wie auf dem Weltmarkt ebenfalls die Länder nur gegeneinander, wobei die starken Länder die schwachen an die Wand drücken. Verschuldung und hohe Arbeitslosigkeit, besonders der Jugend, sind in vielen Ländern die Folge. Banken kommen in Schieflage, wenn sie ihrer Regierung und der eigenen Wirtschaft viel Geld geliehen haben.

Es fehlt der „göttliche Funke". Der nackte Markt ohne Ethik in der Politik produziert nur Gewinner und Verlierer, je nachdem, wer konkurrenzfähiger ist. Innerhalb von Deutschland hilft den schwachen Bundesländern der Länder-Finanzausgleich. Trotzdem entstehen auch in Deutschland „Armenhäuser". In manchen Regionen sehen die Bewohner nur noch Chancen für sich, wenn sie die Region verlassen. Auch in Deutschland droht Altersarmut, und die Entsorgung von CO_2 in die Atmosphäre geht fast ungebremst weiter. Denn die Wirtschaft hat gedroht, dass sonst Arbeitsplätze verloren gingen. Rund um die EU-Institutionen gibt es 20.000 professionelle Interessenvertreter. Sie beeinflussen die Politik im Sinne ihrer Auftraggeber. In Großbritannien stimmten viele Menschen für den Brexit, weil sie sich von der Politik im Stich gelassen fühlen.

Zur Europäischen Union gab der Wirtschafts-Nobelpreisträger Joseph Stiglitz der „Frankfurter Rundschau" im Mai 2016 ein Interview. Hier einige Ausschnitte davon:

„Europa erlebt ein verlorenes Jahrzehnt. Das liegt an dem einseitigen Fokus auf **Austerität**, also Kürzungen im Staatshaushalt. Die Bankenunion der Euro-Staaten kommt viel zu langsam voran. Ohne eine Bankenunion strömt das Kapital von den schwachen Ländern wie Italien, Spanien und Griechenland nach Deutschland. Das zerstört die Bankensysteme in den schwachen Ländern. Dann verwandeln sich bei den Banken gute und sichere Kredite in schlechte und wacklige Kredite, weil die Kreditnehmer ihre Verpflichtungen nicht mehr erfüllen können.

Weltweit gleichen sich Exportüberschüsse und -defizite aus. Mit seinem Überschuss der Leistungsbilanz zwingt Deutschland andere Länder, ein Defizit auf sich zu nehmen. Dies heißt, diese Länder müssen sich verschulden und ihre Wirtschaft schwächelt. Das führt zur Krise. Zudem lassen die deutschen Exportüberschüsse den Euro aufwerten. Damit erschweren sie es den anderen Ländern, auf den Weltmärkten zu exportieren.

Deutschland könnte eine andere Arbeitsmarktpolitik beschließen, beispielsweise um Lohnsteigerungen zu begünstigen. Es könnte mit einer anderen Finanzpolitik mehr investieren und mehr ausgeben, statt einseitig zu sparen. Die Väter des Euro nahmen an, dass das Kapital von den reichen in die armen Länder fließen würde. Kapital fließt in der liberalen Marktwirtschaft immer zu den reichen Staaten. Hinter den Banken in den wohlhabenden Volkswirtschaften stehen deren zahlungskräftige Regierungen. Die reichen Nationen bieten eine gute Infrastruktur, ein besseres Bildungssystem, moderne Technologien.

Europa braucht eine Industriepolitik, um die schwächeren Länder zu unterstützen. Die Europäische Investitionsbank kann dabei helfen, Investitionen anzukurbeln. Europa muss den schwächeren Ländern mehr Unterstützung geben. Europa muss dazu eine echte Bankenunion schaffen und den überschuldeten Ländern Schulden erlassen. Die Deutschen zahlen nicht gern für andere Länder. Aber es liegt in ihrem eigenen Interesse, denn sie profitieren sehr von der Europäischen Union."

J. Stiglitz war von 1997 bis 2000 Chefökonom an der Weltbank. Meinungsverschiedenheiten über deren Kurs führten 2000 zu seinem Rücktritt. Er ist Mitbegründer des 2009 gegründeten *Institute for New Economic Thinking*, das sich zum Ziel gesetzt hat, neue Denkansätze für die Volkswirtschaftslehre zu entwickeln.

7.4 Der hässliche Kapitalismus

Ha-Joon Chang schreibt in seinem Buch „23 Lügen, die sie uns **über den Kapitalismus** erzählen" [7] in der Einführung:

„Viele Menschen, die in der Krise (2008) Arbeit und Haus verloren haben, werden vielleicht nie wieder am wirtschaftlichen Leben teilnehmen. Ausgelöst wurde diese Katastrophe in letzter Konsequenz von der Ideologie des freien Marktes, die seit den Achtziger Jahren die Welt regiert (...). Man rät uns, den Märkten voll und ganz zu vertrauen und ihnen nicht im Weg zu stehen. Die meisten Länder sind diesem Ratschlag gefolgt und haben eine Politik der Marktliberalisierung betrieben: Das bedeutete Privatisierung staatlicher Industrie- und Finanzunternehmen, Deregulierung des Finanzwesens und der Industrie, Liberalisierung des internationalen Handels und der Investments, Senkung der Einkommensteuern und Sozialausgaben. Diese Politik, so räumten ihre Verfechter ein, habe zwar vorübergehend auch negative Auswirkungen gehabt, etwa eine wachsende Ungleichheit, doch sie werde am Ende allen nützen, weil sie eine dynamische und reichere Gesellschaft hervorbringe. Die anschwellende Flut lässt alle Boote steigen, so das dazu passende Bild."

Unter Lüge zwei steht über die Allianz zwischen Profimanagern und Aktionären: „Skrupellos wurden Jobs gestrichen, Beschäftigte entlassen und mit niedrigerem Lohn, geringeren Sozialleistungen und ohne gewerkschaftlichen Schutz wieder eingestellt. Lohnerhöhungen wurden verhindert, nicht selten, indem man die Firma in Niedriglohnländer umsiedelte oder damit drohte. Die Zulieferer wurden schikaniert, indem man die Preise drückte. Der Staat wurde gedrängt, die Unternehmenssteuern zu senken und/oder die Subventionen zu erhöhen, wieder mit der Drohung der Umsiedlung."

Unter Lüge sieben heißt es: „Obwohl es die wenigsten Amerikaner heute wissen, ist Hamilton der Architekt des modernen amerikanischen Wirtschaftssystems. Zwei Jahre, nachdem er 1789 im unerhört jungen Alter von 33 Jahren Finanzminister wurde, verfasste er einen Report, in dem er darlegte, dass eine junge Industrie wie die amerikanische Schutz und Unterstützung des Staates brauche, ehe sie auf eigenen Füßen stehen könne."

Unter Lüge zwanzig heißt es: „Viele diskriminierende Regeln sind abgeschafft worden. Dies lag in der Hauptsache daran, dass die Diskriminierten für ihre politische Gleichstellung **kämpften**, etwa die Chartisten, die in Großbritannien Mitte des 19. Jahrhunderts das allgemeine Wahlrecht (für Männer) forderten, die schwarzer Bürgerrechtsbewegung in den USA Mitte der Sechziger, die Anti-Apartheids-Bewegung in Südafrika in der zweiten Hälfte des 20. Jahrhunderts und der Kampf der niederen Kasten im heutigen Indien." Soweit Ha-Joon Chang, der an der Fakultät für Wirtschaftswissenschaften der Universität Cambridge forscht und lehrt.

Papst Franziskus mahnte: „Wir leben im dritten Weltkrieg, und es gibt Wirtschaftssysteme, die können ohne Krieg nicht sein. Deshalb werden Waffen produziert und verkauft."

Vorbild USA? Zur Freundschaft mit den USA gehört auch Kritik an ihrem ganz besonderen Kapitalismus. Präsident Obama weckte viele Hoffnungen. Doch seine Politik wurde stark vom großen Geld und dem von ihm geforderten Wirtschaftsliberalismus beeinflusst. Bei der Wahl seines Nachfolgers gewann der „unmögliche Kandidat". Es war für viele US-Bürger die Rache an „denen da oben", für das Wachsen der sozialen Gegensätze. Die USA sollten auch z.B. dem Abkommen gegen Landminen beitreten, denen schon unzählige Kinder zum Opfer fielen. Wer sich als Weltpolizist berufen fühlt, sollte weniger bomben und mehr versuchen, Konflikte friedlich zu lösen.

Einige grundsätzliche Überlegungen: Ist die gegenwärtig weit verbreitete liberale Wirtschaftsordnung mit ihren Mängeln zu akzeptieren, zu reformieren oder zu ersetzen, und wenn ja, wodurch? Es gibt dazu viele bedeutende Theorien, nicht zuletzt die von **Karl Marx** und Friedrich Engels. Sie setzten sich zum Ziel, die Menschen von Feudalherrschaft und kapitalistischen Machstrukturen zu befreien. Daraus entstanden Wirtschaftsformen, die mit **Marxismus**, **Sozialismus** und **Kommunismus** bezeichnet werden. Wo sie eingeführt wurden, zerbrachen alte Herrschaftsstrukturen, aber es kam doch nicht genügend Freiheit, Wohlstand und Umweltschutz zustande. Der Egoismus und die unternehmerische Initiative sind Ressourcen, die im Kommunismus nicht oder zu wenig genutzt werden. Möglicherweise war die Menschheit noch nicht reif dafür, dass jeder zum gemeinsamen Wohl beiträgt, ohne persönlich dafür belohnt zu werden. Es gibt allerdings viele Zwischenstufen zwischen reinem Kapitalismus und reinem Kommunismus. Interessante Gedanken hierzu enthält das Buch von Sahra Wagenknecht „Freiheit statt Kapitalismus" [8].

7.5 Die Freiwirtschaftslehre

Ihr Begründer **Silvio Gesell** (1862-1930) erkannte die sich ständig verstärkende Umverteilung von den Ärmeren zu den Reicheren durch den Besitz von Geld und durch das Eigentum am Boden. Durch die Abschaffung dieser Umverteilung wollte er eine stabile und freiheitliche Marktwirtschaft erreichen, in der Vollbeschäftigung herrscht. Den in Gemeinschaftseigentum überführten Boden bezeichnete er als Freiland, das umlaufgesicherte Geld als Freigeld.

Zu den Eigentumsverhältnissen am Boden. Hierzu sagt die Freiwirtschaftslehre: Land, besonders Bauland, ist teuer. Ein unbegüterter Bürger muss viele Jahre sparen, bis er sich einen Bauplatz leisten kann, um später ein Haus für sich und seine Familie darauf bauen zu können. Das Geld für den Platz erhalten begüterte Personen, deren Vorfahren das Land in früheren Zeiten meist für einen Spottpreis oder gar umsonst bekamen. Land ist nicht unbegrenzt vorhanden. Es wird daher immer teurer. Einen besonderen Sprung nach oben macht der Bodenpreis, wenn landwirtschaftlich genutzte Fläche zu Bauland wird.

Land wirft aber auch sonst ständig einen Ertrag ab. Der Eigentümer kann den Ertrag selbst erwirtschaften oder als Gebühr erhalten, wenn er das Land verpachtet. Wer in Miete wohnt, bezahlt Miete für das Haus und für das Grundstück, auf dem das Haus gebaut ist. Die Miete enthält also die Rendite für das ins Haus investierte Geld und die so genannte Bodenrente. Die Höhe der beiden bestimmt in der Regel der Markt.

Die Wertsteigerung des Bodens und die Bodenrente wollen die Anhänger der Freiwirtschaftslehre der Allgemeinheit zugutekommen lassen. Dazu soll der Boden unter Entschädigung der Eigentümer in **Gemeineigentum** überführt werden, in dem er ursprünglich auch war. Familien könnten dann, statt einen Bauplatz kaufen zu müssen, diesen für viel weniger Geld pachten. Die Pachtgebühren könnte der Staat oder die von ihm beauftragte Instanz dazu benutzen, um die Entschädigung der vorherigen Eigentümer zu finanzieren, und danach z. B. für Kindergeld und für die Infrastruktur ausgeben.

Zum Geldumlauf. Die Freiwirtschaftslehre sieht auch einen unberechtigten Vorteil der Eigentümer von Geld gegenüber den Eigentümern von Waren. Denn Waren verlieren in der Regel an Wert (sind verderblich), das Geld dagegen nicht. Wartet also der Käufer ab, kann er den Verkäufer häufig dazu zwingen, mit dem Preis herunterzugehen. Das kommt besonders in einer Wirtschaftskrise zum Tragen, wenn mit ihr (wie in der Regel) eine Deflation einhergeht. Dann wird das Zurückhalten oder Horten von Geld besonders belohnt.

Gegenwärtig versucht die Europäische Zentralbank durch eine starke Vergrößerung der Geldmenge, eine Deflation zu vermeiden und die Wirtschaft anzukurbeln. Eine Inflation (Geldentwertung) von etwa 2 Prozent jährlich sieht man als wünschenswert an. Dadurch würde das Halten oder Horten von Geld einen gewissen Verlust bringen. Da sich das Geld aber partout nicht entwerten will, wird vorgeschlagen und zum Teil auch schon realisiert, bei Banken deponierte größere Geldmengen negativ zu verzinsen, ebenso Gelder, die Banken bei der Zentralbank deponieren. Deutschland kann bereits für Staatsanleihen mit ein- und zweijähriger Laufzeit **negative Zinsen** verlangen, also weniger Geld zurückgeben, als zuvor eingezahlt wurde. Es gibt offenbar Anleger, die das in Kauf nehmen. Denn diese Anlagen sind sicher, während das Investieren in einer kriselnden Wirtschaft mit dem Verlust des Geldes enden kann.

Die Freiwirtschaftslehre schlägt vor, den Umlauf des Geldes dadurch zu sichern, dass das Horten von Geld „bestraft" wird. Sie nennt dafür verschiedene Möglichkeiten. Eine davon ist, dass jeden Monat altes in neues Geld umgetauscht wird, wobei ein gewisser

Verlust entsteht. Das erfordert einen Aufwand, hat aber gegenüber einer Geldentwertung den Vorteil, dass der Wert des Geldes konstant bleibt.

Nach 1929, also in der der Weltwirtschaftskrise, erlebte die Region um Schwanenkirchen infolge des Schwanenkirchner Freigeldexperiments einen wirtschaftlichen Aufschwung. Das „**Wunder von Wörgl**" erlangte über die Grenzen Europas hinaus Bekanntheit. Der Wörgler Bürgermeister ließ umlaufgesichertes Freigeld als zusätzliche Währung für die Region Wörgl ausgegeben. Als Fortsetzung des historischen Freigeldexperiments gilt das sogenannte Regiogeld, das heute an vielen Orten unter unterschiedlichen Bezeichnungen als Komplementärwährung in Umlauf ist.

Die Freiwirtschaft enthält also, was der Name nicht vermuten lässt, ausgeprägte soziale Elemente. Die Verhinderung der Umverteilung von Arm nach Reich und die Geldumlaufsicherung versprechen auch einen Schutz vor Wirtschaftskrisen. Neben das Ziel florierende und wachsende Wirtschaft muss allerdings noch das Ziel Erhaltung der Umwelt treten.

7.6 Das Landgrabbing

Immer wieder erhalten die Interessen der Wirtschaft Vorfahrt vor der Bewahrung unserer Lebensgrundlagen. Oft beklagten Umweltschutzorganisationen, dass Regenwälder niedergebrannt wurden, um dem Anbau von Palmöl für Biodiesel zu weichen. Deutsche Großbanken und Versicherungen finanzieren Klima-tötende Kohlekraftwerke im Ausland.

Durch den Kauf des Bodens oder das **Landgrabbing** wird ein Teil des armen Landes zum Eigentum einiger weniger Einwohner des reichen Landes. Wie man das arme Land in Nöte bringt, die es zwingen, sein Eigentum zu verkaufen, haben uns die vorhergehenden Kapitel gezeigt. Hier ein Auszug aus dem Kapitel „Raub des Bodens, Widerstand der Verdammten" aus dem Buch von Jean Ziegler „Wir lassen sie verhungern" [12]:

„Gleich nach der Lebensmittelkrise des Jahres 2008 begannen Konzernmogule und Finanzoligarchen in großem Maßstab in den Ländern der Dritten Welt Ackerboden zu kaufen, zu pachten oder sich sonst wie anzueignen. ... Da die internationale Gemeinschaft nicht so bald vorhat, die Rechte der einheimischen Bevölkerung zu schützen, sieht das Landgrabbing goldenen Zeiten entgegen.

2010 wurden in Afrika von amerikanischen Hedgefonds, europäischen Banken, saudischen, südkoreanischen, singapurischen, chinesischen und anderen Staatsfonds 41 Millionen Hektar Ackerboden gekauft, gepachtet oder ohne Gegenleistung übernommen.

Besonders aufschlussreich ist das Beispiel des Südsudans. Nach 26 Jahren Befreiungskrieg mit mehr als einer Million Toten und Versehrten wurde die neue Republik Südsudan am 9. Juli 2011 gegründet. Doch noch vor ihrer Entstehung hat die provisorische Verwaltung in Juba 600.000 Hektar Ackerboden, 1 Prozent des Staatsgebiets, an den texanischen Nahrungsmitteltrust Nile Trading and Development Inc. zu einem konkurrenzlosen Schleuderpreis verkauft. Die Texaner haben 25.000 Dollar bezahlt – 3 Cent pro Hektar. Außerdem hat Nile Trading and Development Inc. eine Option auf weitere 400.000 Hektar."

7.7 Die Befreiungstheologie

Wikipedia [18] gibt uns dazu folgende Auskünfte: „Etwa seit der Zeit der kubanischen Revolution 1959 bildeten sich in der armen und meist katholisch geprägten Bevölkerung ehemaliger europäischer Kolonien vermehrt so genannte Basisgemeinden. Deren Mitglieder waren in der Regel landlose Bauern, Landarbeiter, Slumbewohner und Analphabeten, die ihre Alltagsprobleme gemeinsam zu bewältigen versuchten.

Indes kamen in fast allen Ländern Lateinamerikas, beginnend 1964 mit einem Militärputsch in Brasilien, von den USA ökonomisch und militärisch gestützte Militärdiktaturen an die Macht. Diese Entwicklung hatte ihren Höhepunkt in den 1970er und 1980er Jahren.

Die Regime betrieben fast durchweg eine für die jeweilige Bevölkerungsmehrheit sozial und wirtschaftlich nachteilige bis katastrophale Innenpolitik, die nur den zahlenmäßig kleinen Oberschichten zugutekam. Jegliche Versuche und Forderungen, die Situation der Armen durch Reformen zu verbessern oder gar die Herrschaftsverhältnisse zu hinterfragen, wurden von den Regierenden mit massiver Gewalt und Unterdrückung beantwortet, was in vielen lateinamerikanischen Ländern in so genannten „Schmutzigen Kriegen" gipfelte. Im Gegenzug kam es in vielen Ländern seit 1965 zu Rebellionen, Umstürzen und Revolutionsversuchen, so in Argentinien, Brasilien, Chile, Peru, El Salvador und Nicaragua.

Die Gesamtbilanz der staatlichen lateinamerikanischen Repressionspolitik der 1970er und 1980er Jahre schätzen Menschenrechtsorganisationen wie folgt ein: Etwa 50.000 Menschen wurden direkt ermordet, rund 350.000 gelten als gewaltsam und dauerhaft verschwunden, und 400.000 wurden zeitweise aus politischen Gründen gefangen gehalten."

Hiergegen stellte sich die Befreiungstheologie oder die Theologie der Befreiung. Sie ist eine in Lateinamerika entwickelte Richtung der christlichen Theologie. Sie versteht sich als Stimme der Armen und will zu ihrer Befreiung von Ausbeutung, Entrechtung und Unterdrückung beitragen. Daraus ergaben sich, vor allem in der katholischen Kirche, erhebliche Konflikte mit der Kirchenhierarchie, die häufig in Disziplinarmaßnahmen gegen Geistliche mündeten. Als Konsequenz ihrer Überzeugungen stellten sich die Befreiungstheologen offen gegen die diktatorischen Regime, was zahlreichen Geistlichen das Leben kostete. Papst Franziskus gehört nicht der Befreiungstheologie an, steht ihr aber nahe. Er forderte die Menschheit zu mehr Brüderlichkeit und weniger Gleichgültigkeit dem Elend unzähliger Menschen gegenüber auf. Weiteres hierzu enthält das Buch von U. Duchrow [17] „Gieriges Geld – Auswege aus der Kapitalismusfalle – Befreiungstheologische Perspektiven".

7.8 Bedingungsloses Grundeinkommen, Schenken und Grundrecht auf Arbeit

Gegen das **bedingungslose Grundeinkommen** spricht neben der Frage der Finanzierung, dass die Wirtschaft Arbeitskräfte benötigt und das bedingungslose Grundeinkommen es den Menschen ermöglicht, jeder Arbeit fernzubleiben. Es kann aber ein Anreiz zu arbeiten übrig bleiben, wenn man durch Arbeit auf einen höheren Lebensstandard kommt. Außerdem ist gute Arbeit Selbstverwirklichung, und in der Arbeitslosigkeit fühlen sich die meisten Menschen aus der Gemeinschaft ausgestoßen.

Die sehr hohe Arbeitslosigkeit in den armen Ländern spricht zumindest für ein vorübergehendes bedingungsloses Grundeinkommen. Dadurch würde die Nachfrage belebt, wodurch mehr Arbeitsplätze entstünden und die Wirtschaft in Schwung käme. Allerdings gäbe es dann weiterhin die Gefahren, dass Geld auf die internationalen Finanzmärkte abfließt und reiche Länder den armen Ländern durch ihren Exportüberschuss Geld entziehen bzw. sie in Verschuldung bringen.

Der ehemalige thüringische Ministerpräsident Dieter Althaus fordert ein „Solidarisches Bürgergeld" genanntes bedingungsloses Grundeinkommen von 800 Euro brutto für jeden, abzüglich 200 Euro für eine Basis-Krankenversicherung. Alle staatlichen Transferleistungen sollen damit gebündelt werden. Verbunden ist das Konzept mit einer umfangreichen Umgestaltung in der Steuer- und Sozialpolitik. Das heutige Sozialsystem kostet nach Angabe von Althaus den Staat derzeit 735 Milliarden Euro pro Jahr. Damit wäre ein bedingungsloses Grundeinkommen nach Althaus langfristig für den Staat günstiger als das heutige System.

Das **Schenken** existiert in vielen Variationen, sei es, dass wir einem Bettler etwas geben oder Kinder einen Teil ihres Erbes vorzeitig als Schenkung erhalten. Für größere Schenkungen erhebt der Staat eine Schenkungssteuer. Verwandt damit ist das Sponsoring. Das Schenken kann die soziale Dissoziation abmildern. Es wurde auch schon vorgeschlagen, dass in der Wirtschaft das Bezahlen durch das Schenken abgelöst werden sollte. Das kann aber höchstens in ferner

Zukunft Realität werden. Heute schon möglich ist es, dass der Reiche dem Armen und das reiche Land dem armen Land seine Schulden erlässt. Nach der jüdischen Tradition wurden alle 49 Jahre, an den **Sabbatjahren**, den Armen ihre Schulden erlassen. Allerdings lieh dann kurz vor dem Sabbatjahr kaum mehr jemand mehr Geld aus. Daher ist es besser, der Staat wirkt der Tendenz entgegen, dass sich das Geld immer in wenigen Händen konzentrieren möchte.

Die Staaten, besonders der armen Länder, sind hoch verschuldet, vorwiegend an Banken. Würden die Banken den Staaten ihre Schulden erlassen, wären sie pleite. Sie haben zwar an dem Geschäft gut verdient, aber trotzdem wenig Reserven, weil sie den Gewinn weitgehend an die Aktionäre ausbezahlt haben. Es ist damit klar, welcher Personenkreis auf einen Teil seines Reichtums verzichten müsste, sollten armen Ländern Schulden erlassen werden: die Reichen.

Im deutschen Grundgesetz von 1949 sagt Artikel 14 Absatz 2, dass das Kapital sozialpflichtig sei. „Eigentum verpflichtet. Sein Gebrauch soll zugleich dem Wohle der Allgemeinheit dienen." Im Vertrag über eine Verfassung für Europa von 2004 ist ein solcher Artikel schon nicht mehr vorhanden. Stattdessen enthält der Vertrag die Verpflichtung der Mitgliedsstaaten, ihre militärischen Fähigkeiten schrittweise zu verbessern, und auch das Recht auf Einmischung in Drittländern. Das ist kein Fortschritt in Richtung Friede und sozialer Ausgleich.

Das **Grundrecht auf Arbeit** ist auch so eine Idee von Weltverbesserern. Man kann aber schon fordern, die Politik solle dafür sorgen, dass jeder, der ernsthaft sucht, einen Arbeitsplatz findet, notfalls beim Staat. Einen Rechtsanspruch auf einen Kita-Platz gibt es in Deutschland ja schon. Die Vollbeschäftigung, also Arbeitslosigkeit nahezu null, wurde nur selten erreicht und dann nur für kurze Zeit. Da die Produktivität wächst, ist es schwer, genügend Arbeit bereitzustellen, dass es für alle reicht. Es sei denn, die Arbeitszeit wird verkürzt. Das bedeutet, die vorhandene Arbeit wird gerecht oder brüderlich verteilt. Das lässt sich nicht vollständig verwirklichen. Aber der Staat kann eingreifen und Anreize schaffen, die Arbeitszeit zu verkürzen.

7.9 Freiheit, Gleichheit, Brüderlichkeit

Die Französische Revolution von 1789 trug wesentlich dazu bei, die Feudalherrschaft in Europa zu beenden und die Demokratie an ihre Stelle zu setzen. Sie brachte aber auch die Schreckensherrschaft der Jakobiner und den Eroberer Napoleon hervor. Ihm wurde sein Feldzug gegen Russland zum Verhängnis. Die Ideale der Französischen Revolution Liberté, égalité, fraternité aber leben weiter, so in der Menschenrechtserklärung der Vereinten Nationen. Ihr Artikel 1 lautet: „Alle Menschen sind **gleich** und **frei** an Würde und Rechten geboren. Sie sind mit Vernunft und Gewissen begabt und sollen einander im Geiste der **Brüderlichkeit** begegnen." Das deutsche Grundgesetz von 1949 definiert als oberste Aufgabe des Staates, die **Würde des Menschen** zu schützen. Nicht zuletzt seine Freiheit, nachdem sie 12 Jahre lang den nationalsozialistischen Staatszielen untergeordnet wurde.

Die EU bringt ihren Bürgern auch die Reisefreiheit über Grenzen hinweg. Aber diese Institution erfreut sich keiner großen Beliebtheit, wie der Volksentscheid in Großbritannien für den Brexit zeigte. Nationalismus und Regionalismus wecken bei den Bürgen mehr Begeisterung, sei es für die Fußballmannschaft ihrer Stadt, ihres Landes oder für Parteien, die das Nationale betonen.

Zu den Ursachen dieser Krise der EU und der traditionellen Parteien zählt wohl, dass die Ideale Gleichheit und Brüderlichkeit zu kurz kamen. Die Wirtschaft erhielt so viel Freiheit vor staatlichen Eingriffen, dass die soziale Dissoziation fortschritt. Viele Regionen zerfallen, jüngere Menschen ziehen dort weg. Die äußere Freiheit hilft den Menschen wenig, wenn sie in **materieller Not** leben. Auch ist man unzufrieden, wenn man bescheiden leben muss, während Andere sich viel Luxus leisten können und die Werbung den Konsum auf hohem Niveau propagiert. Man spricht hier von relativer Armut. Doch wenn sich die Reichen keine superteuren Autos und Ähnliches leisten würden, fielen viele Arbeitsplätze weg.

Neben der Freiheit vor Unterdrückung und Not, der äußeren Freiheit, benötigen wir auch die innere Freiheit. Sie muss jeder Mensch selbst erringen und verteidigen, gegen Dinge wie die Spielsucht und die Abhängigkeit von Drogen. Aber auch dabei hilft ein guter Staat durch den schon in Kapitel 6.1 erwähnten staatlichen Paternalismus, z. B. mittels des Verbots von Rauschgiften, und durch die Förderung der Kunst, der Kultur und des Breitensports.

Umstritten ist, ob es die innere Freiheit überhaupt gibt. Es spricht ja einiges dafür, dass alle Vorgänge kausal ablaufen, also wie in einem Uhrwerk. Doch dann könnte man eigentlich nicht von Schuld und von Verdiensten eines Menschen sprechen. Der Mensch hat aber doch den Eindruck, frei entscheiden zu können, und das ist wohl nicht nur eine Täuschung. Wir schließen uns der Auffassung an, dass der Mensch frei ist, wenn er sich selbst verwirklicht, indem er sich an Idealen orientiert. Die Ideale werden dann sichtbar und greifbar, wie man Sätze der Mathematik verstehen und mit dem inneren Auge anschauen kann. Wie man verstehen kann, wie eine Maschine funktioniert. Der deutsche Philosoph Kant sah mit seinen äußeren Augen den gestirnten Himmel über sich und mit seinem inneren Auge etwas, das er das moralische Gesetz nannte. Bewegen wir uns in diesem Fahrwasser, ist uns klar, dass der Mitmensch uns in seinem Wesen gleich ist. Damit sind wir bei der **Gleichheit**. Wir erklären niemanden als minderwertig, sondern sehen in dem Mitmenschen unseren Bruder / unsere Schwester. Damit sind wir bei der **Brüderlichkeit**. Sie ist der Schlüssel zum friedlichen und glücklichen Zusammenleben in der Familie, im Freundeskreis und zwischen den Völkern.

Brüderlichkeit macht uns auch unzufrieden. Unzufrieden damit, dass Erwachsene und Kinder in Textilfabriken und anderwärts ausgebeutet werden und der Hunger noch nicht besiegt ist. Wir sind auch unzufrieden mit Banken und Automobilkonzernen, die zum Schaden von uns allen manipulieren. Brüderlichkeit schafft auch Träume und setzt Energien frei. Können wir eines Tages die Wärme des Sommers bis zum Winter speichern, aus der Sahara Strom beziehen, die Energie der Wirbelstürme nutzen, den Krebs besiegen?

Abkürzungen und Formelzeichen

Y = BIP	Bruttoinlandsprodukt
C	Konsum
EU	Europäische Union
Ex	Export
EZB	Europäische Zentralbank
G	Government = Regierung oder Staat
I	Investitionen
ILO	Internationale Arbeits-Organisation
Im	Import
IWF	Internationaler Währungsfonds
M0, M1, M2, M3	Geldmengen
OECD	Organisation für wirtschaftliche Zusammenarbeit und Entwicklung
WTO	Welthandelsorganisation

Glossar

Begriff	Kapitel
Abnutzung und Alterung	3.7
Aggregate	1.1
Alterung der Wirtschaft	3.6
Angebotsökonomik	7.2
Arbeitslosigkeit, strukturelle oder natürliche	2.5
Arbeitsmarkt	1.8
„arme" Unternehmen	3.1
AS-AD- Modell	4.5
Aufstocker	1.8
Austerität	7.5
Außenhandelsgleichgewicht	3.4, 4.7
autonom	4.3
Bad Bank	1.6
Befreiungstheologie	7.7
Bildung	1.3
Blasen	7.5
Bruttoinlandsprodukt	2.3, 3.7
Buchgeld	2.1
Champions	1.5
Cross Border Leasing	6.5
Cum- Cum und Cum- Ex- Geschäfte	1.5
Daseinsfürsorge, öffentliche oder staatliche	6.1
deficit spending	3.5
Depression	4.1
Derivate	4.9
Desinvestition	3.7
Direktinvestition	5.4
Doppeldefizit	3.6
Entsparnisse	4.3
Entwicklungshilfe	4.9
Erhaltungsinvestitionen	3.7
Erdbevölkerung	1.4

Saldenmechanik	3.8
Saysches Theorem	7.3
Schattenbanken	1.6
schenken	7.8
Schuldendienst	4.9
schwarze Null	6.2
Soziale Aktivität des Staates	6.3
soziale Dissoziation oder Spaltung	1.4
Sozialgesetzgebung	4.9
Soziale Marktwirtschaft	4.9
Sozialismus	7.4
sparen	3.1
Sparparadox	3.1
Spekulationsgeld	3.8
Sponsoring	4.1
Staatsdefizit, Staatsverschuldung	3.5
Staatskonsum	6.1
Staatspleite	3.5
Steuern* = Steuern + Gebühren - Subventionen	4.1
Strohfeuer	4.5
Subsidiarität	4.10
Subventionen	1.5
Typ A, Typ B (der Modelle)	2.5
Transaktionsgeld	3.8
Trennbanken	4.9
Umverteilung, staatliche	5.2
Umwelt	2.4
Ungleichgewichte	1.4, 3.4
Vermögenseinkommen	2.3
Vorleistungen	2.3
Waffenexport	3.4
Warenkorb	1.8
Währungsabwertung, innere	3.4
Weltbank	4.9
Welthandelsorganisation	4.9
Wirtschaftsimperialismus	3.4
Wirtschaftskrise	3.6
Wirtschaftssanktionen	1.6

Literaturangaben

[1] Oliver Blanchard und Gerhard Illing, Makroökonomie, Pearson Deutschland, 5. aktualisierte Auflage 2009

[2] Jürgen Kromphardt, Grundlagen der Makroökonomie, 3. Aufl., Verlag Franz Vahlen 2005

[3] Alfred Stobbe, Volkswirtschaftliches Rechnungswesen, Springer Verlag Heidelberg 1994

[4] Alfred Stobbe, Mikroökonomik, Springer Verlag Heidelberg 1991

[5] Alfred Stobbe, Volkswirtschaftslehre III. Makroökonomik, Springer Verlag Heidelberg 1987

[6] Peter Bofinger, Grundzüge der Volkswirtschaftslehre, Pearson Studium 2003

[7] 23 Lügen, die sie uns über den Kapitalismus erzählen, Ha-Joon Chang, Goldmann 2012

[8] Sahra Wagenknecht „Freiheit statt Kapitalismus", Eichborn Verlag 2011

[9] Statistisches Jahrbuch für die Bundesrepublik Deutschland, Statistisches Bundesamt

[10] Wirtschaftslexikon von Gabler, Springer Fachmedien, Wiesbaden; auch im Internet, http://wirtschaftslexikon.gabler.de/

[11] Jean Ziegler „Die neuen Herrscher der Welt und ihre globalen Widersacher" Goldmann 2005

[12] Jean Ziegler, Wir lassen sie verhungern, deutsch by C. Bertelsmann Verlag München 2012

[13] Memorandum 2016 der Arbeitsgruppe Alternative Wirtschaftspolitik, PapyRossa Verlag 2016

[14] Werner Rügemer „Privatisierung in Deutschland. Eine Bilanz. Von der Treuhand zu Public Private Partnership", Verlag Westfälisches Dampfboot 3. Auflage 2006

[15] Hans Peter Martin, Harald Schumann „Die Globalisierungsfalle", Rowohlt 1996

[16] Daniel Goeudevert „Seerosen-Prinzip", DuMont Buchverlag 2008

[17] Ulrich Duchrow „Gieriges Geld – Auswege aus der Kapitalismusfalle - Befreiungstheologische Perspektiven", München, 2013

[18] Wikipedia, die freie Enzyklopädie,
https://de.wikipedia.org/wiki/Suchmaschine

VERRAI-VERLAG und Umweltschutz

Für uns vom VERRAI-VERLAG erscheint es eindeutig, dass der schonende Umgang mit natürlichen Ressourcen sowie ein wirksamer Umweltschutz unverzichtbare Grundlagen für das Wohlergehen von uns allen sind. Der VERRAI-VERLAG richtet daher alle Unternehmensaktivitäten an der geringstmöglichen Belastung von Natur und Umwelt aus. Dies gilt sowohl für alle unmittelbaren betrieblichen Abläufe als auch für die Auswahl der gehandelten Produkte. Außerdem arbeiten wir mit Geschäftspartnern zusammen, die eine ähnliche Unternehmensphilosophie pflegen.